全訳　易経

田中佩刀

明徳出版社

はじめに

『易経《えききょう》』は、古代中国の周《しゅう》王朝の時代に著《あらわ》された占筮《せんぜい》（うらない）の書物です。「周易《しゅうえき》」とも呼ばれています。古代中国には、夏《か》王朝の時代に『連山《れんざん》』、殷《いん》王朝の時代に『帰蔵《きぞう》』という占筮の書物が有ったと謂われていますが、両書とも伝わっておりません。

『易経』は、周王朝の初期に成立したと考えられていますが、その著者は一人ではなく、また一時《じ》に成立したものではないだろうと推定されております。また、その内容は、実際に占《うらな》われた記録や経験に基づいたものであろうと考えられます。

『易経』の易《えき》とは如何《どう》いう意味か、に就いては諸説が有りますが、例えば、易の字は蜥蜴《せきえき》（とかげ）の字を省略したもので、とかげの肌の色が変化する様に、変化するものという意味だとする説が有ります。また、易という字が日と月とから成り立っていると見て、天体の運行に本《もと》づいて、人間の生活を捉《とら》えたものとする説などがあります。

『易経』には、古代中国の戦国時代に註が作られました。即ち、彖伝《たんでん》（上・下）、象伝《しょうでん》

（上・下）、文言伝《ぶんげんでん》、繋辞伝《けいじでん》（上・下）、説卦伝《せつかでん》、序卦伝《じよかでん》、雑卦伝《ざつかでん》の十種類の伝《でん》（解説という意味）が作られて、十翼《じゅうよく》と呼ばれています。十翼の作者が誰なのかは分かっておりません。

なお、最近の『易経』の註釈書では、『易経』の本文に彖《たん》伝や象《しょう》伝を配分して説明しているものが多い様ですが、本書では本文（上経・下経）の次に十翼を掲げて、本来の『易経』の形に致しました。

『易経』の内容は、古代中国の人々の経験や事件の記録に基《もと》づいていると考えられますが、所謂《いわゆる》天変地異の自然現象や国家の内乱や対外的な戦争や個人の運勢の解明や、未来の予想などを記しており、それ等の未来に対応する指針《ししん》と成っていると考えられます。

占筮《せんぜい》（うらない）は、非科学的な信仰、つまり迷信だとして一笑に附する人々も有りますが、「虫が報せる」「縁起《えんぎ》をかつぐ」等の経験を持ったことの有る人々は少なく無いと思われます。科学の力を信ずる人々は如何《どう》考えているのか知りませんが、例えば、宇宙の他の天体（星）に、地球と同じ生命が有るかどうかを調べる為の宇宙探索は科学的な様ですが、いったい生命とは何なのでしょうか。生きている人間には勿論、鳥や獣《けだもの》や魚や虫や木や草などには、それぞれ生命が有って生きています。

はじめに

『論語』の先進第十一の第十二章に、孔子と門人の季路《きろ》との問答が記録されていますが、季路が「死ぬとは如何《どう》いう事ですか」と尋ねると、孔子は「まだ生きているということが分からないのに、どうして死ぬことが分るだろうか」と言われました。

約二千五百年前の昔から、生命の謎《なぞ》を解《と》いた人は居ないのです。

また、古代中国の思想家の楊朱《ようしゅ》は、万物《ばんぶつ》（あらゆるもの）が互いに相違《そうい》しているのは生きている形であり、万物が同じである点は、死ぬということである、と言っています。

古代中国の『淮南子《えなんじ》』という書物には、四方上下に無限に広がる空間を「宇《う》」と言い、過去から未来へ無限に流れる時間を「宙《ちゅう》」と言う、としていますが、そういう宇宙を支配していて無限の大きな力を、古代中国人は「天《てん》」と呼んでいるようです。そして、地球に生れて来た人間の生命は、天が与えてくれたものと考えていた様です。

古代中国人の物の考え方には興味深いものが有りますが、例えば地震に就いては、人間の華美な生活が天地の活力を乱して、地中の陽《よう》の気が地上の陰《いん》の気（人間社会）に抑《おさ》えられて、その陰の気を地中の陽の気がはねのける時に地震が発生するのだとしています。

聞いた話ですが、地震研究者たちは、今後三十年間に東京直下型大地震が発生する確率は七〇パーセント（三〇パーセントは発生しないことになります）だという事です。此の予知は地震が発生してもしなくても当っていることになるので、占《うらな》いの様なものです。外国では地震の予知は不可能ということで、震災発生時の救助活動の計画や市街の復興計画が研究されているとも聞きました。

また、東京直下型大地震が予知されているのに、高層の建築物が建てられていたり、オリンピックが実施されようとしているのは、どういう事でしょうか。富士山の大噴火も想定されています。今のところ、人間の力では自然現象を左右できないと思われます。占《うらな》いを一笑に附する程には、科学の力は強くないのではありませんか。

占いは的中しないと言う意見も有ります。易経に基《もと》づく占いの場合は、占いが中《あた》らないのではなく、占いの言葉の解釈が正確でなかったことが原因と思われます。占《うらな》う人の学識や経験が占った結果を左右するのです。また、自分の気に入った結果が出るまで何度も占うことは、『易経』の蒙《もう》の卦《か》に述べているように、「最初に占《うらな》った場合は正しい結果を告げている。二度も三度も占いをすれば、占いを汚《けが》したことになる。占いを汚したら占いは正しい結果を告げない」ということです。

『易経』の註釈書は、中国でも日本でも、多数有りますが、詳細である程、本文と註釈とが区別し難《にく》いものが多い様です。本書は外国文学の翻訳の様に、出来るだけ原文に沿った訳《やく》を試みました。読者が座右に備えて手軽《てがる》に繙《ひもと》いて、日々の生活に役立てて頂ければ幸《さいわ》いです。

私事にわたって恐縮ですが、私（田中）は去年満八十八歳となり、世田谷区から米寿の御祝（商品券）を頂き、娘と息子とから金側《がわ》の腕時計を贈られました。八月には神田明神《かんだみようじん》主催の神儒仏合同講演会に、斯文会《しぶんかい》の推薦で儒教部門で講演致しました。米寿の良い記念になりました。

今年は、数え年で九十歳と成りましたが、四月に湯島聖堂で行なわれた孔子祭に、斯文会の指名により講経《こうけい》の大役を果《はた》し、また、斯文会主催の尚歯会で長寿を祝って頂きました。更に本書の刊行が何よりの記念と成りました。明徳出版社編集部の佐久間保行氏と、乱筆の原稿を組んで下さった印刷所の皆さんに感謝致します。同時に、本書を手にされた読者の皆さんの吉運を御祈りして筆を擱きます。

平成二十八年初秋

田中佩刀識す

目次

第一部　全訳『易経』

周易《しゅうえき》 上経《じょうけい》

1 乾《けん》䷀ （乾《けん》為《い》天《てん》）

乾《けん》の卦《か》は、あらゆる物事が何《なん》の妨《さまた》げも無く行《おこ》なわれ、正《ただ》しく固い信念の行動が良い結果をもたらす。

初九《しょきゅう》　深い水底《みなそこ》に潜《ひそ》んでいる龍《りゅう》である。みだりに行動してはならない。

九二《きゅうじ》　姿を現した龍《りゅう》が地上にいる。大人《たいじん》（人格のすぐれた人物）に会うのが宜《よろ》しい。

九三　君子《くんし》（人格者）は一日中仕事に励《はげ》んでいる。夕方には仕事の内容を振り返って見る。危いことが有っても身に災《わざわ》いは無い。

九四　場合によっては躍《おど》り上《あが》る龍《りゅう》も深い水底《みなそこ》に身《み》を沈めている。身に災《わざわ》いは無い。

九五　龍は大空を飛んでいる。大人《たいじん》（人格のすぐれた人物）に会うのが宜しい。

上九《じょうきゅう》　大空の涯《はて》まで上《のぼ》りつめた龍は、後悔《こうかい》することが有る。

用九《ようきゅう》　多くの龍たちに指揮《しき》する者がいないのを見受ける。それは非常に言《よ》い状況である。

2　坤《こん》䷁（坤《こん》為《い》地《ち》）

坤《こん》の卦《か》は、あらゆる物事が何《なん》の妨《さまた》げも無く行《おこ》なわれて、牝《めす》の馬のような従順さが良い結果をもたらす。君子《くんし》（人格者）がどこかへ往《ゆ》こうとするとき、先《さき》だって往けば迷うが後《おく》れて往けば良い工合《ぐあい》に自分を認めてくれる人に会う。西南《せいなん》の方角《ほうがく》には良い友達が得られるが、東北の方角には良い友達を失う。正しい行動に心を満足させるなら非常に吉《よ》い状況である。

初六《しょりく》　地面の霜《しも》を踏んで歩けば、堅い氷《こおり》が張る時節になったことが分《わか》る。

六二《りくじ》　素直《すなお》で態度が折り目正しく立派であれば、そういう事を習わなくても、吉い結果がもたらされないことはない。

六三　才能を内に秘めて正しく行動すべきである。場合によっては王室《おうしつ》の仕事に就《つ》くが、成功しないにしても終りまで完璧《かんぺき》に任務を全《まっと》うする。

六四　袋《ふくろ》の口をしっかりと括《くく》れば、失敗もしないが名誉にもならない。

六五　黄色い袴《はかま》の装《よそおい》いは、吉い結果をもたらす。

上六《じょうりく》　龍《りゅう》が広い野《の》で戦っている。流れる血は、一つは黒《くろ》く他方は黄《き》である。

用六《ようりく》　長く正しく固い信念の行動が吉《よ》い結果をもたらす。

3　屯《ちゅん》　䷂　（水雷屯《すいらいちゅん》）

屯《ちゅん》の卦《か》は、あらゆる物事が何《なん》の妨《さまた》げも無く行《おこ》なわれ、正《ただ》しく固い信念の行動が吉《よ》い結果をもたらす。何かを目ざして進むことは止《や》めるのがいい。君主《くんしゅ》を助けると良い結果がもたらされる。

初九《しょきゅう》　中々《なかなか》進めないから正しく固い信念を守っているのがいい。君主を助けると良い結果がもたらされる。

六二《りくじ》　行き悩み、進めず、馬に乗っても進めない。敵対するのではなく結婚しようとするのだ。女性は身を固く守り、たやすく婚約しないが、十年の後《のち》に婚約する。

六三　獲物《えもの》の鹿《しか》を追いかけるのに、案内の猟師《りょうし》がいないが林の中に入《はい》って行く。君子（人格者）は時機《じき》を見て獲物の鹿を追うのを止《や》めるのがいい。進み続けてると恥《はじ》をかくだろう。

六四《りくし》　馬に乗っていて隊列から離れてしまう。結婚を求めて行けば、吉《よ》い状況である。

九五《きゅうご》　その恩沢《おんたく》を滞《とどこお》らせる。小さな事であれば正しい態度ならば吉《よ》い結果であるが、大きな事であれば正しい態度でも悪い結果である。

上六《じょうりく》　馬に乗っていて隊列から離れてしまう。血の涙をさめざめと流すだろう。

4　蒙《もう》䷃（山水蒙《さんすいもう》）

蒙《もう》の卦《か》は、物事が何《なん》の妨《さまた》げも無く行なわれる。自分が子供や知識の無い者に教えようとするのではない。子供や知識の無い者が自分に教えを乞《こ》うのである。最初に占《うらな》った場合は正しい結果を告げている。二度も三度も占《うらな》いをすれば、占いを汚《けが》したことになる。占いを汚したら占いは正しい結果を告げない。正しく固い信念の行動が吉《よ》い結果をもたらす。

初六《しょりく》　知識の乏しい者に教えてやる。それで人を処罰することを教える。そして足かせや手かせを外《はず》してやるのがいい。そのままにして置くと恥《はじ》をかくだろう。

九二《きゅうじ》　知識の乏しい者も包《つつ》み込むのは、吉い結果を見る。女性を娶《めと》るのは、吉い結果を見る。子供は家運を盛んにする。

六三《りくさん》　妻として迎えるには宜しくない。金《かね》の有る男を見てその男に身をまかせるようになる。吉《よ》い結果をもたらす事は無い。
六四　知識の乏しいことに苦しむ。恥ずかしいことだ。
六五　子供や知識の無い者だから、吉い結果が得られる。
上九《じょうきゅう》　知識の乏しい者を攻撃するが、敵対しつづけるのは結果が良くない。敵対しつづけないようにすると吉い結果が得られる。

5　需《じゅ》 ䷄（水天需《すいてんじゅ》）

需《じゅ》の卦《か》は、真心《まごころ》が有れば何事も妨《さまた》げ無く行なわれる。正《ただ》しく固い信念の行動が吉《よ》い結果をもたらす。大きな川を渡るのに良い。
初九《しょきゅう》　郊外《こうがい》で待っている。それでいつもの様《よう》にしていると吉い結果がもたらされる。
九二《きゅうじ》　砂浜《すなはま》で待っている。少《すこ》しばかり非難《ひなん》されることが有る。最後には吉《よ》い状況となる。
九三　泥地《どろち》で待っている。敵対する者がやって来《く》る。
六四《りくし》　血の海で待っている。身動きのとれない状況から脱出できる。
九五　酒や食べ物を用意して待っている。正《ただ》しく固い信念の行動が吉い結果をもたらす。

上六《じょうりく》　身動きのとれない状況である。招待していない客が三人来ることが有る。その人たちを大切に持成《もてな》すならば最後には吉《よ》い状況となる。

6 訟《しょう》 ䷅ （天水訟《てんすいしょう》）

訟《しょう》の卦《か》は、真心《まごころ》が有るが身動きがとれない。慎重《しんちょう》に片寄らないようにすれば吉《よ》い状況になる。終りまで態度を変えなければ悪い状況になる。大人《たいじん》（徳《とく》の有《あ》る人）に会うと吉い結果が得られる。大きな川を渡るのは吉い結果が得られない。

初六《しょりく》　争い事を長引《ながび》かせなければ、少し非難《ひなん》されても、最後には吉《よ》い状況となる。

九二《きゅうじ》　訴訟に勝つことができない。自分が住む土地へ帰って身をひそめる。その村人が三百戸ぐらいなら災いを免《まぬか》れる。

六三　先祖からの俸禄を受けつつ正しく固い信念で行動すれば、危険な事が有っても最後には吉い状況となる。また場合によって王室の事に従っても成功することは無い。

九四　訴訟に勝つことは難しい。復《ふた》たび命令に従って正しく固い信念に心を落ち着かせれば吉い状況となる。

九五　訴訟は大《おお》いに吉《よ》い結果が得られる。

上九《じょうきゅう》　場合によっては鞶帯《はんたい》（礼装の革帯《かわおび》）を賜わることが有る。但し朝の勤務が終るまでに三回も鞶帯を取り上げられることが有る。

7　師《し》 ䷆ （地水師《ちすいし》）

師《し》の卦《か》は、正《ただ》しく固い信念の行動であって軍人であったならば吉《よ》い結果をもたらして災《わざわ》いを免《まぬか》れる。

初六《しょりく》　軍隊を出撃させる場合に規律を正しくする。規律を守らなければ悪い結果がもたらされる。

九二《きゅうじ》　軍隊では中軍《ちゅうぐん》の指揮官である。吉《い》い状況で、良い結果がもたらされる。国王から三回褒美を受ける。

六三《りくさん》　軍隊で、場合によっては戦死者の遺体を担《かつ》いで帰る。悪い結果となる。

六四　軍隊は、退《しりぞ》いて宿営を設定する。吉い結果がもたらされる。

六五　狩猟《しゅりょう》に獲物《えもの》がいる。自分の主張を貫《つらぬ》くのが吉い結果をもたらし、災《わざわ》いも無い。長男に軍隊を統帥《とうそつ》させるべきである。次男に統帥させると、遺体を運ぶ結果となるので、正しく固い信念の行動にせよ悪い結果となる。

上六《じょうりく》　大君《たいくん》（天子《てんし》）は、天命に従って国家の体制をととのえ、宮室《きゅうしつ》を継承《けいしょう》する。小人《しょうじん》（詰らない人物）を登用してはならない。

8　比《ひ》䷇（水地比《すいちひ》）

比《ひ》の卦《か》は、吉い結果をもたらす。もう一度占《うらな》って見ると十分に長い間《あいだ》正しく固い信念の行動が失敗することはない。不安を抱《いだ》いていた者もちょうどやって来る。遅《おく》れて来る男性には、悪い結果がもたらされる。

初六《しょりく》　真心《まごころ》が有る人と親しくすれば災《わざわ》いを免《まぬか》れるだろう。真心がちょうど甕《かめ》（缶《ほとぎ》）に酒が満ちるようになれば、最後には人がやって来て、思いの外《ほか》の吉《い》い結果が有ることだろう。

六二《りくじ》　他人と親しくすることは自分からする。正しく固い信念の行動は吉い結果となる。

六三　他人と親しくするが、相手は立派な人ではない。

六四　他《ほか》の人と親《した》しくする。正しく固い信念の行動によるものであれば吉《よ》い結果となる。

九五　親しみ方《かた》を明《あき》らかにする。王は狩猟《しゅりょう》に三驅《さんく》のやり方（三方を固め前面を開《あ》ける）を用いたので前面の獲物《えもの》を逃してしまった。村人《むらびと》たちも王の気持ちを理解している。吉い結果がもたらされるだろう。

上六《じょうりく》　親しもうとしても中心人物がいない。悪い結果がもたらされる。

9　小畜《しょうちく》䷈（風天小畜《ふうてんしょうちく》）

小畜《しょうちく》の卦《か》は、物事が妨《さまた》げも無《な》く行《おこ》なわれる。雲が立ちこめているが雨はまだ降らない。西の郊外に雲が有る。

初九《しょきゅう》　正当な道を通って帰る。どうして災《わざわ》いが有るだろうか。吉い結果が得られる。

九二《きゅうじ》　人に誘《さそ》われて帰る。吉い結果が得られる。

九三　車の輻《ふく》（車の軸《じく》と車輪《りん》を繋《つな》ぐ棒）を抜いてある。夫婦が仲違《なかたが》いしている。

六四《りくし》　誠《まこと》の心が有って憂《うれ》いが遠《とお》のき心配事が無くなる。悪い結果にはならない。

九五　誠の心が有って人と連《つ》れ立っている。富裕なので隣の人を引き連れて行く。

上九《じょうきゅう》　もう雨が降って、もう止《や》んでいる。徳が身に備《そな》わることを大切にする。婦人は正しく行動していても悪い事が起る。月は満月に近い。君子《くんし》（人格者）が進んで行けば悪い結果をもたらす。

10　履《り》䷉（天澤履《てんたくり》）

履《り》の卦《か》は、虎の尾を踏《ふ》みつけるが、虎は人に噛《か》みつかない。物事が妨《さまた》げなく行なわれる。

初九《しょきゅう》　ふだん履《ば》きで出かける。進んで行っても災《わざわ》いを免《まぬか》れる。

九二《きゅうじ》　平《たい》らかに道を踏み進む。世捨《よす》て人《びと》は正しく固い信念によって行動し、吉《よ》い結果が得られる。

六三《りくさん》　目が不自由なのに良く見えることが出来《でき》、足が不自由なのに良く歩くことが出来る。虎《とら》の尾を踏むと虎が人に噛みつく。悪い結果をもたらす。武士が大君《たいくん》の地位に就《つ》く。

九四　虎の尾を踏みつけるかと、びくびくしているが、最後には吉《い》い結果となる。

九五　踏み歩くことを決意する。正しく固い信念による行動であるが危険である。

上九《じょうきゅう》　踏み歩くことを見て吉凶を考えて、振り返って見れば、大《おお》いに吉《い》い結果が得られる。

11　泰《たい》䷊（地天泰《ちてんたい》）

泰《たい》の卦《か》は、小さいものが去って行き、大きなものがやって来る。吉《よ》い結果が得《え》られ物事が妨《さまた》げ無く行なわれる。

初九《しょきゅう》　茅《ちがや》（草の名）を引き抜こうとすると根《ね》がからまっている。その仲間も一緒に抜けて来る。進んで行けば吉い結果が得られる。

九二《きゅうじ》　地方の荒れた土地をも包容して、河を歩いて渡るような勇気を用い、遠くの土地のことを忘れない。仲間と特に徒党《ととう》を組むことも無く中道《ちゅうどう》の行《おこ》ないを実践できる。

九三　平らであっても傾《かたむ》かないことが無い。出かけて行っても帰ってこないことが無い。困難なことが有っても正しく固い信念による行動ならば災《わざわ》いは無い。その真心《まごころ》を心配してはならない。食べ物のことで幸《しあわ》せな事が有る。

六四《りくし》　群《む》れ飛ぶ鳥が羽音《はおと》をたてて空から下《お》りて来る。富貴の身であることを意識せずに、自分の隣人《りんじん》たちと交際する。戒《いまし》めの言葉を持たずとも誠の心を以て賢者《けんじゃ》に従う。

六五《りくご》　殷《いん》の天子《てんし》の帝乙《ていいつ》は、妹を嫁に行かせる。それで幸福が有って、大《おお》いに吉《よ》い結果が得られる。
上六《じょうりく》　城《しろ》が崩れて、もとの隍《ほり》（堀）になった。軍隊を出動させてはならない。領地の人々の意思に従うのがいい。正しく固い信念の行動ではあるが恥辱《ちじょく》を受ける。

12　否《ひ》䷋（天地否《てんちひ》）

否《ひ》の卦《か》は、人の道ではない。君子《くんし》（人格者）が正しく固い信念で行動しても吉い結果は得られない。大《だい》（善事）が過ぎ去り、小《しょう》（悪事）がやって来る。
初六《しょりく》　茅《ちがや》（草の名）を引き抜こうとすると根《ね》がからまっている。その仲間も一緒に抜けて来る。正しい態度ならば吉い結果を得られて、物事が妨《さまた》げなく行なわれる。
六二《りくじ》　識者《しきしゃ》に包容《ほうよう》されその指示に順《したが》う。小人《しょうじん》（徳の十分ではない人）には吉い結果が得られる。大人《たいじん》（徳の備わった人）には状況が打開《だかい》されていないが、正しく固い信念の行動ができる。
六三《りくさん》　恥《は》ずべきものを身に包んでいる。
九四《きゅうし》　君主からの命令が有る。災《わざわ》いを免《まぬか》れる。仲間も幸福が得られる。

九五　物事が塞《ふさ》がり滞《とどこお》っている状態が一時中断《ちゅうだん》される。大人《たいじん》（徳の有る人）は吉い結果が得られる。無くなるかも知れない、無くなるかも知れない。細《こま》かい枝の桑《くわ》の木にしっかり繋《つな》いで置く。

上九《じょうきゅう》　物事が塞《ふさ》がり滞《とどこお》っている状況を打開《だかい》しようとする。先《さき》に塞《ふさ》がっている状態が、後《のち》には喜《よろこ》ばしい状況になる。

13　同人《どうじん》䷌（天火同人《てんかどうじん》）

同人《どうじん》の卦《か》は、人を集める（同人）のは広い野で行なう。物事が何の妨《さまた》げも無く行なわれる。大きな川を渡るのに良《よ》い。君子《くんし》（人格者）が正しく固い信念で行動すれば吉い結果が得られる。

初九《しょきゅう》　人を集めるには門の外に出て集める。災《わざわ》いは無い。

六二《りくじ》　人を集めるのに親族関係の中だけでする。恥《はず》かしいことになる。

九三　兵士を草むらに隠《かく》して、高い丘の上に上《あが》って看視《かんし》する。ただ、三年間の攻撃をしかけられない。

九四　その垣根にまで上《あが》ったが、攻撃することが出来《でき》ない。吉《よ》い結果となる。
九五　人を集めるのに、始めは泣き叫《さけ》んだりするが後《のち》には笑う。大軍《たいぐん》の兵を出して勝利を得て、互いに喜び合う。
上九《じょうきゅう》　人を集めるのに郊外で集めようとする。後悔《こうかい》することは無い。

14　大有《たいゆう》䷍（火天大有《かてんたいゆう》）

大有の卦《か》は、あらゆる物事が吉い結果をもたらす。
初九《しょきゅう》　身をそこなうような事に近づくことが無い。身に及ぶ災《わざわ》いが有るのではない。慎重に行動すれば災いは無い。
九二《きゅうじ》　大きな車に荷物を積む。前進する目的が有る。災《わざわ》いは無いだろう。
九三　公《こう》（大名《だいみょう》）が天子《てんし》に貢物《みつぎもの》を献上する。身分の低い者には出来《でき》ないことだ。
九四　勢いが盛《さか》んではない。災いは無い。
六五　誠《まこと》の心を以て交《まじ》わり、威厳を保っていれば結果は吉い。
上九《じょうきゅう》　天《てん》が助けてくれる。吉《い》い結果が得られて物事が滞《とどこお》ることが無い。

15　謙《けん》 ䷎ （地山謙《ちざんけん》）

謙《けん》の卦《か》は、物事が何の妨《さまた》げも無く行なわれる。君子《くんし》（人格者）は最後に立派な仕事を完成する。

初六《しょりく》　慎《つつ》しみ深く控《ひか》え目《め》にしている君子（人格者）は、そういう態度で大きな川を渡るが結果は吉い。

六二《りくじ》　慎《つつ》しみ深くしていることが世間に知られる。正しい行動によって吉《よ》い結果が得られる。

九三　苦労して仕事をしながら控《ひか》え目《め》にしている君子《くんし》（人格者）は、最後には仕事を完成して吉い結果が得られる。

六四　吉《よ》い結果が得られないということが無い。慎しみ深い性格を発揮せよ。

六五　富裕《ふゆう》ではないのにその隣人《りんじん》を率《ひき》いて侵略《しんりゃく》征伐するが、吉い結果が得られないことは無い。

上六《じょうりく》　慎しみ深い性格であることが人々に知られる。それで軍隊を率《ひき》いて敵国の領地を攻撃するときは吉《い》い結果が得られる。

16　豫《よ》☳☷（雷地豫《らいちよ》）

豫《よ》の卦《か》は、領主のもとに結束《けっそく》し、軍隊を率《ひき》いて攻撃すれば吉《い》い結果が得られる。

初六《しょりく》　楽しい気持を人々に宣伝《せんでん》するが、悪い結果となる。

六二《りくじ》　石のように孤高《ここう》である。一日経《た》たない中《うち》に、固い信念の行動が吉い結果をもたらす。

六三　上目使《うわめづかい》に権力者を見上げて楽しみにふける。後悔せよ。後《あと》になって後悔することが有る。

九四　そこで楽しむ。大《おお》いに得《う》るものが有る。疑ってはならない。友人達が互いに集まって来るだろう。

六五　頑固な病気に罹《かか》っている。いつ迄も治らないが死ぬことはない。

上六《じょうりく》　楽しんでいても心は晴れない。そういう状態でいても心が変ることが有る。吉い結果が得られる。

17　隨《ずい》䷐（澤雷隨《たくらいずい》）

隨《ずい》の卦《か》は、あらゆる物事が何の妨《さまた》げも無く行なわれる。正しく固い信念の行動が吉《よ》い結果をもたらし、災《わざわ》いを免《まぬか》れる。

初九《しょきゅう》　官職が変ることが有る。正しい行動ならば吉い結果になる。門を出て人々と交際すれば功績が生れるだろう。

六二《りくじ》　年少者のことにこだわっていて、成人《せいじん》との仲が悪くなる。

六三　成人《せいじん》のことにこだわっていて、年少者との仲が悪くなる。成人に従っていて、求めていたものを手に入れることが有る。正しい行動をしていると吉い結果が得られる。

九四　成人に従っていて手に入れることが出来る。正しい行動をしていても結果は悪い。誠《まこと》の心が有り、守るべき道を守って公明正大な態度であるならば、何の災いも無いだろう。

九五　良い言葉に真心が有る。結果は吉《い》い。

上六《じょうりく》　此の人を拘束するため、そこで此の人を太い綱《つな》で縛《しば》る。王はそのため西山《せいざん》に祭《まつ》っていた。

18　蠱《こ》䷑（山風蠱《さんぷうこ》）

蠱《こ》の卦《か》は、あらゆる物事が何の妨《さまた》げも無く行《おこ》なわれる。大きな川を渡るのに吉《よ》い。甲《こう》の日よりも三日早く（辛《しん》の日）、甲の日よりも三日後《あと》に（丁《てい》の日）するのがよい。

初六《しょりく》　父が残した不始末《ふしまつ》を処理する。孝行な子供がいるので父に吉い結果がもたらされる。危いことが最後には吉い結果が得られる。

九二《きゅうじ》　母が残した不始末を処理する。固苦《かたくる》しく咎《とが》めだてしてはいけない。

九三　父が残した不始末を処理する。少し後悔することが有る。大きい咎《とが》めだては無い。

六四　父が残した不始末を大目《おおめ》に見るが、そのまま進めば恥《はじ》をかくことになる。

六五　父が残した不始末を処理する。そのことで名誉なこととされる。

上九《じょうきゅう》　王侯《おうこう》に仕えない。そういう生活を高潔《こうけつ》なこととする。

19　臨《りん》䷒（地澤臨《ちたくりん》）

臨《りん》の卦《か》は、物事《ものごと》が何の妨《さまた》げも無く行《おこ》なわれ、正しい信念の行動が吉《よ》い結果をもたらす。

八月になると災《わざわ》いが生《しょう》じる。
初九《しょきゅう》　皆《みな》に対応《たいおう》する。正しく行動すれば吉い結果が得られる。
九二《きゅうじ》　皆に対応する。吉い結果になり、物事が滞《とどこお》ることが無い。
六三《りくさん》　甘い言葉で人に対する。吉い結果を得られることが無い。始めからその事を心配していているなら、悪い結果にはならない。
六四　十分な心づかいで人に対する。悪い結果にはならない。
六五　聡明《そうめい》さで人に対する。大君《たいくん》（立派な君主）がその様に振舞《ふるま》う。吉い結果が得られる。
上六《じょうりく》　人に接するとき温厚な態度を執《と》る。吉い結果が得られて、災《わざわ》いは生じない。

20　観《かん》 ䷓ （風地観《ふうちかん》）

観《かん》の卦《か》は、手を洗ったがまだお供《そな》え物《もの》をしない。正しい行動をして尊敬される。
初六《しょりく》　子供が見るようである。小人《しょうじん》（詰らぬ人物）ならば災《わざわ》いを免《まぬか》れる。君子《くんし》（人格者）は恥をかく。

六二《りくじ》　こっそりと覗《のぞ》いて見る。女性が正しい行動をすれば吉《よ》い結果が得られる。

六三　自分の生き方を見て、進んだり退いたりする。

六四《りくし》　国家の繁栄を見る。それで王の招きを受けると吉い結果が得られる。

九五　自分の生き方を見る。君子《くんし》（人格者）であれば災《わざわ》いを免《まぬか》れる。

上九《じょうきゅう》　その生き方を見る。君子（人格者）であれば災いを免れる。

21　噬嗑《ぜいこう》䷔（火雷噬嗑《からいぜいこう》）

噬嗑《ぜいこう》の卦《か》は、何の妨《さまた》げもなく物事が行なわれる。刑罰を行なうのに妨《さまた》げが無い。

初九《しょきゅう》　足《あし》かせを足につけられて足が傷《きず》つく。災《わざわ》いは免《まぬか》れる。

六二《りくじ》　柔かい肉を噛んでいて鼻を傷つける。災いは免れる。

六三　乾《ほ》し肉を噛んでいて毒にあたる。少し恥をかくが災いは免れる。

九四　乾した豚肉《ぶたにく》を噛んでいて金属製の矢（吉い運）が手に入った。困難に遭《あ》っても正しく行動すれば、吉い結果が得られる。

六五《りくご》　乾《ほ》した肉を噛んでいて黄金《おうごん》が手に入った。正しく行動して慎重にすれば災いを免れる。

上九《じょうきゅう》　首かせをつけられて耳を傷《きず》つけてしまう。悪い結果となる。

22 賁《ひ》 ䷕ （山火賁《さんかひ》）

賁《ひ》の卦《か》は、物事が何《なん》の妨《さまた》げも無く行なわれる。少しばかりだが進んで行けば吉《よ》い結果が得られる。

初九《しょきゅう》　その足を綺麗《きれい》にする。車に乗らずに歩いて行く。

六二《りくじ》　その下顎《したあご》のひげを綺麗にととのえる。

九三　ひげは綺麗にととのえられ、しっとりとしていて、長く正しく行動すれば吉い結果が得られる。

六四　綺麗にととのえられ、ひげも白く、白い馬の毛並《けな》みも白い。敵対《てきたい》しようとしているのではない。結婚しようとしているのだ。

六五　丘《おか》の土地を綺麗にする（農耕する）。薄い絹《きぬ》の布《ぬの》が少しばかりで、恥ずかしいけれども後《のち》には吉《よ》い結果となる。

上九《じょうきゅう》　白い飾りである。失敗することはない。

23　剝《はく》䷖（山地剝《さんちはく》）

剝《はく》の卦《か》は、進んで行っても結果は良くない。

初六《しょりく》　寝台《しんだい》を壊《こわ》そうとして脚《あし》の方から壊し始める。正しく固い信念の行動を滅《ほろ》ぼそうとする。悪い結果となる。

六二《りくじ》　寝台を壊《こわ》して寝台の脚《あし》の部分までも壊した。正しい行動を滅《ほろ》ぼそうとする。悪い結果となる。

六三　此れを壊《こわ》すときに災《わざわ》いは無い。

六四　寝台を壊そうとして寝ている自分の膚《はだ》までも傷つけようとする。悪い結果となる。

六五　魚の頭を貫《つらぬ》いてつなぐように、宮中《きゅうちゅう》の女性を引き連れて、（皇后は）君主から可愛がられる。吉い結果をもたらさないことが無い。

上九《じょうきゅう》　大きい木《き》の実《み》は、食べられずに木に残っている。君子《くんし》（人格者）は輿《こし》（乗り物）に乗ることが出来るが、小人《しょうじん》（教養の無い者）は住んでいる粗末《そまつ》な家（廬《ろ》）の屋根を剝《はが》される。

24　復《ふく》䷗（地雷復《ちらいふく》）

復《ふく》の卦《か》は、物事が何《なん》の妨《さまた》げも無く行なわれる。出処《しゅつしょ》進退に、妨げになるものが無い。友人が来《く》るが、悪い結果にはならない。その道を往《ゆ》き来《き》して、七日経《た》って帰って来るだろう。進むべき所が有れば結果は吉《よ》い。

初九《しょきゅう》　遠くまで行かずに帰るが、後悔をすることも無い。大そう良い結果が得られる。

六二《りくじ》　引き返すことを立派にする。吉い結果が得られる。

六三　度々《たびたび》引き返すが危い。災《わざわ》いに遭《あ》うことはない。

六四　道の途中まで行って自分一人で引き返す。

六五　人の後《あと》から引き返す。後悔はしない。

上六《じょうりく》　引き返す道に迷う、悪い結果となる。災《わざわ》いに遭《あ》うだろう。そこで軍隊を派遣すれば最後には大きい敗北になることが有る。その結果は国の君主にまでも及ぶから、悪い結果となる。十年間かかっても征服できない。

25　无妄《むぼう》䷘（天雷无妄《てんらいむぼう》）

无妄《むぼう》の卦《か》は、あらゆる物事が何《なん》の妨《さまた》げも無く行《おこ》なわれる。正しく固い信念の行動が吉《よ》い結果をもたらす。その行動が正しくなかったら災《わざわ》いが有って、何かを目ざして進んで行くのは吉い結果にならない。

初九《しょきゅう》　誠実に進んで行くので、吉い結果が得られる。

六二《りくじ》　耕作はするが収穫はしない。進むべき所が有れば結果は吉《よ》い。開墾《かいこん》一年目の田や開墾三年目の田の手入れもしないが、何かを目ざして進んで行けば吉い結果が得られる。

六三　思いも寄らない災《わざわ》いに遭《あ》う。或る場合には牛を繋《つな》いで置いたのに、行きずりの旅人《たびびと》が牛を持って行く。村人《むらびと》にとっては災《わざわ》いになる。

九四　正しく固い信念の行動は吉い結果をもたらすだろう。

九五　思いも寄らない病気になるが、薬を飲んではいけない。自然に治って嬉しいことになる。

上九《じょうきゅう》　思いも寄らないことが有る。進んで行くと災《わざわ》いに遭《あ》う。吉《よ》い結果が得られない。

26　大畜《たいちく》䷙（山天大畜《さんてんたいちく》）

大畜《たいちく》の卦《か》は、正しく固い信念の行動が吉い結果をもたらす。家で生活させない（公職に就かせる）のが、吉《よ》い状況となる。大きい川を渡るのに良《よ》い。

初九《しょきゅう》　危険なことが有るから、止《や》めると吉い結果が得られる。

九二《きゅうじ》　車は、輹《とこしばり》（車体と車軸《しゃじく》とを結ぶ縄《なわ》）をほどいているから進めない。

九三　良馬《りょうば》で追いかける形である。困難に遭《あ》っても正しく行動して、毎日、馬車で防衛する練習をすると吉い結果が得られる。進むべき所が有れば結果は良い。

六四《りくし》　子牛《こうし》の牿《さえ》（角《つの》につける横木《よこぎ》）である（危険を防ぐ）。大《おお》いに吉《よ》い結果が得られる。

六五　猪《いのしし》の牙《きば》を防ぐために去勢《きょせい》する。吉《よ》い結果が得られる。

上九《じょうきゅう》　何《なん》と大きな天《てん》の道か。物事が妨《さまた》げなく行なわれる。

27　頤《い》䷚（山雷頤《さんらいい》）

頤《い》の卦《か》は、正しく固い信念の行動ならば吉《よ》い結果が得られる。人の生き方をよく考えて自分の生きる方法を考える。

初九《しょきゅう》　お前が持っているすぐれた才能を捨てて他人を見て羨《うらや》ましがっている。悪い結果となる。

六二《りくじ》　下《した》の者に養《やしな》われるのは普通の状態とは違っている。上《うえ》の者に養われようとするのは進んで行けば悪い結果となる。

六三　人としての生き方に反している。正しい行動であっても悪い結果となる。十年間は行動してはならない。吉い結果を得られることがない。

六四《りくし》　逆《さか》さまに下《した》の者に養《やしな》われるが吉《よ》い結果が得られる。虎《とら》が獲物を狙っていて、じっと見つめている。養われたいと欲する気持が絶えず有るが悪い結果にはならない。

六五　普通の状態に反している。正しく行動していれば吉《よ》い結果が得られる。大きな川を渡ってはならない。

上九《じょうきゅう》　自分の力によって自《みずか》らを養う。危い目に遭《あ》うことが有っても結果は吉い。大きな川を渡っても大丈夫である。

28　大過《たいか》䷛（澤風大過《たくふうたいか》）

大過《たいか》の卦《か》は、家《いえ》の棟木《むなぎ》がたわんだ状態である。何かを目ざして進んで行《ゆ》くのは吉《よ》い結果が得られ、物事が何《なん》の妨《さまた》げも無く行《おこ》なわれる。

初六《しょりく》　器物を置くのに白い茅《ちがや》を敷《し》く。悪い結果にはならない。

九二《きゅうじ》　枯れた楊《やなぎ》（枝が垂れない柳《やなぎ》）に稊《ひこばえ》が生《は》えている。年老《お》いた男がその若い妻を得《え》る。吉い結果でないものは無い。

九三　家の棟木《むなぎ》がたわんでいる。悪い結果となる。

九四《きゅうし》　棟木《むなぎ》が盛《も》り上っていて吉い結果が得られる。他《ほか》の考えをすると恥をかく。

九五　枯れた楊《やなぎ》に花が咲く。年老《お》いた婦人が立派な男を夫《おっと》に得《え》た。災《わざわ》いも無いが名誉も無い。

上九《じょうきゅう》　通りかかって川を渡ろうとすると頭頂《とうちょう》まで水につかった。悪い結果であるが災《わざわ》いは無い。

29　習坎《しゅうかん》䷜（坎爲水《かんいすい》）

習坎《しゅうかん》（坎を習《かさ》ねる）の卦《か》は、誠《まこと》の心が有り、心のままに物事が行なわれる。進んで行けば人から尊敬されることが有る。

初六《しょりく》　坎《かん》の状態が重《かさ》なって、坎の穴（困難）に落ち込む。悪い結果である。

九二《きゅうじ》　坎《かん》の穴に険《けわ》しい所が有る。求めれば少しは得《え》られるだろう。

六三《りくさん》　来《く》るも往《ゆ》くも困難である。危険で身動きがとれなくて穴の中の穴に落ち込む。行動してはならない。

六四　一樽《ひとたる》の酒と穀物の皿が有り、それに缶《ほとぎ》（素焼の器《うつわ》）をそえており、君主と約束事《やくそくごと》をする時は窓からする。最後には吉《よ》い結果がもたらされる。

九五　穴に水が一杯《いっぱい》に満ちてはいないが、もう穴の口まで満ちた状態になっている。悪い結果にはならない。

上六《じょうりく》　縛《しば》るのに徽《き》（二つによった）・纆《ぼく》（三つによった）の縄《なわ》を用いて、茨《いばら》の草むらに置かれる。三年経《た》つまでに抜け出せない。悪い結果がもたらされる。

30　離《り》䷝　（離《り》為《い》火《か》）

離《り》の卦《か》は、正しく固い信念の行動が吉《よ》い結果をもたらして何《なん》の妨《さまた》げも無い。牝《めす》の牛を飼《か》えば吉い結果が得られる。

初九《しょきゅう》　足跡（自己の行為）が乱れている。此れを注意深くすれば、災難に遭《あ》うことはない。

六二《りくじ》　黄色（中正の道）に付着《ふちゃく》している。大《おお》いに吉《よ》い結果が得られる。

九三　日が傾《かたむ》く頃の明るさである。缶《ほとぎ》（素焼《すや》きの器《うつわ》）を叩いて歌って楽しまなければ、年老《としお》いてから老《お》いを歎《なげ》くことがあるだろう。悪い結果となる。

九四　突然に来るだろうし、焼かれるだろうし、殺されるだろうし、棄《す》てられるだろう。

六五　涙をはらはらと流し、憂《うれ》えて悲しめば、吉《い》い結果が得られる。

上九《じょうきゅう》　王はそこで軍を率《ひき》いて敵を討った。手柄《てがら》をたてることが出来《でき》た。敵の首領《しゅりょう》を討《う》ち取った。その仲間たち（敵の兵士たち）を捕えることはしない。災《わざわ》いを招くことは無い。

上経《じょうけい》　終

周易《しゅうえき》　下経《かけい》

31　咸《かん》 ䷞ （澤山咸《たくさんかん》）

咸《かん》の卦《か》は、物事が何《なん》の妨《さまた》げも無く行《おこ》なわれる。正しく固い信念の行動が吉《よ》い結果をもたらす。女性と結婚すれば吉《よ》いことが有る。

初六《しょりく》　足《あし》の親指《おやゆび》に感じる。

六二《りくじ》　脚《あし》のふくらはぎに感じる。悪い結果をもたらす。その場所にじっとしていれば吉《よ》い結果が得られる。

九三《きゅうさん》　腿《もも》に感じる。自分の立場を守れ。人に従って進んで行くと恥《はじ》をかくことになる。

九四　正しい行動であれば吉《よ》い結果が得られて後悔することは無い。心が落ち着かず行《い》ったり来《きた》りすれば、友達だけが思い通りに従うだろう。

九五　背中《せなか》の肉に感じる。後悔することはないだろう。

上六《じょうりく》　その顔《かお》や舌《した》に感じる。

32　恒《こう》 ䷟ （雷風恒《らいふうこう》）

恒《こう》の卦《か》は、物事が何《なん》の妨《さまた》げも無く行《おこ》なわれる。災《わざわ》いが起ることは無い。正しく固い信念の行動が吉《よ》い結果をもたらす。進むべき所が有れば結果は吉い。

初六《しょりく》　深く知ることをいつも求める。正しい行動ではあるが悪い結果となり吉い結果を得ることは無い。

九二《きゅうじ》　後悔することは無い。

九三　人格を保《たも》ち続けられない。或《あるい》は人に恥《はじ》をかかされる。正しい行動をとっていても恥《は》ずかしい目に遭う。

九四　狩猟《しゅりょう》に出ても獲物《えもの》は無い。

六五　人格を保《たも》ち続けて吉い結果となる。女性には吉《よ》く、男性には悪い。

上六《じょうりく》　絶えず変化している。結果は悪い。

33　遯《とん》 ䷠ （天山遯《てんざんとん》）

遯《とん》の卦《か》は、物事が何の妨げもなく行なわれる。身分の低い者は正しい信念の行動が吉《よ》い結果をもたらす。

初六《しょりく》　逃げ後《おく》れて最後尾《さいこうび》にいる。危険である。進んで行く目標が有っても行動してはならない。

六二《りくじ》　縛《しば》り付《つ》けるのに黄牛《こうぎゅう》の革《かわ》を使っている。脱《ぬ》け出せる方法は無い。

九三　逃《のが》れようとするのを繋《つな》ぎ止《と》める。病気になって危険である。家臣《かしん》や召使《めしつか》いを抱《かか》えるのは吉い結果が得られる。

九四　好意は持っているが逃《のが》れる。君子《くんし》（人格者《じんかくしゃ》）は吉い結果を得《え》る。召使《めしつか》いは、そうではない。

九五　逃《のが》れるのが宜《よろ》しい。正しい信念の行動ならば吉い結果を得る。

上九《じょうきゅう》　ゆったりと逃《のが》れている。吉い結果がもたらされないことは無い。

34　大壮《たいそう》䷡（雷天大壮《らいてんたいそう》）

大壮《たいそう》の卦《か》は、正しい信念の行動が吉《よ》い結果をもたらす。

初九《しょきゅう》　足が元気である。進んで行けば悪い結果を得ることは実際のことである。
九二《きゅうじ》　正しく固い信念の行動であれば吉《よ》い結果が得られる。
九三　身分の低い者は勢《いきお》い良く進み君子（人格者）は勢《いきお》いを抑《おさ》えて進む。正しい信念の行動であっても危険である。雄《おす》の羊《ひつじ》は垣根に突き当ってその角《つの》を繋《つな》がれる。
九四　正しく行動すれば吉い結果を得られて後悔することは無い。垣根が開《あ》けられて繋《つな》がれない。大きい車の輹《とこしばり》（輿《こし》と車軸《しゃじく》とを繋《つな》ぐもの）がしっかりしていて車を進められる。
六五　羊をふと見失ったが後悔することはない。
上六《じょうりく》　雄《おす》の羊《ひつじ》は垣根に突き当ってその場から退くことができない。突き進むこともできない。吉《よ》い結果が得られることが無い。難《なや》んでいれば吉い結果となる。

35　晋《しん》 ䷢ （火地晋《かちしん》）

晋《しん》の卦《か》は、国を良く治めた君主《くんしゅ》がそれによって天子《てんし》から沢山の馬を賜《たまわ》っている。一日に三回も御目通《おめどお》りできた。
初六《しょりく》　進もうとしても退《しりぞ》けられるが、正しい行動をしていれば吉い結果が得られる。誠《まこと》が認められなければゆったりとしていることだ。災《わざわ》いに遭《あ》うことは無い。
六二《りくじ》　進もうとしても心配事が有る。正しい行動をしていれば吉い結果が得られて、その大きい福を祖母から受けられる。
六三　多くの人々から誠《まこと》だとされることによって後悔することが無い。
九四　思い通りに進もうとしている大きな鼠《ねずみ》は、正しく行動していても危険な目に遭《あ》う。
六五　後悔することが無い。得《え》たり失ったりすることを心配しなければ、進んで行くことは吉《い》い結果になり、利益が得られないことは無い。
上九《じょうきゅう》　その頭の角《つの》（究極のところ）にまで進んで行く。そこで領地《りょうち》の反乱を討伐すれば、危険ではあるが吉《い》い結果を得られて災《わざわ》いは無い。正しい行動ではあるが、恥《は》ずかしいことにもなる。

36　明夷《めいい》䷣（地火明夷《ちかめいい》）

明夷《めいい》の卦《か》は、困難であっても正しい行動をすれば吉《よ》い結果が得られる。
初九《しょきゅう》　光明が遮《さえぎ》られて、そこから飛び去ろうとしてその翼《つばさ》が折れてしまう。君子《くんし》（人格者）は出かけて行くが三日も食事ができない。進んで行く目的が有る。主人から注意される。

六二《りくじ》　光明が遮《さえぎ》られて左の股《もも》を傷つけられる。そこで助けられるのに、馬が元気であれば吉《よ》い結果が得られる。

九三　光明が遮られているが、南に軍を進めて敵の首領の首《くび》を手に入れることができる。手早《てばや》く正しい行動をしようとしてはならない。

六四《りくし》　左の腹の中に入《はい》る。光明が遮《さえぎ》られている門庭から脱出する。

六五　箕子《きし》（殷の紂王《ちゅうおう》の叔父）が光明を遮られる。正しい信念による行動が吉い結果をもたらす。

上六《じょうりく》　光明を得られずに暗い立場にある。初めは天に登る状態が後《のち》には地に入《い》る状態となる。

37　家人《かじん》䷤（風火家人《ふうかかじん》）

家人《かじん》の卦《か》に、女性が正しい信念で行動していると吉い結果がもたらされる。

初九《しょきゅう》　災《わざわ》いが起らぬように防いで家運《かうん》を保《たも》つ。後悔することは無い。
六二《りくじ》　完成することが無い。家の中で供え物の食事を準備する。正しい信念の行動をすれば吉《よ》い結果が得られる。
九三　家族たちがびくびくしている。酷《きび》し過ぎたことを後悔するが、吉い結果が得られる。婦女子が喜んでいると、最後には恥《は》ずかしいことになる。
六四　家運が富裕になる。大《おお》いに吉《い》い結果が得られる。
九五　王が家運を隆盛にする結果となる。心配することは無く、吉《よ》い結果が得られる。
上九《じょうきゅう》　誠《まこと》が有って威厳《いげん》が有れば最後には吉《よ》い結果が得られる。

38　睽《けい》 ䷥（火澤睽《かたくけい》）

睽《けい》の卦《か》は、小さい事には吉《よ》い結果が得られる。
初九《しょきゅう》　後悔《こうかい》することは無い。馬が逃げ出しても追ってはならない。ひとりで帰って来る。悪人《あくにん》と出会っても災《わざわ》いは無い。
九二《きゅうじ》　君主と町で出会う。災いは無い。

六三　車が引き戻され、その牛は進むことを止《と》められ、その人は髪を切られそのうえ鼻《はな》を斬られる刑罰にあう。始めの中《うち》は運《うん》が無いが終りには運が良くなる。

九四　人に背《そむ》いて自分一人である。善良な男子に出会《であ》う。お互いに誠《まこと》の心でつき合う。危ない目に遭《あ》いそうだが災《わざわ》いは無い。

六五　後悔することは無い。その親族は深い関《かかわ》りを持つ。そのまま進んで行っても何《なん》の災《わざわ》いが有るだろうか。

上九《じょうきゅう》　人に背《そむ》いて自分一人である。豚《ぶた》が泥《どろ》を背中《せなか》につけているのを見る。死者の魂《たましい》が車一杯に乗っている。先《さき》には弓《ゆみ》の弦《つる》を張り、後《のち》には弓の弦を外《はず》した。敵として攻めて来るのではなくて結婚を求めているのであった。進んで行って雨に降られれば吉《い》い結果が得られる。

39　蹇《けん》 ䷦ （水山蹇《すいざんけん》）

蹇《けん》の卦《か》は、西南《せいなん》の方向《ほうこう》が吉《よ》い結果をもたらす。東北の方向は吉い結果をもたらさない。立派な人物に会うと吉い結果がもたらされる。正しい信念の行動をすれば吉い結果が得られる。
初六《しょりく》　進んで行けば困難に遭《あ》い、帰って来れば名誉が得られる。
六二《りくじ》　君主の家臣《かしん》として悩み苦しむ。自身のために苦労するのではない。
九三　進んで行けば悩み苦しむ。帰って来ればもとの状態に戻《もど》る。
六四《りくし》　進んで行けば悩み苦しむ。帰って来れば人と力を合わせる。
九五　大《たい》そう悩み苦しむ。苦労が分《わか》ってくれる友人がやって来る。
上六《じょうりく》　進んで行けば悩み苦しむ。帰って来れば大きい手柄《てがら》を立てて、吉い結果が得られる。立派な人物に会うと吉い結果が得られる。

40　解《かい》 ䷧ （雷水解《らいすいかい》）

解《かい》の卦《か》は、西南の方向《ほうこう》が吉《い》い結果をもたらす。往く所が無かったら、もとの所に帰って来れば吉い結果が得られる。進んで行く所が有るならば速《すみや》かに行けば吉い結果が得られる。
初六《しょりく》　災《わざわ》いは起《おこ》らない。
九二《きゅうじ》　狩猟《しゅりょう》に出かけて三匹の狐《きつね》を捕《とら》え、猟に使った黄色の矢を取り戻した。正しい行動をしていれば吉《い》い結果が得られる。

六三　荷物を背負って車に乗っている。盗賊が狙《ねら》って来るような事をしている。正しい行動をしていても恥《は》ずかしいことが有る。

九四　お前の足の親指を切り離すように長い間の交際相手と交際を止《や》めれば、自分を理解してくれる友人が来て、そこで誠《まこと》の交際となるだろう。

六五　君子《くんし》（人格者）が交際を止《や》めれば吉《い》い結果が得られる。小人《しょうじん》（詰らぬ人物）が退く状態が見られる。

上六《じょうりく》　主君がそこで高い塀《へい》の上で隼《はやぶさ》を弓で射って捕《と》えた。吉い結果をもたらさないことは無い。

41　損《そん》䷨（山澤損《さんたくそん》）

損《そん》の卦《か》は、誠《まこと》の心が有れば大《おお》いに吉《よ》い結果がもたらされる。災《わざわ》いは無い。正しい信念によって行動すべきである。進んで行く目的が有れば吉い結果が得られる。何を用いたらいいだろうか。二つの簋《き》（うつわ）に供《そな》え物を入れて神を祀《まつ》るのがよい。

初九《しょきゅう》　仕事を止《や》めて速《すみや》かに行く。災《わざわ》いは起《おこ》らない。事情をよく考えて仕事を減《へら》すがよい。

九二《きゅうじ》　堅実なのが吉い結果をもたらす。進んで行けば悪い結果となる。減《へら》さないことは増《ま》すことになる。

六三　三人で行くと一人を減《へら》し、一人で行くと友達ができる。

六四　その病気を軽減する。早く手当《てあ》てすれば嬉しい事になる。災いが起ることは無い。

六五　場合によっては十朋《ぼう》の（二十四の）亀《かめ》を贈られて辞退もできない。大そう吉《よ》い結果がもたらされる。

上九《じょうきゅう》　減《へら》さずにそれを増《ま》す。災《わざわ》いは起らない。正しい信念で行動すれば吉《い》い結果がもたらされ、進み行く所が有れば吉い結果となる。立派な家臣《かしん》を得られるがその家臣は自分の家族を忘れて国や主君のために尽力する。

42　益《えき》䷩（風雷益《ふうらいえき》）

益《えき》の卦《か》は、進んで行く目的が有れば吉い結果が得られる。大きな川を渡っても大丈夫である。

43 夬《かい》䷪（澤天夬《たくてんかい》）

初九《しょきゅう》　それで大きな仕事をすれば吉《よ》い結果が得られる。大そう吉《い》い結果で災《わざわ》いは無い。
六二《りくじ》　場合によっては此れに高価な亀の甲を贈って占《うらな》っても間違うことは無く、長い間《あいだ》正しい信念で行動していれば吉《よ》い結果が得られる。王が天帝《てんてい》に供《そな》え物をして祭《まつ》れば吉い結果が得られる。
六三　此れに悪い事が加《くわ》わる。災《わざわ》いは無いだろう。誠実さが有って、公平《こうへい》に行《おこ》なっており、主君《しゅくん》に報告する時には圭《けい》（宝石の玉《たま》）を差し上げる。
六四《りくし》　公平に行《おこ》なっているから主君に報告して従って頂ける。他国に依存《いぞん》して国の都を遷《うつ》すのに利用すると吉い結果が得られる。
九五　誠実さが有り恩《おん》を施《ほどこ》す心が有る。問《と》うてはならない。大そう吉《よ》い結果である。他人も誠実さが有るので私の人格に恩を感じる。
上九《じょうきゅう》　自分の考えに増《ま》し加えることが無く、場合によっては自分を攻撃する心を生《しょう》ずる。考えが定まらない。悪い結果をもたらす。

夬《かい》の卦《か》は、君主の法庭で誠実に叫ぶ。危険なことが有る。治めることを自分の領地から始めて、軍事力に訴えることが吉《よ》い結果を招くとしてはならない。進んで行くところが有れば吉い結果が得られる。

初九《しょきゅう》　足を進めることに意気が盛んである。進んで行っても勝てない。災《わざわ》いを招く。

九二《きゅうじ》　警戒して大声で呼びかける。夕方、敵軍が攻めて来ても心配は無い。

九三　顔つきは意気盛んである。悪い結果となる。君子《くんし》（人格者）は決《きま》っていることに決《きま》りをつけ、独《ひと》りで出かけて雨に遭《あ》い濡《ぬ》れてしまった様《よう》になり腹が立つが災《わざわ》いは無い。

九四　尻《しり》の皮《ひ》膚《ふ》がむけている。進んで行くのにぐずぐずしている。羊を曳《ひ》いて行く様にするなら悪い結果は無いだろう。人の忠告を聞いても信用しない。

九五　莧陸《けんりく》（すべりひゆ）の様《よう》である。決《きま》っていることに決りをつけ、公平にして進んで行けば災《わざわ》いは無い。

上六《じょうりく》　大声で叫んでも助けは無い。最後には悪い結果となる。

44　姤《こう》 ䷫ （天風姤《てんぷうこう》）

姤《こう》の卦《か》は、女性の勢《いきお》いが強い。そういう女性と結婚してはならない。
初六《しょりく》　金属の柅《じ》（車止め）に繋《つな》いで置くように正しく行動すれば吉《い》い結果が得られる。進んで行く目的が有れば悪い結果となる。痩《や》せた豚《ぶた》が実に元気良く跳《は》ね廻っている。
九二《きゅうじ》　包みの中に魚《うお》が有る、災《わざわ》いは無い。お客にすすめては宜しくない。
九三　尻《しり》の皮膚がむけていて無いので痛む。進んで行こうとしてぐずぐずしている。危険であるが大きな災《わざわ》いは無い。
九四　包みの中に魚が無い。悪い結果を引き起こすだろう。
九五　杞《き》（大木の名）が枝葉でからみついた瓜《うり》を包んでいる。美しいものを含んでいるなら落ちることが有れば天から落ちるだろう。
上九《じょうきゅう》　その頭上《ずじょう》の角《つの》に出会う。恥ずかしいが災いは無い。

45　萃《すい》 ䷬ （澤地萃《たくちすい》）

萃《すい》の卦《か》は、物事が滞《とどこお》りも無く行なわれる。王が、廟《びょう》（先祖を祭った所）に入《はい》る。大人《たいじん》（人格のすぐれた人物）に会うのが宜《よろ》しく、物事が滞り無く行なわれる。正しい信念による行動は吉《よ》い結果をもたらす。立派ないけにえを用いて祭れば吉い結果を生み、進み行く目的が有れば吉い結果が得られる。

初六《しょりく》　誠《まこと》が有るのに物事が解決しない。そこで気持が乱れ、そして悪い仲間と集まる。もし大声で叫んだなら、手を取り合って笑うだろう。心配すること無く、進んで行けば災《わざわ》いは無いだろう。

六二《りくじ》　引かれたら吉い結果となり災《わざわ》いは無い。誠が有ればそれで禴《やく》（神を祭る）をするのに吉い結果が得られる。

六三　集まろうとしていて歎《なげ》いていても吉い結果が得られることが無い。災《わざわ》いは無いだろう。少し恥ずかしいことになる。

九四　大そう吉《よ》い結果が得られて災《わざわ》いは無い。

九五　人々が集《あつま》る時に地位が保《たも》たれる。災《わざわ》いは無い。誠実《せいじつ》とされなかったにせよ大いに長く正しい行動をして後悔することが無い。

上六《じょうりく》　歎《なげ》き悲しみ涙を流すが災《わざわ》いは無い。

46　升《しょう》 ䷭ （地風《ちふう》升《しょう》）

升《しょう》の卦《か》は、物事が何《なん》の妨《さまた》げも無く行なわれる。それで人格のすぐれた人物に会う。心配することは無い。南に進んで行けば吉《よ》い結果が得られる。

初六《しょりく》　本当に昇進《しょうしん》して大いに吉《い》い結果が得られる。

九二《きゅうじ》　誠実であるならば、その心で禴《やく》（神を祭る）をするのに吉い結果が得られる。災《わざわ》いは無い。

九三　住民のいない村に進んで行く。

六四　王はそこで岐山《きざん》（西周の山）で神を祭った。結果が吉《よ》くて災《わざわ》いは無い。

六五　正しい信念の行動であれば吉《よ》い結果を得られて階段を上《あが》って行く様《よう》だ。

上六《じょうりく》　目がくらんでいても上って行く。休まずに正しい信念で行動すれば吉い結果が得られる。

47　困《こん》 ䷮ （澤水困《たくすいこん》）

困《こん》の卦《か》は、物事が何《なん》の妨げも無く行なわれていて正しい信念の行動となる。大人《たいじん》（人格のすぐれた人物）は吉《よ》い結果が得られて災《わざわ》いは無い。いくら説明しても信じられないだろう。

初六《しょりく》　臀《しり》が木の切《き》り株《かぶ》に腰掛けると痛む。暗い谷間《たにま》に入《はい》って三年間も日の光を見ない。

九二《きゅうじ》　酒の飲み過ぎや食事の食べ過ぎに苦《くる》しむ。朱紱《しゅふつ》（朱色の膝《ひざ》掛け）の姿の貴い人がやって来る。供《そな》え物をして神を祭れば吉い結果が得られる。進んで行くと悪い結果になるが災《わざわ》いは無い。

六三　石が有って進むのが困難である。蒺藜《しつり》（とげいばら）に坐っている感じである。家に入るが妻の姿は見えない。悪い結果となる。

九四　ゆっくりと来る。金《きん》の車が行く手を遮《さえぎ》る。恥ずかしいけれども最後はうまく行く。

九五　鼻を切られ足を切られ赤紱《せきふつ》（赤い膝掛け）の人に苦しめられるが、そこでゆっくりと喜びになる。それで神を祭ると吉い結果が得られる。

上六《じょうりく》　葛藟《かつるい》（つる草）にからまれて高く不安定な状態で悩む。ここで動けば後悔することが有るなら、進んで行けば吉い結果を得られるだろう。

48 井《せい》䷯（水風井《すいふうせい》）

井《せい》の卦《か》は、村が変っても井戸《いど》は変えない。失うことも無く得《え》ることも無く、行く者も来る者も此の井戸の水を汲む。殆《ほとん》ど水に届きそうになるがまだ釣瓶《つるべ》の縄が届いていない。その釣瓶が壊《こわ》れたら悪い結果となる。

初六《しょりく》　井戸水に泥《どろ》が混っていて使えない。古い井戸には鳥も来ない。

九二《きゅうじ》　井戸の底の水源の水は鮒《ふな》に注《そそ》いでいる。甕《かめ》が壊れていて水が漏れる。

九三　井戸を浚《さら》っても水を飲まないから自分の心の痛みとなる。だから水を汲むがいい。王が聡明ならば一緒に倖《しあわせ》を身に受けるだろう。

六四　井戸の内壁を石で補修する。災《わざわ》いは無いだろう。

九五　井戸は清《きよ》らかな冷たい湧き水である。水が飲まれている。

上六《じょうりく》　井戸は水を汲み取って覆《おおい》をしない。誠実さが有るならば大《おお》いに吉《よ》い結果が得られる。

49 革《かく》䷰（澤火革《たくかかく》）

革《かく》の卦《か》は、已日《いじつ》（改革が終った日）で、人々が信じられるとする。あらゆる物事が何の妨げも無く行なわれ、正しく固い信念の行動が吉《い》い結果をもたらす。後悔することは無い。

初九《しょきゅう》　身を固めるのに黄色い牛の革《かわ》を用いる。

六二《りくじ》　已日《きじつ》（改革をすべき日）に改革に着手するならば進んで行けば吉い結果となる。災《わざわ》いは無い。〔已日は、一本に已日（イジツ）となっている。〕

九三　進んで行けば悪い結果となる。正しい信念にもとづく行動であっても危険である。変革の議論が三回ともまとまれば、人々の信頼が有る。

九四　後悔することは無い。信頼が有って政令を改めるならば吉《い》い結果が得られる。

九五　大人《たいじん》（立派な人物）は虎《とら》の毛が秋に美しく変るように変革する。まだ占《うらな》わない前から人々が信頼することが有る。

上六《じょうりく》　君子《くんし》（人格者）は豹《ひょう》の毛が美しく変るように変革し、小人《しょうじん》（世間《せけん》並《な》みの人物）も顔つきを改める。進んで行けば悪い結果となる。正しく固い信念の行動を続けていれば吉い結果が得られる。

50　鼎《てい》䷱（火風鼎《かふうてい》）

鼎《てい》の卦《か》は、大そう吉《よ》い結果が得られる。物事が何《なん》の妨《さまた》げも無く行なわれる。

初六《しょりく》　鼎《かなえ》の脚《あし》を逆《さか》さまにする。悪いものを出すので吉い結果が得られる。側室《そくしつ》が出来てその間に男の子が生れる。災《わざわ》いは無い。

九二《きゅうじ》　鼎の中に実《みた》すものが入っている。自分の敵対者は病気に罹《かか》っている。自分に接近することは出来ない。吉《い》い結果が得られる。

九三　鼎の耳《みみ》（把手《とって》）が壊《こわ》れて鼎を運ぶことが出来ない。雉《きじ》の脂身《あぶらみ》も食べられない。ちょうど雨が降って来て鼎の耳が壊れたのを後悔することも無くなるだろう。最後には吉い結果が得られる。

九四　鼎が脚《あし》を折って、公《こう》（君主）の食べ物をこぼしてしまった。その形はひどいものだ。（一本にその刑罰は重い）。悪い結果になる。

六五　鼎の黄色の耳《みみ》（把手《とって》）に金属の鉉《つる》が付いている。正しい信念による行動には吉い結果が得られる。

上九《じょうきゅう》　鼎に玉《ぎょく》（宝石）の鉉《つる》が付いている。大《おお》いに吉《よ》い運勢であって吉い結果が得られないことは無い。

51　震《しん》䷲（震為雷《しんいらい》）

震《しん》の卦《か》は、物事が何《なん》の妨《さまた》げも無く行なわれる。地震が生ずるときはびくびくしているが、後《あと》で人々が談笑するときは楽しい。雷《かみなり》は百里四方を驚かせるが、匕《ひ》（供え物に使う匙《さじ》）や鬯《ちょう》（香りの良い酒）を取り落したりはしない。

初九《しょきゅう》　雷が鳴る間はびくびくしているが、雷の後《あと》には人々が談笑して楽しい。吉《よ》い結果が得られる。

六二《りくじ》　雷が発生して危険である。沢山の財貨を失って高い丘に登る。捜《さが》そうとしてはならない。七日経《た》ったら財貨は手に入《はい》る。

六三　雷の音はだんだんに遠《とお》ざかる。雷が鳴っている間に行動するならば、災《わざわ》いは無いだろう。

九四　雷が鳴ろうとするが結局は動きがとれない。

六五　雷《かみなり》が発生して行くのも来るのも危険である。財貨を失うことが無く仕事が出来る。
上六《じょうりく》　雷が生じて気持《きもち》が落ち込んでいる。周囲を見てきょろきょろしている。進んで行けば悪い結果となる。雷が自分の身に及ばない間に自分の隣《とな》りの様子を見て用心すれば災《わざわ》いは無いだろう。結婚は、非難される。

52　艮《ごん》䷳（艮為山《ごんいさん》）

艮《ごん》の卦《か》は、人の背中《せなか》を見るに止《とど》まって、自分の身体を捉《とら》えられない。人の邸《やしき》の門庭《もんてい》に行くがその邸の人に会えない。災《わざわ》いは無い。
初六《しょりく》　足を動かさない。災いは無い。長い間、正義の行動をすれば吉《よ》い結果が得られる。
六二《りくじ》　腓《こむら》（ふくらはぎ）を動かさない。現状を救《すく》うことが出来ずに従ってしまう。心の中は不愉快である。
九三　腰《こし》を動かさない。背中《せなか》の肉を引き裂く。危険なことで心が晴れない。
六四　身体《からだ》を動かさない。災《わざわ》いは無い。
六五　顔《かお》を動かさない。言葉に筋道《すじみち》が通っていて後悔することは無い。

上九《じょうきゅう》　止《とど》まることに十分気を使うから吉《い》い結果が得られる。

53　漸《ぜん》䷴（風山漸《ふうざんぜん》）

漸《ぜん》の卦《か》は、女性が結婚するのに、吉《い》い運勢が得られる。正しい信念の行動が吉い結果をもたらす。

初六《しょりく》　鴻《こう》（雁《かり》）が水際に進んで行く。若者に危険が有る。非難《ひなん》されることが有るが、災《わざわ》いは無い。

六二《りくじ》　鴻《こう》が大きい岩の方へ進んで行く。仲間たちと飲食して和《なご》やかにしている。吉《い》い結果が得られる。

九三　鴻《こう》が陸地《りくち》の方へ進んで行く。夫《おっと》は出かけて行き帰らない。妻は妊娠しているが子供を無事に育てられない。悪い結果となる。敵が攻めて来るのを防ぐには吉い結果が得られる。

六四　鴻《こう》が木の方へ進んで行く。もし木の枝にとまれたなら災《わざわ》いは無い。

九五　鴻《こう》が小《こ》高い丘《おか》に進む。妻は三年間も妊娠しないが、最後には此の状態が続くことはない。吉い結果が得られる。
上九《じょうきゅう》　鴻《こう》が雲路《くもじ》（空の彼方《かなた》）に進む。その羽は儀式に用いられる。吉い結果が得られる。

54 帰妹《きまい》䷵（雷澤帰妹《らいたくきまい》）

帰妹《きまい》の卦《か》は、進んで行けば悪い結果となって吉《よ》い運勢にはならない。
初九《しょきゅう》　帰妹《きまい》（嫁《とつ》ぐ女性）に娣《てい》（妹《いもうと》）が附き添う。足が不自由であるが歩くことはできる。進んで行けば吉《い》い結果が得られる。
九二《きゅうじ》　目が悪いが見ることはできる。隠遁《いんとん》生活の人が正しい信念の行動をすれば吉い結果が得られる。
六三　帰妹《きまい》（嫁ぐ女性）は嫁《とつ》ぎ先が見つからずに待っている。家に戻って娣《てい》（嫁《よめ》に附き添う女）として嫁《とつ》ぐ。
九四　帰妹（嫁ぐ女性）は時期を過《す》ごしてしまって、嫁《とつ》ぐ時期を待っているが、嫁ぐ時《とき》が有るだろう。
六五　帝乙《ていいつ》（殷《いん》の天子の名）が妹を嫁《とつ》がせるが、その妹の服の袂《たもと》は、その附き添いの女性の袂の美しさよりも劣《おと》っていた。月は満月に近い。吉い結果が得られる。

上六《じょうりく》　若い娘が竹籠を受け取ったが、中味《なかみ》は何も入ってなかった。若い男が、犠牲《ぎせい》にする羊《ひつじ》を割《さ》いたが血が出なかった。吉い結果をもたらすものは無い。

55　豊《ほう》䷶（雷火豊《らいかほう》）

豊《ほう》の卦《か》は、物事が何《なん》の妨《さまた》げも無く行なわれる。王（君主《くんしゅ》）はここに到達する。心配することはない。日が照っている間《あいだ》が宜しい。

初九《しょきゅう》　配偶者と成るべき人に出会う。性格が互いに等しくても悪いことは無い。進んで行けば尊敬されることが有る。

六二《りくじ》　蔀《しとみ》（日除《よ》けの覆《おおい》）を大きくする。昼間《ひるま》なのに北斗《ほくと》七星が見える。進んで行けば疑われたり憎まれたりされる。信実の心が有って相手の理解を得られれば吉《よ》い結果が得られる。

九三　沛《とばり》（幔幕《まんまく》）を大きくする。昼間なのに沫《まい》（小さい星の名）が見える。右腕《みぎうで》を折る。災《わざわ》いは無い。

九四　蔀《しとみ》（日除《よ》けの覆《おおい》）を大きくする。昼間《ひるま》なのに北斗七星が見える。自分と等しい人格者の君主《くんしゅ》に会えると吉《い》い結果が得られる。
六五　聡明な人を招いたなら喜びや名誉が得られて吉《よ》い結果になるだろう。
上六《じょうりく》　屋根《やね》を大きくする。その家に蔀《しとみ》（日除《よ》けの覆《おおい》）を設ける。その家の戸口から中を窺《うかが》うと、ひっそりとして人の姿は無い。三年間も人の姿を見ない。悪い結果になる。

56　旅《りょ》 ䷷（火山旅《かざんりょ》）

旅《りょ》の卦《か》は、少しばかり物事が進行する。旅行は正しい信念による行為であるならば、吉《よ》い結果が得られる。
初六《しょりく》　旅行してこせこせしている。その事が災《わざわ》いを招くことになる。
六二《りくじ》　旅行して宿屋に泊《とま》るが、旅費は十分に持っているし、召使《めしつか》い達も正直者《しょうじき》である。
九三　旅行していて宿屋が火事となり連れていた召使い達を失ってしまった。正しい信念による行為としての旅行であっても危険である。
九四　旅行してここに泊っている。旅費や斧《おの》を手に入れた。自分の心は晴れない。

六五　雉《きじ》を射って、一本の矢《や》を失《うしな》った。最後には名誉を身に受ける。

上九《じょうきゅう》　鳥がその巣《す》を焼かれる。旅人《たびびと》は始めは笑っているが、後《のち》には泣き叫ぶ。牛をふと失ってしまう。悪い結果となる。

57　巽《そん》䷸　（巽為風《そんいふう》）

巽《そん》の卦《か》は、少しばかり物事が進行する。進んで行く目的が有れば吉《よ》い結果が有る。大人《たいじん》（人格のすぐれた人物）に会うのが宜しい。

初六《しょりく》　進んだり退いたりする。軍人のように正しい信念の行動をすれば吉い結果が得られる。

九二《きゅうじ》　寝台《しんだい》の下に入《はい》り込んでいる。神主《かんぬし》や巫女《みこ》を多く用いるならば吉い結果が得られて災《わざわ》いは無い。

九三　頻《しき》りに入《はい》り込む。恥《は》ずかしい思いをする。

六四　後悔することは無くなる。狩猟をして三種類の獲物《えもの》を手に入れた。

九五　正しい信念による行動は吉《い》い結果をもたらす。後悔することは無くなり吉い結果にならないことは無い。始めは物事がうまく行かなくても最後には出来る。庚《かのえ》の日の三日前《まえ》（丁《ひのと》の日）か庚の日の三日後（癸《みずのと》の日）に物事を変更するのがいい。吉《よ》い結果を得られる。

上九《じょうきゅう》　寝台の下に入《はい》っている。財産や斧《おの》（仕事の道具）を失ってしまう。正しい信念による行動であっても悪い結果となる。

58　兌《だ》䷹　（兌《だ》為《い》澤《たく》）

兌《だ》の卦《か》は、喜んで事に当り物事が何《なん》の妨《さまた》げも無く行なわれる。正しい信念の行動が吉い結果をもたらす。

初九《しょきゅう》　人と仲好《よ》くして喜ぶ。吉《よ》い運《うん》である。

九二《きゅうじ》　信実の心で喜べば吉い結果となって後悔することが無い。

六三　やって来て喜ばれようとする。悪い結果となる。

九四　喜ぶことを相談してまだ落ち着かない。確《しつか》りした態度でへつらう者を憎めば、喜び事が有る。

九五　詰らない人物を誠実だとすると、危険なことが有る。
上六《じょうりく》　引き入れて喜ぶ。

59　渙《かん》䷺（風水渙《ふうすいかん》）

渙《かん》の卦《か》は、物事が滞《とどこお》りも無く行なわれる。王が、廟《びょう》（先祖を祭った所）に入《はい》る。大きな川を渡るのに良い。正しい信念の行動が吉い結果をもたらす。
初六《しょりく》　そこで助けられるのに馬が元気であれば吉い結果が得られる。
九二《きゅうじ》　離散《りさん》の時に机《おしまずき》（肘掛《ひじか》け）に走り寄る。後悔することは無い。
六三　自分自身のことを忘れる。後悔することは無い。
六四　自分の仲間達を解散して大《おお》いに吉《よ》い結果を得る。解散《かいさん》して再び多数の人々が集まるのは常人《じょうじん》が思いつくことではない。
九五　解散する時の詔勅《しょうちょく》は取り消さない。王が地位財産を手放《てばな》すならば災《わざわ》いは無い。
上九《じょうきゅう》　解散する時に、傷の血が止《と》まり、恐れが無くなる。災いは無い。

60 節《せつ》䷻ （水澤節《すいたくせつ》）

節《せつ》の卦《か》は、物事が滞《とどこお》りも無く行なわれる。節制《せっせい》が酷《きび》しいと苦しめられる。正しく固い信念による行動はしないことだ。

初九《しょきゅう》　中庭《なかにわ》から出ない。災《わざわ》いは無い。

九二《きゅうじ》　外庭《そとにわ》から出ない。悪い結果となる。

六三　節度を守らない。そこで歎《なげ》くことになる。災いは無い。

六四　節度を守ることで心を安らかにしている。物事が滞《とどこお》りも無く行なわれる。

九五　節度を守ることを楽しんでいる。吉《よ》い結果がもたらされる。物事を行なって人々から尊敬されることが有る。

上六《じょうりく》　酷《きび》しい節度に苦しめられる。正しい信念の行動であっても結果は悪い。後悔することは無い。

61 中孚《ちゅうふ》䷼ （風澤中孚《ふうたくちゅうふ》）

中孚《ちゅうふ》の卦《か》は、豚《ぶた》や魚《さかな》まで感じさせる誠実さならば吉《い》い結果が得られる。大きな川を渡るのに良い。正しく固い信念の行動が吉《よ》い結果をもたらす。

初九《しょきゅう》　よく考えれば吉《い》い結果が得られる。他《ほか》のことをすれば心安らかではなくなる。

九二《きゅうじ》　鳴いている鶴《つる》は、山陰《やまかげ》の沢《さわ》にいる。その鶴の子が親鶴の鳴くのに合せて鳴く。自分は好《い》い盃《さかずき》を持っている。自分はお前と此の盃で共に飲もう。

六三　相手が出来る。或《あ》る時は太鼓を叩き、或る時は叩くのを止《や》め、或る時は泣き、或る時は歌う。

六四　月は満月に近くなっている。馬の仲間が無くなる。災《わざわ》いは無い。

六五　誠実さが有ってしっかり結ばれている。災いは無い。

上九《じょうきゅう》　鶏《にわとり》（翰音）が天に登る。正しい信念の行動であるが結果は悪い。

62　小過《しょうか》䷽（雷山小過《らいざんしょうか》）

小過《しょうか》の卦《か》は、物事が滞《とどこお》りなく行なわれる。正しい信念の行動が吉い結果をもたらす。小さい物事には吉《よ》いが、大きい物事には吉くない。飛ぶ鳥が鳴き声を残して行く。上《のぼ》るのは宜しくないが下《くだ》るのは宜しく大《おお》いに吉《よ》い結果が得られる。

初六《しょりく》　飛び行く鳥は悪い結果になる。
六二《りくじ》　祖父を通り過ぎて祖母に会《あ》う。主君《しゅくん》には行き着かないが家臣《かしん》に会う。災《わざわ》いは無い。
九三　通り過ぎるが防ぐことはできない。そこで場合によっては害せられる。悪い結果となる。
九四　災《わざわ》いは無い。通り過ぎないうちに出会う。そのまま進めば危険である。必ず注意しなければならない。それで長い間、固い信念の行動をしてはならない。
六五　濃い雲《くも》が空を蔽《おお》っているが雨は降っていない。自分の住む西の郊外から起った雲である。公《こう》（主君）は穴にいる獲物《えもの》を弋《いぐるみ》（糸をつけた矢）で手に入れた。
上六《じょうりく》　会《あ》わずに行き過ぎた。飛ぶ鳥は離れ去った。悪い結果となる。此れを災害《さいせい》（わざわい）と謂《い》うのである。

63　既済《きせい》䷾　（水火既済《すいかきせい》）

既済《きせい》の卦《か》は、物事が滞《とどこお》りなく行なわれることが少ない。正しい信念の行動が吉《よ》い結果をもたらす。最初は吉い運勢だが終りには乱れる。

初九《しょきゅう》　車の輪《わ》を引いて進まぬようにし、狐《きつね》が尾を濡《ぬら》すと川を渡れない。災《わざわ》いは無い。

六二《りくじ》　婦人が車の蔽《おおい》に附いた飾《かざ》りを失った。追い求めてはならない。七日経《た》てば手に入《はい》る。

九三　殷《いん》の高宗《こうそう》が西北方の異民族の鬼方《きほう》（匈奴《きょうど》）を攻めて三年かかって勝った。小人《しょうじん》（世間並《せけんな》みの人物）を重く用いてはならない。

六四　濡れるのを防ぐために粗末な布切《ぬのぎ》れが有る。一日中警戒する。

九五　東隣《ひがしどな》りの家で牛を殺して盛大な祭りをするのは、西隣《にしどな》りの家が禴祭《やくさい》（質素な祭《まつ》り）をして、実際に福を受けることに及ばない。

上六《じょうりく》　川を渡る時、頭までずぶ濡《ぬ》れになる。危険である。

64　未済《びせい》䷿　（火水未済《かすいびせい》）

未済《びせい》の卦《か》は、物事が滞《とどこお》り無く行なわれる。小さな狐《きつね》が川をほとんど渡り終《お》えたところでその尾を濡《ぬら》してしまった。吉い結果を得ることが無い。

初六《しょりく》　狐が尾を濡《ぬら》す。恥ずかしい思いをする。

九二《きゆうじ》　車輪を引いて川を渡ろうとする。正しい信念の行動ならば吉《よ》い結果が得られる。

六三　まだ事が完成していない。そのまま進めば悪い結果となる。大きな川を渡るのは良い。

九四　正しい信念で行動すれば吉《い》い結果が得られて後悔することは無い。奮起して鬼方《きほう》(匈奴《きようど》)を討《う》つのに力を注《そそ》ぎ、三年経《た》って大国から誉《ほ》められることが有った。

六五　正しい信念で行動すれば吉《よ》い結果が得られて後悔することは無い。君子《くんし》(人格者)の輝《かがや》きや誠実さが有る。吉い結果となる。

上九《じようきゆう》　誠実さが有る。酒を飲む。災《わざわ》いは無い。川を渡る時に頭まで濡《ぬ》れるほどになる。誠実さが有っても認《みと》められなくなるだろう。

下経《かけい》　終

上象伝《じょうたんでん》（各卦の意義の説明）

1　偉大なものであるよ、乾《けん》の活力《かつりょく》は、あらゆる物がそれを受け取って存在することになる。つまり天《てん》（宇宙）をも統括《とうかつ》している。雲《くも》は空を行き雨は地を潤《うるお》し、あらゆる物が形を現《あらわ》す。時の流れが大いに明らかとなり、卦《か》の六爻《こう》がそれぞれの時に従って完成する。聖人はその時に六匹の龍《りゅう》に乗って天を支配する。乾《けん》の働きは変化してそれぞれ天から与えられた性質や天の命令を正しく受け取って、乾《けん》の活力を保《たも》ち総合《そうごう》するのである。そこで正しい信念の行動が吉《よ》い結果を生《う》む。先頭《せんとう》に立ってあらゆる物に先駆《さきが》けて、乾《けん》の活力によって、諸国は皆《みな》安泰である。

2　この上ないものであるよ、坤《こん》の活力《かつりょく》は、あらゆる物はそれを受け取って生《い》きている。つまり従順に天《てん》（宇宙）の働きを受け入《い》れている。坤《こん》が厚く万物《ばんぶつ》を載《の》せて、天の働きと限り無く合致《がっち》し、広く輝《かがや》くことが大きくて、万物は残らず正しい信念による行動をとる。牝《めす》の馬は地（坤）の性質と同じ仲間であって、地上を走って行《い》っても疲れを知らず、従順《じゅうじゅん》な性格を保ち正しい信念の行動の結果は吉《よ》い。君子《くんし》（人格者）の行なうべき道である。人より先に進めば道に迷い、人の後《あと》から従って行けば人の守るべき正しい道が得られる。西南《せいなん》では友《とも》が出来るが、つまり仲間と一緒に進めるが、東北では友を失う。後《のち》には喜び事が有る。正しい信念の行動に身を置けば、此の吉《い》い結果は、地（坤）の限りが無い大きい性格に釣り合うものである。

3　屯《ちゅん》（困難）は剛《ごう》（陽《よう》）と柔《じゅう》（陰《いん》）とが始めて交《まじわ》って困難が生《しょう》ずる。困難の中《なか》にあっても動く。思うことは大《おお》いに叶《かな》って正しい信念の行動ができる。雷雨《らいう》になる気配《けはい》が天地の間に充満《じゅうまん》している。世の中の動きは乱れていて暗く、君主を戴《いただ》いて統治するのは良《よ》いが、安心できる状態ではない。

4　蒙《もう》は山の下に険《けわ》しい所が有る形で、険《けわ》しくて進めないのは蒙（知識に乏しい）である。蒙が妨《さまた》げもなく行《おこ》なわれるのは、行なわれることを進めてその時に片寄らずに進めているからである。自分が子供や知識に乏しい者に求めるのではなく、子供や知識の乏しい者が自分に求めるのが学びの道で、学《まな》ぼうとする心が感じ合うのである。最初の占《うらな》いでは正しいことを告《つ》げている。二度も三度も占うことは占いを冒瀆《ぼうとく》することになる。冒瀆したら正しいことを告げなくなる、蒙（知識が乏しい）の心を冒瀆《ぼうとく》したことになる。蒙の状態の者が学問知識を正しく身につけようとすることは、尊い仕事なのである。

5　需《じゅ》は待つということである。困難なことが目の前に在《あ》るからである。強く丈夫《じょうぶ》だから困難に呑み込まれない。その理由が有るから困難に落ち入《い》らない。需は誠実さが有って物事が大《おお》いに進行する。正しい信念にもとづく行動は吉《よ》い結果をもたらす。天子《てんし》の地位にある場合は、正しく片寄らない立場をとる。大きな川を渡るのに都合《つごう》が良い。進んで行けば仕事の成果を挙《あ》げられる。

6　訟《しょう》の卦《か》は、上が強く下が困難である。困難でありながら丈夫《じょうぶ》な身体であるのは訟《しょう》である。訴訟《そしょう》は誠実さが有って行き詰《づま》っても慎重に片寄らない立場なら結果は吉い。強い立場の者が来て、片寄らない公平さが得られるからである。訴訟を最後まですれば悪い結果を得《う》る。訴訟は完全な形でするものではない。大人《たいじん》（人格のすぐれた人）に会うと吉い結果が得られる。片寄らず公正な立場を大切にしているからである。大きい川を渡ることは吉い結果が得られない。淵《ふち》（川底の深い部分）に落ち込むからである。

7　師《し》は多人数のことである。貞《てい》は正しいということである。多人数（軍隊）を統率《とうそつ》して正しく行動すれば、それによって王《おう》（君主《くんしゅ》）に成れるであろう。強く公正な人物が王と気持が合う。危険な所に行って戦う人々は従う。そのために天下の人々は苦しみながらも人民たちは君主に従う。吉い結果が得られる。また何の災《わざわ》いが有るだろうか。

8　比《ひ》（親《した》しみ）の卦《か》は、吉《い》い結果を得る。比は手助《てだす》けすることである。地位の低い者が素直《すなお》に従うのである。二度占《どうらな》って、大《おお》いに長く正しい行動となれば災《わざわ》いは無い。強く片寄らずに公正の態度だからである。心が安《やす》らかでない者もちょうど来て、地位の上の者も下の者も気持が合う。遅《おく》れて来た者は悪い結果となる。その親しみが無くなってしまう。

9　小畜《しょうちく》の卦《か》は、弱い者が地位を得て、上の者と下の者とがそれに向い合っているもので、その状態を小畜《しょうちく》（小さな差《さ》し支《つか》え）という。小畜は強いが人には控《ひか》え目にしており、強く片寄らない立場で思ったことを実行する。つまり物事が妨《さまた》げも無く行《おこ》なわれる。空をおおう厚い雲が有るのに雨は降らないが、そのまま進んで行く。自分のいる所より西の郊外《こうがい》から雨が降ろうとしている。雨の恩恵《おんけい》はまだ行《おこ》なわれていない。

10　履《り》の卦《か》は、弱い者が強い者を踏みつけている形である。喜んで乾《けん》（健《すこや》か）に対応《たいおう》する。そういうことで虎の尾を踏んでも人に噛みついたりはしない。物事が滞《とどこお》り無く行なわれる。強く片寄らず公正な立場で、帝位《ていい》にあっても心に恥《は》じるところが無く、光り輝いている。

11　泰《たい》の卦《か》は、陰《いん》の気《き》（小）が往き陽《よう》の気《き》（大）が来る形で、吉《よ》い結果が得られ物事《ものごと》が滞《とどこお》り無く行《おこ》なわれる。つまり此れは天と地とが交《まじわ》って万物《ばんぶつ》が生長《せいちょう》することである。地位の高い者と低い者（君臣《くんしん》）が交《まじわ》ってその気持ちが一致しているのである。内部が陽《よう》で外部が陰《いん》、内部が強く外部が従順、内部が君子《くんし》（人格者）で外部が小人《しょうじん》（詰《つま》らぬ人物）であって、君子の道《みち》（生《い》き方《かた》）は育《そだ》って行き、小人の道《みち》は無くなって行く。

12　否《ひ》の卦《か》は、否《ふさ》いでいるのは立派な人ではない。君子《くんし》（人格者）の公正な態度には結果として宜《よろ》しくない。大《だい》（君子の道）が衰《おとろ》え、小《しょう》（詰らぬ人物）の風潮《ふうちょう》となる。つまり天と地とが交《まじわ》ることなく万物《ばんぶつ》の生長《せいちょう》が見られないのである。地位の高い者と低い者（君《くん》・臣《しん》）が交《まじわ》らずに、天下に邦《くに》が無い状態である。内部が陰《いん》で外部が陽《よう》、内部が従順《じゅうじゅん》で外部が強く、内部が小人《しょうじん》（詰らぬ人物）で外部が君子《くんし》（人格者）で、詰らぬ人物の道《みち》（生き方）は生長し、君子の道は無くなって行くのである。

13　同人《どうじん》の卦《か》は、従順《じゅうじゅん》で地位を得て、片寄らない公正さを身につけて乾《けん》（健《すこ》やか）に対応するのが同人《どうじん》と言われる。同人の卦に言うには、人と調和するには郊外《こうがい》の野原に於いてする。滞《とどこお》りなく行《おこ》なわれる。大きな川を渡るのに吉《よ》い結果をもたらす。乾《けん》のように私欲《しよく》が無く進んで行く。知識が明《あき》らかにして強く、片寄らない公正さで君子《くんし》（人格者）の正しさに対応している。ただ、君子《くんし》だけが天下の動向《どうこう》に通ずることが出来るとする。

14 大有《たいゆう》の卦《か》は、柔順《じゅうじゅん》な性格で尊い位に就《つ》いており、大《おお》いに片寄らぬ公正な態度で地位の高い者も低い者も（高い地位に）対応している形なので大有と言う。その身につけた立派な人格は強く健《すこや》かで知識が明らかで、天に対応して適当な時期に進んで行く。それによって物事が大《おお》いに滞《とどこお》りなく行なわれる。

15 謙《けん》の卦《か》は、物事が滞りなく行なわれる。天の活力は下《くだ》って万物《ばんぶつ》を育てて光り輝き、地《ち》の活力は低い所から上《うえ》に進んで行く。天の活力は満《み》ちているものを減《へ》らして足《た》りない部分を補《おぎな》ってやる。地の活力は満《み》ちているものを変えて低い部分に注《そそ》ぎ込んでやる。鬼神《きしん》（力の有る靈魂《れいこん》）は満《みた》されている者に禍《わざわ》いを与《あた》え、足《た》りていない者には幸福を与える。人の活力は満されている者を憎《にく》んで、足りていない者を好《この》む。へりくだって人に譲《ゆず》れば、その人の人格は尊く輝き、地位が低い人にもその人格を超《こ》えることは出来ない。君子《くんし》（人格者）

は人生の終りを全《まっと》うすることが出来る。

16　豫《よ》の卦《か》は、強さに対応して思っていることが実行され、道理に従って行動するのが豫《よ》である。豫《よ》は従順に行動するということから天地の存在と同じようなことである。まして君主を戴《いただ》いて軍隊を出動させるには天地の如き正しい道理に従わなければならない。天地は正しい道理に従って動いている。だから太陽も月も運行を間違えることなく春夏秋冬も時期を間違えることは無い。聖人（最高の人格者）は正しい道理に従って行動するから、公正な刑罰を行なって、人民も信頼する。豫の卦の時が示す意義は大きいものだ。

17　随《ずい》の卦《か》は、強い者が来て柔和《にゅうわ》な者の下に従《したが》う、動いて人々が喜ぶというのが随《ずい》である。大そう物事が滞《とどこお》りなく行なわれる。正しい信念で行動する。災《わざわ》いも無く天下の人々が随《したが》う。随の卦の時が示す意義は大きいものだ。

18　蠱《こ》の卦《か》は、強い者が上《うえ》にあって従順な者が下《した》にあり、上の者に従《したが》って、その状態のまま止《とど》まっているのが蠱《こ》である。蠱《こ》は大いに物事が滞《とどこお》りなく行なわれ、天下が良く治《おさ》まっている。大きい川を渡るのは吉い結果が得られる。進《すす》んで行けば事件が起る。甲《こう》の日より三日前《まえ》（辛《しん》の日）、甲《こう》の日より後《あと》の三日目《め》（丁《てい》の日）を選んで処理する、仕事が終わればまた次の仕事が始まる。天体の運行と同じである。

19　臨《りん》の卦《か》は、強い者が少しずつ成長する。喜んで従って、強い者が片寄らず公正にして対応するが、大そう滞《とどこお》りなく行なわれる。正しい道を行なうのは天の運行の如くである。八月になって悪い結果となる。力が無くなることは、遠い先のことではない。

20　人々から大《おお》いに観《み》られる者が上《うえ》の地位《ちい》にある。順《したが》って人に譲《ゆず》り、片寄らず公正で、その姿を天下に見せる。観《かん》は手を洗って供《そな》え物《もの》を捧《ささ》げたりはしないが、誠実《せいじつ》さが有って慎《つつ》しみ深い。下《した》の者はその様子《ようす》を見て感化される。天の神聖な働きを見れば、春夏秋冬が順序を間違えることも無い様に、聖人（最高の人格者）は神聖な働きを教えるので、天下の人々は信服《しんぷく》する。

21　頤《おとがい》（あご）の中に物が有る状態を噬嗑《ぜいこう》（噛み合わせ）と言う。噬《か》み嗑《あわ》せて物事が滞《とどこお》りなく行なわれる。堅いものと柔かいものとが分《わか》れて動いて明らかで、雷《かみなり》と電《いなずま》とが一緒になって辺《あた》りを明るくしている。柔順な者が片寄らない立場で上《うえ》にのぼって行く。地位は不当であるが、刑罰を用いるには、結果が良い。

22　賁《ひ》の卦《か》は、物事が滞《とどこお》りなく行なわれる。素直《すなお》な性格の者が来て、強い性格の者を引き立てる。だから物事が滞りなく行なわれる。強い性格の者の一部分が更に素直な性格の者を引き立てる。だから少しでも行く所が有るならば吉《よ》い結果が得られる。天文《てんもん》（日月星など）は強い弱いの釣り合いが取れているのである。文明《ぶんめい》（人間の生活）の段階で止《と》まるのは人文《じんぶん》（人間の文化）である。天文を観測して時節の変化を詳《くわ》しく知り、人文を観察して天下（世の人々）を立派なものに変える。

23　剝《はく》は剝《は》ぐ（はぎ取る）という意味である。柔《じゅう》（弱い者）が剛《ごう》（強い者）を変えてしまうのである。進んで行く所が有っても結果は悪い。小人《しょうじん》（詰《つま》らぬ人物）が勢《いきお》いを伸ばしている。（時勢に）従って現状に止《とど》まるのは、卦《か》の占《うらな》いの形を観察したからである。君子《くんし》（人格者）は気の消息《しょうそく》（消えたり生《しょう》じたり）盈虚《えいきょ》（充実と衰退）を大切にする、それが天の運行だからである。

24　復《ふく》の卦《か》は、物事が滞《とどこお》りなく行なわれる。剛《ごう》（強い者）が帰って来る。動いて従って進み行くから出入《しゅつにゅう》にわずらわしいことが無く、友人もやって来て、悪い結果は無い。その道理を反復し、七日間で来《きた》り復《かえ》る。天体の運行の様である。進み行く所が有れば結果は宜《よろ》しい。剛（強い者）が勢《いきお》いを増《ま》す。復《ふく》の卦《か》は天と地の心を現《あらわ》していると言えようか。

25　无妄《むぼう》の卦《か》は、剛《ごう》（強い者）が外部から来て内部で支配者に成ったものである。動いて健全であり、剛は片寄らず公正な立場で対応する。大《おお》いに滞《とどこお》り無く物事が行なわれて正しい道に適《かな》っている。天が命じているからである。もし正しくなかったら災《わざわ》いが有る。進んで行く所が有っても結果は悪い。それでは无妄《むぼう》が進むのは、どこに行けるだろうか。天の与えた運命も助けてくれない。進んで行けるだろうか。

26　大畜《たいちく》の卦《か》は、力強くて誠実でその人格が光り輝き、毎日その徳（人格）を新しく増《ま》して行く形である。剛（強い者）が高い地位に上《のぼ》って賢明《けんめい》な者を大切にし、誠実な者を手もとに置くことができる。大そう正しい事である。家で生活せず公職に就《つ》くのは良い結果が得られる。（君主が）賢明な者を手もとに置いて面倒《めんどう》を見るのである。大きな川を歩いて渡るのに吉い結果が得られる。天の働きに対応しているからである。

27　頤《い》の卦《か》は、正しい信念の行動ならば吉《よ》い結果が得られる。（君主《くんしゅ》が臣下の生活の面倒を見ることが）正義であったならば吉《よ》い結果が得られるのである。頤《おとがい》（あご）を見るということは、自分が面倒を見ている者の人物を見ることである。自分が飲食する方法を求めるとは自分の生活を振り返って見ることである。天と地とはあらゆる物の生命を守り、聖人《せいじん》

（最高の人格者）は賢明な人物の生活を守り、すべての人々の生活を支《ささ》えている。頤《い》の卦《か》を得《え》た時の意義は大きいものである。

28　大過《たいか》の卦《か》は、大きいものが過ぎて行く形である。棟《むなぎ》がたわんでいる。支《ささ》えている木の両端《りょうたん》が弱いからである。剛《ごう》（強い者）の力が過ぎているが、中《ちゅう》（片寄らず公正な立場）の者は従順で喜んでついて行く。進んで行く場所が有れば吉《よ》い結果が得られる。それで物事が滞《とどこお》り無く行なわれる。大過の卦の時の意義は大きいものである。

29　習坎《しゅうかん》の卦《か》は重《かさ》なった険《けわ》しさの形である。水は流れて満《み》ち溢《あふ》れることが無く、険しい所も流れてその誠実さを失わない。つまり心が滞《とどこお》りなく行《おこ》なわれている。つまり剛（強い者）が片寄らずに公正な立場だからである。進んで行けば人から尊敬されることが有る。進んで行けば功績（てがら）を立てられる。大空の険《けわ》しい高さは登って行くことが出来ない。大地の嶮《けわ》しさは山や川や丘《おか》や陵《おか》（大きな丘）である。王公《おうこう》（天子《てんし》と諸侯《しょこう》）はその険《けわ》しさを利用して、それによって自分の国を守るのである。険しさが有る時に、それの利用価値は何《なん》と大きいことだろうか。

30　離《り》の卦《か》は、麗《つ》く（付着する）ということである。太陽や月は大空に付属《ふぞく》しており、あらゆる穀物《こくもつ》や草や木は大地に付属している。太陽や月の輝きの如く君主や臣下《しんか》が正しい人格を身につけていれば、世の中を正しい方向に導くのである。柔《じゅう》（従順な者）は片寄らず公正な立場にいる。だから物事が滞《とどこお》りなく行なわれる。そういう事で牝牛《めすうし》を飼うように従順な人格を身につければ吉《よ》い結果が得られる。

上象伝《じょうたんでん》　終

下象伝《かたんでん》

31　咸《かん》の卦《か》は、感《かん》ずるということである。柔《じゅう》（弱い気力）が上《うえ》になり剛《ごう》（強い気力）が下《した》になって、柔と剛との二つの気力が互いに感じ合って、それで互いに仲間《なかま》となって親しくなり、男性は女性に従う。こういう事で物事が滞《とどこお》りなく行なわれる。正しい信念による行動は良い結果をもたらす。女性と結婚すれば吉《よ》い事が有る。天の気と地の気とが感じ合ってあらゆる物を生《う》み出している。聖人（最高の人格者）が人々の心と感じ合えば世界は平和になる。その感じ合う所を観察すれば、天と地とあらゆる物の真《まこと》の心を見ることが出来る。

32　恒《こう》の卦《か》は、久《ひさ》しいという意味である。剛《ごう》（強い者）が上にあって柔《じゅう》（弱い者）は下にあり、雷《かみなり》と風とが互いに仲間《なかま》となり、相手に従って活動し、剛と柔とが皆《み》な久しく対応している。久しければ物事は滞りなく行なわれ災《わざわ》いは無い。正しい信念で行動すれば結果は吉い。その正しい道を久しく守っている。天と地との運行は久しく止《と》まることがない。

進む所が有れば吉《よ》い結果が得られる。何かが終ればそこで始まるものが有る。太陽や月は大空（天）が有るので久しく照すことが出来るし、春夏秋冬（四時《しいじ》）は変化しながら久しく万物を生《う》み出し、聖人（最高の人格者）は正しい道を久しく実践して世の人々を感化して立派なものにする。その久しく変らない状況を観察すれば、天と地とあらゆる物の真《まこと》の心を見ることが出来るだろう。

33　遯《とん》の卦《か》は、物事が滞《とどこお》りなく行《おこ》なわれる。世を逃《のが》れることによって物事が滞りなく行なわれるのである。剛《ごう》（強い者）がふさわしい地位にあって他《た》と応じて時節《じせつ》と共に行動する。小さな事柄《ことがら》に就いては正しい信念にもとづく行動であれば吉い結果が得られる。だんだんに生長する。遯《とん》の時節と意義とは何と大きい物であることよ。

34　大壮《たいそう》の卦《か》は、大きいものが壮《さか》んな形である。強い力で動くから壮《さかん》なのである。大壮《たいそう》は正しい信念による行動が吉い結果をもたらす。大きい力の者は正しい。正しく大きい立場によって天と地との真心《まごころ》を知ることが出来るだろう。

35　晋《しん》の卦《か》は、進む形である。明《あか》るい輝《かがや》きが大地の上《うえ》に出て太陽につき従い、柔《じゅう》（弱い力の者）が進んで上に向って行く。そういう事で康侯《こうこう》（康の領主）が（天子《てんし》から）馬を沢山賜《たくさんたま》わった。日中《にっちゅう》に三回も天子に接見《せっけん》を許された。

36 明《めい》（明るい輝き）が地中に入る形が明夷《めいい》である。内面は文明《ぶんめい》（学問や教養）で、外面が柔順《じゅうじゅん》（服従）の時は大きな困難が生ずる《しょう》。周の文王は明夷の卦の示す通りにしていた。困難が有っても正しい信念による行動をしていると吉い結果が得られるのは、その聡明さを隠すからである。心の中に難《なや》んでいても自分の心の願いを正しく持つことである。箕子《きし》（殷《いん》の紂王《ちゅうおう》の叔父《おじ》）は、その様《よう》にしていた。

37 家人《かじん》の卦《か》は、女性が家《いえ》の内《うち》であるべき位置《いち》に正しく身《み》を置き、男性は家の外《そと》であるべき位置に正しく身を置く形である。男性も女性も正しい位置に身を置くことは、天地《てんち》が定《さだ》めた大義《たいぎ》（人間の守るべき道）である。家族《かぞく》にとっては尊敬すべき人が有る。尊敬すべき人とは父と母とのことである。父《ちち》は父としての任務をはたし、兄《あに》は兄としての任務をはたし、夫《おっと》は夫としての任務をはたし、妻《つま》は妻としての任務をはたすことによって、家道《かどう》（家庭内の道徳）が正《ただ》しく保《たも》たれる。家道を正しく保《たも》つことによって、天下《てんか》（世の中）が安定する。

38 睽《けい》の卦《か》は、火《ひ》が動いて上に行き、沢《さわ》が動いて下に行く形である。二人の娘（姉と妹）

が同居しているが、その心に願うことは同じではなく、喜んで輝くものに従い、柔《じゅう》(力の弱い者)が進んで上《のぼ》り行き、片寄らない立場を得て剛《ごう》(力の有る者)に対応する。そういう事で、小さい事には吉《よ》い結果が得られる。天と地とは性質が反対であるが、万物を生み出す事は同じである。男性と女性とは体質が反対であるが、相手を思う気持が通《かよ》い合い、万物《ばんぶつ》はそれぞれ性質が異《こと》なっているが、同じ目的のために仲間《なかま》を作っている。睽《けい》(そむく)の場合にその働きは大きいものである。

39 蹇《けん》の卦《か》は、悩《なや》んでいる形である。険《けわ》しい土地が前に在《あ》る。その険《けわ》しさを見て止《と》まることが出来る。頭が良いことだ。蹇が西南の方角に吉い結果が得られるというのは、進んで行けば、片寄らず正しい立場が得られるのである。東北の方角には吉い結果が得られない。その道が行き詰《づま》るからである。大人《たいじん》(徳の備《そな》わった人)に会うと吉い結果が得られる。進んで行けば功績《こうせき》(手がら)が出来る。地位が得られて正しい信念によって行動すれば吉《よ》い結果が得られる。それで国家を正しく統治する。蹇の場合にその働きは大きいものである。

40 解《かい》の卦《か》は、険《けわ》しい場所に行動し、行動することによって険《けわ》しい場所を乗り越えるというのが解の形である。解は西南の方向に行けば吉い結果が得られる。行けば多くの人々の支持が得られる。帰って来れば吉《よ》い結果となる。つまり片寄らずに公正な立場にあるからである。進むべき所が有るなら早く進めば吉い結果となる。行けば手《て》がらを立てられる。天地の冬の気配《けはい》が解《と》けて雷雨《らいう》が発生し、雷雨が発生して多くの果樹や草木も皆《みな》新しい芽《め》を出す。解《かい》の場合にその働きは大きいものだ。

41　損《そん》の卦《か》は、下《した》を減《へら》して上《うえ》に加えるような形で、その方法は上に進んで行く。損しても誠実さが有れば大いに吉《よ》い結果となる。災《わざわ》いは無い。正しい信念で進むべきである。進んで行く所が有れば吉い結果が得られる。（神を祭るのに）何を用いたらいいだろうか。二つの簋《き》（供え物の器《うつわ》）で質素に祀《まつ》ってもいいだろう。二簋で祀る時機《じき》が有るだろう。剛《ごう》（力の有る者）の力を減《へら》して柔《じゅう》（弱い者）に加えるには時機が有る。損益（減《へら》し加える）盈虚《えいきょ》（満《み》ち欠《か》け）は時機を見て行《おこ》なうことだ。

42　益《えき》の卦《か》は、上《うえ》を減《へら》して下《した》に増《ま》す形である。人民たちが喜ぶことは限りが無い。上《うえ》から下《した》に下《くだ》るので、そのやり方《かた》は大そう輝いている。進んで行く所が有れば良い結果が得られる。片寄らず公正な立場にあれば喜《よろこ》び事《ごと》が有る。大きな川を渡ると吉い結果が得られる。材木の利用が行なわれる。益《えき》は木の舟で活動して、日に日に進歩して限りが無い。天が気候や季節を施して、地上に万物が生じている。その物をふやす力は較べるものが無い。すべて益《えき》の状況は時機と共に行なわれる。

43　夬《かい》の卦《か》は、決《けつ》し去るという形である。剛《ごう》（力の強い者）が柔《じゅう》（弱い者）を除き去る。健全な行動で喜び、決し去って和《なご》やかである。宮廷にはびこる小人《しょうじん》（詰らぬ人物）を指摘するが、小人が剛を抑《おさ》えつけているからである。誠実に慎重に行動するが危《あや》うい事が有る。その危い事を解決すれば手がらを立てられる。自分の領地を良く治めて武力に訴えることが吉い結果を得られるとはしないことだ。武力を頼みにすれば行き詰ってしまう。進んで行く所が有れば結果は吉《よ》い。剛の勢いが進んで行けば物事が完成する。

44　姤《こう》は遭《あ》うということである。柔《じゅう》（弱い者）が剛《ごう》（力の強い者）に遭《あ》う形である。こういう女性と結婚してはならない。一緒に長く暮《くら》せない。天と地とその気が一緒になって万物は残らずその姿をはっきりさせる。剛が片寄らず公正な立場を保持《ほじ》することによって天下に教化が大《おお》いに行なわれる。姤《こう》の時機と意義とは大きいものである。

45　萃《すい》の卦《か》は、聚《あつ》まる形である。人々が従《したが》って説《よろこ》び、剛《ごう》は片寄らず公正な態度で対応している。だから人々の心が集《あつま》って来る。王が有廟《ゆうびょう》（先祖《せんぞ》を祀《まつ》る所）に詣《もう》でるのは孝行な心で供《そな》え物《もの》をして先祖を祀《まつ》るのである。大人《たいじん》（人格のすぐれた人物）に会うと吉《よ》い結果が得られ物事が滞《とどこお》り無く行なわれる。人々を集めるのに正しい道徳を実施する。大牲《たいせい》（神に供える牛）を供えると吉《い》い結果が得られ、進んで行く所が有れば吉い結果が得られる。天命《てんめい》（天の命令）に従うからである。その集まる状態を観察し、天と地の生み出すあらゆる物の真実の姿を見ることが出来る。

46　柔《じゅう》（力の弱い者）が時機《じき》を見て升《のぼ》り進む。慎しみ深くて従順で、剛《ごう》（力の強い者）は公正な立場で対応する。そういうことで大《おお》いに物事が滞《とどこお》りなく行なわれる。そこで大人《たいじん》（人格の立派な者）に会うならば、心配することは無い。喜び事が有るだろう。南に行けば吉《よ》い結果が得られる。心に願っていることが実現する。

47　困《こん》の卦《か》は、剛《ごう》（力の強い者）が覆《おお》われている形である。困難な状況にありながら喜び、苦しんでも、その滞《とどこお》りなく行なわれる所を見失わないのは、君子《くんし》（人格者）だろうか。正しく固い信念による行動をすべきである。大人《たいじん》（立派な人格の人物）であれば吉《よ》い結果が得られる。剛《ごう》（強い力の者）が片寄らない立場にあるからである。窮状《きゅうじょう》を訴えても他人は信じない、弁舌《べんぜつ》だけに頼っていると困難に陥《おちい》るのである。

48　釣瓶《つるべ》を水の中に入れて水を汲み上げるものは井《せい》（井戸《いど》）である。井戸は人々の生活を養って窮《きわ》まることが無い。邑《ゆう》（村落）を移しても井戸はそのままである。剛（陽《よう》の性質）が片寄らない公正な立場だからである。殆《ほとん》ど水を汲み上げても、なお未《ま》だ井戸に釣瓶《つるべ》の縄《なわ》を取りつけていない。まだ井戸水が役に立っていない。その釣瓶を壊《こわ》せば、井戸が使えないから悪い結果となる。

49　革《かく》の卦《か》は、水と火とが互《たが》いに消し合う。二人の娘が同じ家に暮していて、その心に願うことが互いに満たされない状態を革《かく》（変革《へんかく》）という。已日《いじつ》（終ってしまった日）に誠《まこと》とされる。改めれば人々が信用する。学問や教養が有って心に喜び、大《おお》いに物事が滞りなく行なわれるのは公正な立場だからである。改革して道理にかなっていれば後悔《こうかい》は無い。天と地とが変革されると春夏秋冬が定まる。殷《いん》の湯王《とうおう》と周の武王《ぶおう》は天の命令を改めて、天の命令に順《したが》って人々に対応した。革の時機は大きいものである。

50　鼎《てい》の卦《か》は、鼎《かなえ》を象《かたど》った形である。木《き》（薪《まき》）を火に入れて物を煮《に》るのである。聖人《せいじん》（最高の人格者）は物を煮て上帝《じょうてい》（天の神）を祀《まつ》り、物を大《おお》いに煮て臣下《しんか》の聖人賢人を持成《もてな》すのである。人の言葉を素直に受け容《い》れて、耳がよく聞《き》こえ目がよく見えるのである。柔《じゅう》

（従順な者）が位を進めて上の地位になり、片寄らない立場によって剛《ごう》（力の強い者）に対応する。こういう事で物事が大《おお》いに滞《とどこお》り無く進んで行く。

51 震《しん》の卦《か》は、物事が滞《とどこお》りなく行なわれる。震《しん》（雷《かみなり》の音）が近づくと恐れてびくびくする。恐れ慎《つつし》めば福《ふく》を招《まね》く。雷《かみなり》が去れば笑い声も楽しく話し合う。雷が去った後《のち》には規則正しく行動する。雷《かみなり》の音は百里四方に轟《とどろ》くが、遠くまで驚かせて近くでは怖《こわ》がらせる。跡《あと》を継いで宗廟《そうびょう》（先祖の霊を祀る所）や社稷《しゃしょく》（土地の神と五穀の神）とを大切にしてそれぞれの祭りを司《つかさ》どるべきである。

52 艮《ごん》の卦《か》は、止《と》まることである。時機《じき》が止まるべきならば止まり、時機が行《ゆ》くべきならば行き、動静《どうせい》（行《ゆ》くと止《と》まると）が時機を失《うしな》わなかったらその道《みち》（人の守るべき道）は輝き明《あき》らかである。その止《と》まるべき時に艮《と》まるとは、その場所に止まるのである。上《うえ》と下《した》とが敵対して互いに仲間にはならない。そういうことで自分自身のことを忘れ、人の庭に行ってもその人が見えず、（物に捉《とら》われないので）災《わざわ》いが身に及ぶことは無い。

53 漸《ぜん》の卦《か》は、進むということである。女性が結婚するのに吉《よ》い結果が得られる。進んで地位を得《え》られ、行けば手《て》がらを立てられる。進む時に正しい立場をとる。それで国を正しい方向に導《みちび》ける。その地位は剛《ごう》（強い）で片寄らず公正な立場である。静かにして従順であり、動いても行き詰《づま》ることは無い。

54 帰妹《きまい》（女性が結婚して男性の家に入る）は天地に定められた大きな原則である。天と地とが結ばれなければ万物《ばんぶつ》は生れて来ない。帰妹は女性の終《しゅう》（娘時代の終り）始《し》（妻の始まり）である。女性が喜んで行動するのは、結婚する若い女性である。（十分に考えずに）嫁に行けば悪い結果を招く。地位が適当でなく、吉い結果を得られない。柔《じゅう》（従順な者）が剛《ごう》（力の強い者）の上に乗る形である。

55 豊《ほう》の卦《か》は、大きいということである。物事を明らかにして行動する。だから豊《ほう》（大きい）という。王《おう》（君主）は、豊の状態に至ることを心がけて、大きくなることを大切にするのである。何も心配することはない。太陽が中天《ちゅうてん》にあれば、天下《てんか》（世の中）を照すのに都合《つごう》が良い。太陽は中天にあってもやがて傾き、月は満月でもやがて欠《か》けて行く。天と地との盈虚《えいきょ》（満《み》ち欠《か》け）は時《とき》と共に消息《しょうそく》（消えたり生《しょう》じたり）する。だから況《ま》して人の場合には勿論《もちろん》のことだ。況《ま》して鬼神《きしん》の場合には勿論《もちろん》のことだ。

56 旅《りょ》の卦《か》は、僅《わず》かに物事がうまく行く。柔《じゅう》（従順な者）が外《そと》に中《なか》ほどの地位を得て剛《ごう》

（力の強い者）に順《したが》い、止《と》まるべき場合に止《とま》って賢明な判断をする。そういうことで僅《わず》かに物事がうまく行く。旅行は正しい信念で行《おこ》なえば吉《い》い結果が得られる。旅の時機と意義とは大きいものである。

57　重巽《ちょうそん》（かさなった巽《そん》）の卦《か》は、それで命令を重《かさ》ねて伝える形である。剛《ごう》（力の強い者）が片寄らず公正な立場によって心の願いが実行され、柔《じゅう》（力の弱い者）は皆《みな》剛に順《したが》っている。そういうことで僅《わず》かながら物事が滞《とどこお》らずに行《おこ》なわれる。進んで行く所が有れば吉い結果が得られる。大人《たいじん》（人格の立派な者）に会うと吉い結果が得られる。

58　兌《だ》の卦《か》は、悦《よろこ》ぶことである。内部を剛《つよ》くして外部を柔《やわら》かにし、悦《よろこ》んで正しい信念による行動は吉い結果が得《え》られる。こういうことで天《てん》に順《したが》って人《ひと》に対応する。悦《よろこ》んで人民の先頭《せんとう》に立てば人民はその労苦を忘れ、悦《よろこ》んで困難《こんなん》な事業に立ち向《む》かうので、人民は死ぬことも顧《かえり》みずに君主に従う。悦びの力は大きいものだ、人民も努《つと》め励《はげ》むことになるのだ。

59　渙《かん》の卦は、物事が解《と》け散《さん》じて滞りなく行なわれる。剛《ごう》（力の強い者）が来て窮《きわ》まることなく、柔《じゅう》（従順な者）が外部に正しい地位を得て、上の地位の者と和合する。王《おう》（君主《くんしゅ》）が有廟《ゆうびょう》（先祖の霊を祀《まつ》る所）に到《いた》り、王は廟《びょう》の中に居る。大きな川を渡ると吉い結果が得られる。舟に乗って渡れば手《て》がらが立てられる。

60 節《せつ》の卦《か》は、物事が滞《とどこお》りなく行なわれる形である。剛《ごう》（力の強い者）と柔《じゅう》（従順な者）とが分れて、剛は片寄らず公正な立場を得ている。度を越した節制には苦しめられるから固く守ったりしてはならない。その道が行き詰《づま》る。喜んで険《けわ》しい所に行き、高い地位にあって節制し、片寄らず公正な立場なので物事がうまく進行する。天地は節制して春夏秋冬が生れる。節制して規則を定め財政を整備して人民の生活を苦しめたりしない。

61 中孚《ちゅうふ》（中《うち》にある真《まこと》）の卦《か》は、柔《じゅう》（従順な者）が内部に在《あ》って剛《ごう》（力の強い者）が片寄らず公正な態度を保《たも》ち、下の者が喜んで譲《ゆず》り真実の行動をとる。そうして国を教化する。豚魚《とんぎょ》（供え物の豚《ぶた》や魚《うお》）までに吉《い》い結果が得られる。信頼が豚魚《とんぎょ》までにも及ぶ。大きな川を渡ると吉い結果が得られる。木《き》の舟に乗れば、その舟の内部は空虚である。真実で正しい信念で行動すれば結果は吉《よ》い。そこで天《てん》の心に応《おう》ずることが出来る。

62 小過《しょうか》の卦《か》は、小さい者が通り過ぎて物事が滞《とどこお》り無く行なわれる。過ぎる時に正しい信念の行動ならば吉い結果が得られる。時機《じき》と共に行動する。柔《じゅう》（従順な者）は片寄らず公正な立場を取る。そこで小さな事には吉《よ》い結果が得られる。剛《ごう》（力の強い者）は地位を失って公正な立場にはなれない。そこで大きな事には結果が良くない。空を飛んで過ぎる鳥の状態である。飛んで過ぎる鳥は鳴き声を残す。空高く上《あが》るのは宜しくない、空《そら》から下《お》りて来るのは大《おお》いに吉《よ》い結果が得られる。空に上《あが》るのは（引力《いんりょく》に）逆《さか》らうが、空から下《さが》るのは（引力に）順《したが》っているからである。

63　既済《きせい》の卦《か》は、物事が滞《とどこお》りなく行《おこ》なわれる。小さい事は滞りなく行なわれる。正しい信念による行動は吉い結果が得られる。剛（力の強い者）と柔（従順な者）とがそれぞれ正しい地位を得ている。初《はじ》めは吉である、柔《じゅう》（従順な者）が片寄らず公正な立場を執《と》るからである。終《おわ》りに停滞《ていたい》すれば乱《みだ》れるのは、前途《ぜんと》が行き詰《づま》るからである。

64　未済《びせい》の卦《か》は、物事が滞りなく行なわれる。柔《じゅう》（従順な者）が片寄らず公正な立場を得《え》ることが出来る。小さな狐《きつね》が川を殆《ほとん》ど渡ろうとしていて、まだ川の中から出ていないのである。小狐《こぎつね》はその尾を濡《ぬら》してしまう、吉い結果が得られない。渡り続けて渡り終《お》えない状態なのである。それぞれの相当する地位に就《つ》いていないが、剛（力の強い者）と柔（従順な者）とが対応している。

下彖伝《かたんでん》　終

上象伝《じょうしょうでん》（各卦の各爻の説明）

1　天《てん》の運行は堅実である（急《いそ》がず、休まない）。君子《くんし》（人格者）は天と同じように自《みず》から努力して休むことが無い。
潜龍《せんりよう》（水中に潜《ひそ》む龍《りゅう》）である。その力を利用してはならない。陽《よう》の気は下《した》にある。
見龍《けんりよう》（地上に姿を現した龍《りゅう》）は稲田《いなだ》にいる。その徳（人格）の感化は広く行き渡る。
一日中、勉《つと》め励《はげ》んでいる。道徳を反復《はんぷく》して実践《じっせん》している。
場合によっては跳《は》ね上《あが》ったりして淵《ふち》（深い水底）にいる。進んで行っても災《わざわ》いは無い。
飛龍《ひりよう》（空を飛ぶ龍《りゅう》）は天《てん》にいる。大人《たいじん》（人格のすぐれた人物）は立派な仕事をする。
亢龍《こうりよう》（天に登りつめた龍《りゅう》）は後悔することが有る。物が満杯《まんぱい》の状態で長続きはしない。
用九《ようきゅう》は、天の徳は最高であっても人々の上に立ってはならない。

2　地形は自然の起伏が有る。君子《くんし》（人格者）は大地のように手厚い徳（人格）で人々を包容《ほうよう》している。

霜《しも》が降《お》りて、堅い氷《こおり》が張って、陰《いん》の気が始めて凝固《ぎょうこ》する。だんだんにその傾向が進んで堅い氷が出来る。

六二《りくじ》の動きの形は真《ま》っ直《す》ぐできちんと正しい。学ばなくても悪い結果を得ることはない。大地の働き（万物《ばんぶつ》を生育する）は輝いている。

美しい徳（人格）を内に秘《ひ》めている。正しい信念の行動をすべきである。内に秘めたものは時機《じき》を見て外に発する。また君主の事に従うことが有るが、知謀《ちぼう》に甚だ長《ちょう》じている。

袋の口を結ぶ、災《わざわ》いは無い。慎重にしていて傷つくことは無い。

黄色の裳《もすそ》を着《つ》けている。大《たい》そう吉《よ》い結果が得られる。美しい徳（人格）が内部にあるからである。

龍《りゅう》が郊外で戦っている。それ以外の方法が無くなっている。

用六《ようりく》は、長く正しい信念の行動をする。立派に終りを全《まっと》うする。
3　雲《くも》と雷《かみなり》は屯《ちゅん》（困難）の情況である。君子《くんし》（人格者）はそこで天下国家を治める。
盤《ばん》（大石《おお》）や桓《かん》（宿場《しゅくば》の入り口の柱）の如くどっしりとして動かずにいるが、気持は正しい行動をしようとしている。貴い身分でありながら低い身分の人々に対して謙虚《けんきょ》である。

多くの人民の信望を集める。

六二《りくじ》の悩みは陰《いん》が陽《よう》の上に乗っているからである。十年もかかって婚約するのはいつもの手順に戻《もど》るのである。

鹿《しか》を追っているが狩猟係《しゆりようがか》りの役人の道案内はいない。そこで鹿を獲《え》ようとする。君子《くんし》（人格者）が獲物を捨てて進めば少々《しようしよう》恥《は》ずかしく困窮する。

探し求めて往くが、目的ははっきりしている。

その恩沢《おんたく》を滞《とどこお》らせる。人民に施《ほどこ》すことが未《ま》だ多くない。

血の涙をさめざめと流すだろう。どうして長いことが有るだろうか。

4　山の下に泉《いずみ》が湧《わ》き出るのは蒙《もう》（知識に乏しい）の情況である。君子《くんし》（人格者）は自分の行ないを成し遂げ、自分の徳（人格）を育《そだ》てる。

人を処罰すると結果は吉《よ》い。それによって法律を正しく運用する。

子供が家を立派にする。男女が力を合せるからである。

女性と結婚してはならない。その女性の行動が従順ではないからである。

物を知らなくて悩む恥ずかしさは、自分だけが教えを受けられないからである。

まだ物を知らない子供たちが倖《しあわ》せなのは、柔順で謙遜だからである。敵を防ぐのに効果が有る。上《うえ》と下《した》との区分に従順だからである。

5　雲が天に上《のぼ》ってやがて雨が降るのを待っているのが需《じゅ》である。君子《くんし》（人格者）は時機《じき》が至るのを待つ間《あいだ》、飲食し仲間たちと楽しんで身を休めている。

郊《こう》（都の外）で時機《じき》の至るのを待っていて、困難を顧《かえり》みずに進んで行ったりはしない。いつも通りにしているのが吉《よ》い結果をもたらす。災《わざわ》いは無い。まだいつも通りの心を失っていない。

砂浜で時機の至るのを待っている。心の中がゆったりとしている。少しばかり非難されることが有っても吉い結果に終る。

泥《どろ》の中で時機の至るのを待っている。災いが近くに迫っている。自分から災難を招き寄せている。慎み深くしているならば災難に負けることは無い。

殺傷の血の海の中で時機の至るのを待っている。従順にしていて他人の言葉を受け入れる。

酒や食事の準備をして待っているが、正しい行動であれば吉《よ》い結果となる。片寄らず正しいからである。

招待もしていない客がやって来る。そんな客にも尊敬して対すれば最後には吉《よ》い結果となる。ふさわしい地位ではなくても、まだ大きい失敗はしていない。

6 天は空高く水は地に低く運行しているのが訟《しょう》である。君子《くんし》（人格者）は仕事をしようとする時に始めの情況をよく考える。

訴訟を長引《ながび》かせない。訴訟は長引かせてはならないものである。少し非難されてもその弁論ははっきり筋《すじ》が通《とお》っている。

訴訟を最後までしようとせず、自分の土地に帰って、逃げかくれする。下の地位の者が上の地位にある者を訴える。苦悩が身に至るが、自分で拾《ひろ》い取ったようなものである。

先祖からの俸禄を受けて自分の俸禄として上の地位の者に従っていれば吉い結果となる。復《ふた》たび命令に従って正しく固い信念に心を落ち着かせる。正しい道を失わない。

訴えて大そう吉《い》い結果が得られる。片寄らず正しいからである。

訴訟に勝って褒美《ほうび》の服を受ける。尊敬されるほどの事ではない。

7 大地の中に水が有る形は師《し》（多くの人々）である。君子《くんし》（人格者）が人民を包容《ほうよう》して多数の人々を生活させる。

軍隊を出動させるには規律を第一にする。規律を失えば悪い結果となる。

軍隊にあっては中軍《ちゅうぐん》の指揮をとるが吉《よ》い結果となる。君主から大切にされる。君主から三回褒美《ほうび》の品を賜《たま》わる。多くの国々を帰服《きふく》させる。

軍隊は場合によっては戦死者の遺体を引き取ることになる。極《きわ》めて手がらにはならない。

軍隊が宿営地を、退いた場所に移す。災《わざわ》いは無い。まだ戦場の常識を失っていないからである。

長男に軍隊の指揮をとらせる。片寄らない考えの者だからである。次男にも指揮をとらせたが敗退して、戦死者を引き取ることになった。人を使うことが適当でなかったからである。

天子《てんし》からの命令が有って、功績が審査される。小人《しょうじん》（詰らない人物）を重い地位につけてはならない。必ず国家を混乱させるだろう。

8　大地の上に水が流れているのは比《ひ》（親しむ）という情況である。先王《せんおう》（昔の天子）は多くの国々を創建し、それぞれの領主と親しくした。

比《ひ》の卦《か》の初六《しょりく》（初爻《こう》）の言葉は、他《ほか》からの吉《よ》い結果が得られることを示している。他人と親しくすることは自分からする。自分の正しい判断を失うことがない。外卦《がいか》としては、賢人に親しみ、君主に従うのである。親しみ方《かた》を明《あき》らかにすると吉《よ》い結果が得られるのは、地位が正《まさ》に中《ちゅう》を得ているからである。反逆する者は捨て去り従順な者を用いる。前面の獲物《えもの》を逃してしまう。村人たちも王の気持を理解しているのは、王が人々を使うのに当《とう》を得《え》ているからである。親しもうとしても中心人物がいない。最後を全《まっと》うすることが無い。

9　風が天の上空《じょうくう》を吹いているのは小畜《しょうちく》（少し止《とど》める）である。君子《くんし》（人格者）は学問や教養を身につける。

正当な道を通って帰る。その道理《どうり》は吉《い》い結果をもたらす。

人に誘《さそ》われて帰る。片寄らない立場にいる。自分からその立場を失うことはしない。

夫《おっと》と妻《つま》とが対立する。妻を正しく扱《あつか》うことが出来ないからである。

誠実さが有り、憂《うれ》いから脱出し、君主と心を一致させる。

誠実さが有り、人と連れ立っている。自分ひとりだけが富《とみ》を得るのではない。

既《すで》に雨が降り、もう止《や》んでいる。徳《とく》が車に積《つも》って載《の》るほどである。君子《くんし》（人格者）が進んで行けば悪い結果となる。疑《うたが》わしい所が有るからである。

10　上《うえ》は天《てん》、下《した》は沢《さわ》であるのは履《り》である。君子《くんし》（人格者）はそこで上の階級と下の階級とを区別し、人民の考え方をはっきりさせた。

何も飾らずに実際に行なう。自分一人で願っていることを実行するのである。

名利《めいり》に捉《とら》われずに暮している人は正しい信念の行動により吉《よ》い結果が得られる。心の中を自分で乱したりはしない。

眇《すがめ》（片目がひどく悪い状態）なのに物が良く見えるにしても、両目がよく見えることには及ばない。跛《あしなえ》（脚が悪くてよく歩けない状態）が良く歩けるにしても、与《とも》に行くのには適当でない。猛獣が人に噛みつくような悪い事は、それぞれの立場が正当でないからである。武士が君主を守《も》り立てるのは、その意気込みが強いからである。

注意深くしていれば最後には吉《よ》い結果が得られる。自分が望《のぞ》んでいたことが実現する。

踏《ふ》み歩くことを決意する。信念にもとづく行動であるが危険である。立場が正当だからである。

大そう吉《よ》い結果である。高い立場にあって大きい慶《よろこ》び事が有る。

11 天と地の気が交《まじわ》るのが泰《たい》（安《やす》らか）である。君主は天地の運行を取捨選択し、天地自然を助けて、天地の良い面によって人民の生活を助ける。

茅《ちがや》を抜いて進んで行けば吉《よ》い結果となる。自分の気持は自分以外の人々の為《ため》を思う。

地方の荒れた土地をも包容《ほうよう》して、中道《ちゅうどう》を行なうことが出来るのは、人徳《じんとく》が有るからである。

出かけて行って帰って来ないことが無い。天と地とがつながっているからである。

鳥が群れ飛んで地に下《お》りるように、自分の富貴の身を意識しないのは、すべて実体を見つめていないからである。戒《いまし》めの言葉を待たずに誠《まこと》の心を以て賢者《けんじゃ》に心から従う。

それで幸福を得て大そう吉《よ》い結果となる。中道《ちゅうどう》（片寄らない態度）によって賢者に教えを願って行動するからである。

城《しろ》が崩れてもとの隍《ほり》（堀）になった。君主の命令が守られなくなったからである。

12 天の気と地の気とが交《まじ》わらない状態は否《ひ》である。君子《くんし》（人格者）は自分の人徳《じんとく》を包み隠して災《わざわ》いを避《さ》け、栄誉を与《あた》える時に俸禄を与えることをしない。

茅《ちがや》を引き抜いて、正しい信念で行動すれば吉《よ》い結果が得られる。主君に忠義をつくす気持が有る。

大人《たいじん》（徳の備《そな》わった人）には情況が打開されていないが正しい信念の行動によって吉い結果がもたらされる。多くの人々にかき乱されないからである。

恥ずべきものを身に包んでいる。地位が正当でないからである。

天からの命令が有る。災《わざわ》いを免《まぬか》れる。自分の考えが実行される。

大人《たいじん》（徳の有る人）には吉《よ》い結果が得られるのは、地位に正当な徳が有るからである。

塞《ふさ》がった状態が終ると、反対の安らかな状態になる。どうして塞がった状態が長く続くだろうか。

13　天と火とは同じ仲間（同人《どうじん》）である。君子《くんし》は家族毎《ごと》に分類し異《こと》なる物毎に区別する。

門を出て人々と交《まじわ》る。又、誰が咎《とが》めるだろうか。

人を集めるのに親族関係の中だけでする。恥ずかしいことになる。

兵士を草むらに隠《かく》すとは、敵が強いからである。三年間も攻撃をしかけられない。どうして進んで行けるだろうか。

その垣根にまで上《あが》ったが、道義《どうぎ》上攻撃することが出来ない。その吉《よ》い結果は、良心に苦しめられて、道義に従ったからである。

人を集めるのに、始めに片寄らずに正しくするのである。大きな戦争をして仲間に逢《あ》う。

その意味は戦《たたか》いに勝ったということである。

仲間を集めるのに城外の土地で集める。すべての人々と和合したいという思いはまだ達成されない。

14　火が天の上に在《あ》るのは、大有《たいゆう》（盛大なさま）である。君子《くんし》（人格者）は悪《あく》を防ぎ止《とど》め善を讃《たた》えて、天の大きな命令に従うのである。

大有の初九《しょきゅう》（身をそこなうような事に近づくことが無い）は、まだ身を害する事に近づいていない。

大きな車に荷物を積む。車の中に一杯に積み込んでも車は壊《こわ》れないのである。

君主が天子に大事にされる。小人《しょうじん》（詰らぬ人物）は国家に害を与《あた》える。

勢力が盛んではないから、災《わざわ》いは無い。才智が明らかで道理を辨《わきま》えている事がはっきりしている。

その誠実さが上に立つ者と下に従う者とを結びつけており、信頼が気持の中に生れるのである。威厳が有って吉《よ》い結果となるが、そうでなければ侮《あなど》られて防備することが出来ないだろう。

15

大有の卦《か》が大そう吉《きつ》であるのは、天が祐《たす》けているからである。

大地の中に山が有るのは謙《けん》（人にゆずる形）である。君子《くんし》（人格者）は多いものを減《へら》して少ないものを増《ま》し、物の多い少いを考えて公平に分配する。

控《ひか》え目《め》に控え目にしている君子《くんし》（人格者）は腰を低くして自分の修養をする。

慎み深くしていることが世間に知られると正しい行動によって吉い結果が得られる。心の底から自然に納得《なっとく》している。

苦労しながらも謙虚《けんきょ》にしている。あらゆる人々がその君子《くんし》（人格者）に敬服する。

吉《よ》い結果にならないことはなく、謙遜にして節度を失わないからである。

そこで侵略し征討《せいとう》すれば吉《よ》い結果が得られる。服従しないものを征伐するのである。

慎み深くしていることが世間に知られるが、自分の気持としてはまだ満足していない。

そこで軍隊を出動して支配下の国を征討するのである。

16　雷《かみなり》が地中から出て鳴り響くのは豫《よ》（春の楽しさ）である。昔の帝王は音楽を作って先祖の徳を讃《たた》え、盛んにその音楽を天上の神に捧げて先祖や亡《な》き父を合せて祭った。

初六《しょりく》「楽しい気持を人々に宣伝《せんでん》する」は、気持が抑《おさ》え切れないので、悪い結果となる。

一日経《た》たない中《うち》に、片寄らず正しいからである。

上目使《うわめづか》いに権力者を見上げて楽しみにふけると後悔する。地位が正当でないからである。そこで楽しんで、大《おお》いに得るものが有るとは、人々を楽しませるという願いが実行されることである。

六五《りくご》は頑固な病気に罹《かか》っている。いつ迄も治らないが死ぬことはない。片寄ることが無い徳がまだ失われていないからである。

楽しんでいても心は晴れないまま高い地位にいる。どうして長続きするだろうか。

17　沢《さわ》の中に雷《かみなり》がひそんでいる状態が随《ずい》（従う）である。君子（人格者）は日暮れになると家に入って休息する。

官職が変ることが有るが、正しい行動ならば吉い結果になる。門を出て人々と交際すれば、功績が生れるだろうとは、正しい道を失わないからである。

年少者のことにこだわるのは、年少者にも成人《せいじん》にも仲間にならないからである。

成人のことにこだわるのは、自分より年下《としした》の者を相手にしないからである。

成人に随っていて手に入れることが出来ることが有るが結果は悪い。誠《まこと》の心が有り、道を守って公明正大であるならば功績が得られることだろう。

良い言葉に真心が有る、結果は吉《よ》い。立場が正《まさ》に当《とう》を得ている。

此れに拘泥《こうでい》するのは、上の立場に行き詰《づま》るからである。

18　山の下に風が有るのは蠱《こ》（壊乱）である。君子《くんし》（人格者）はそこで人民の生活を守り、道徳の心を養う。
父が残した不始末《ふしまつ》を処理する。その意味は父に順《したが》うからである。

母による不始末を処理する。片寄らない立ち場によっているからである。

父が残した不始末を処理する。結果的に悪いことはない。

父が残した不始末に寛大であって、進んで改革することはまだ出来ないのである。

父の不始末を処理して高く評価される。父の跡《あと》を継ぐのに人格を重んじられるからである。

天子や諸侯に仕えない、その心構えは立派である。

19 沢《さわ》の上に大地が有るのは臨《りん》（見下《みおろ》す）である。君子《くんし》（人格者）は人々を教え導《みちび》こうとする思いが尽きることが無い。人々を包容《ほうよう》してその状態をいつまでも保《たも》っている。

すべてに対応する。正しく行動すれば吉《よ》い結果が得《え》られる。気持が、正しいことを行《おこ》なおうとしているのである。

すべてに対応する。吉い結果になる。うまく行かない事は無い。君主の命令にいつも順《したが》っているのではない。

甘い言葉で人に対応するのは、地位が正当でないからである。その事を憂慮したならば災《わざわ》いが長く続くことはない。

十分な心づかいで人に対する、悪い結果にならない。地位が正当である。

大君《たいくん》（立派な君主）が立派に行《おこ》なっているのは、片寄らないという事である。

人に接するとき温厚な態度を執《と》ることが吉い結果を得られるのは、気持ちがひそかに有るからである。

20 風が地上を吹き行くのは観《かん》（観察）である。先王《せんおう》（昔の聖人の天子）は、そこで地方を視察し、人民の生活を観察して、指導した。

初六《しょりく》の「子供の見方」とあるのは、小人《しょうじん》（詰《つま》らない人物）のやり方のことである。戸の隙間《すきま》からこっそり外《そと》の様子を見る。女性は慎み深くてよい。男性にとっては恥ずかしい行為となる。

自分の生き方を考えて進んだり退いたりするが、まだ正しい生き方を失っていない。

国家の繁栄を見て、君主から迎えられることを願う。

自分の生き方を考えることは、人民の生活を考えることになる。

その生き方を考えるが、自分の生きる目標がまだ安定していない。

21　雷鳴《らいめい》と稲妻《いなづま》は噬嗑《ぜいごう》（刑罰の酷しさ）である。先王《せんおう》（昔の聖人の天子）は、そのように罪《つみ》をはっきりと罰《ばつ》し、法律を正しく行《おこ》なった。
校《かせ》（足かせ）を履《は》いて足を傷《いた》めると、進んで行けない。

柔かい肉を噛んで鼻が肉の中にめり込む程である。力強い動作だからである。

毒にあたるとは、地位が正当でないからである。

困難に遭《あ》っても正しい道を守っていれば吉《よ》い結果が得られる。まだ大いに栄えているとは言えない。

正しい道を守って慎重にすれば災《わざわ》いは無い。

正当な立場だからである。正しい道を守って慎重にすれば災いは無い。正当な判断が出来ている。

首かせをつけられて耳を傷《きず》つけてしまう。聞くことがはっきり出来ていない。

22 山の下に火が燃えているのは賁《ひ》（飾《かざ》り）である。君子《くんし》（人格者）は諸々《もろもろ》の政治を明《あきら》かに行《おこ》なうが刑罰をむやみに課することはしない。
車に乗らずに歩いて行くとは、正しい行動として乗らないのである。

その顎《あご》ひげを立派にするのは、上位の人と共に振《ふる》い立《た》つからである。

長く正しく行動すれば吉《よ》い結果が得られるのは、最後まで超《こ》えて行くものが無いからである。

六四は、地位が正しいのに疑う。敵対するのではなく結婚しようとするのである。結局は災《わざわ》いは無い。

六五の吉い結果には喜びが有る。

飾り気《け》の無い飾りであれば災いは無い。地位の高い者が、思い通りの結果を得られる。

23 山が削られて地面にならされるのは剝《はく》（削られる）である。上の地位にある者が地位の低い者を手厚く面倒を見てやって、生活を安定させる。

寝台を壊《こわ》そうとして脚《あし》の方から壊し始めるとは、下の方から滅《ほろぼ》そうとすることである。

寝台を壊そうとして脚のつけ根《ね》（胴体）の部分から始める。まだ力を貸す仲間はいない。

寝台を壊すのに悪い結果は無い。上の地位にある者が地位の低い者からの支持を失っているからである。

寝台を壊《こわ》して、それで肌《はだ》に迫るものが有る。災《わざわ》いがしきりに近づいて来る。

宮中の女官たちを統率《とうそつ》して君主から大事にされる。最後まで災《わざわ》いは無い。

君子《くんし》（人格者）は乗り物を得られる。人々から推挙《すいきょ》されるからである。小人《しょうじん》（人格の劣《おと》る者）は住み家《か》を壊《こわ》してしまうので、結局役に立つことは無い。

24 雷《かみなり》が大地の中に在《あ》るのは復《ふく》（復活）である。先王《せんおう》（昔の聖人の天子）は、そこで冬至《とうじ》の日には関所《せきしょ》を閉《し》めて、商人や旅人《たびびと》を通行させず、後《のち》の君主も地方の視察は止《や》めていた。

遠くまで行かない中に引き返すというのは、自分自身の修養をすることである。

（善に）立ち返ることが出来れば吉《よ》い結果が得られるのは、慈《いつくし》み深い人に従うからである。

しきりに（善に）立ち返ることは、安定していないが、道義上は悪い結果を引き起すことはない。

途中まで行って独《ひと》りで引き返すのは、正しい道に従うからである。

立ち返ることが手厚く、後悔することが無い。片寄らないことで、自分の立場を守っているからである。

立ち返るのに迷っていると結果が悪いというのは、君主の守るべき道に背《そむ》いているからである。

25 大空の下で雷《かみなり》が鳴り、あらゆる物にその生命の无妄《むぼう》（誠実さ）を与える。先王《せんおう》（昔の聖人の天子）はそこで大《おお》いに時節に対応して万物《ばんぶつ》をはぐくみ育てる。

无妄《むぼう》（誠実さ）を進めて行けば、思い通りになる。

耕作はするが収穫はしない。まだ富裕と成ったとは言えない。

旅人《たびびと》が牛を手に入れるのに、村人《むらびと》にとって悪い結果である。

正しく行動すれば災《わざわ》いは無いだろう。固く无妄《むぼう》（誠実さ）を保《たも》つことである。

思いがけない病気になっても、試《ため》しに薬を飲んではならない。

无妄（誠実さ）によって進んで行けば時機を失って悪い結果になる。

26 天《てん》（自然の力）が山の中に存在するのは大畜《たいちく》（豊かに蓄《たくわ》えている）である。君子《くんし》（人格者）はそれで多くの前言《ぜんげん》（昔の聖賢の言葉）や往行《おうこう》（昔の聖賢の行《おこ》ない）を記憶して、自分の人格を養うのである。

危険なことが有る。止《や》めるのがいい、悪い結果を避けられる。

輿《よ》（車《くるま》）が輹《とこしばり》（輿と車軸とを繋《つな》ぐ縄《なわ》）を解《と》いて進めれば、片寄らない行動によって悪い結果にはならない。


進むべき所が有れば結果は吉《よ》い。地位が上の者と気持が合っているからである。

六四は、大《おお》いに吉い結果が得られる。嬉しいことが有る。

六五の吉《よ》い結果とは、喜びごとである。何と天《てん》の大通《おおどお》りよ、とは、正しい道が大《おお》いに行《おこ》なわれているのである。

27 山の下に雷《かみなり》がひそんでいる状態は頤《い》（養《やしな》う）である。君子（人格者）はそこで言葉を慎重にし飲食を控え目《ひかめ》にする。

自分を見て物欲し気《ほげ》に口を開《あ》けているが、そういう相手を大事にする値打ちは無い。

六二《りくじ》の「進み行けば悪い結果となる」というのは、進んで行けば仲間を失うからである。

十年の長い年月の間、用いてはならないというのは、その方法が大《たい》そう間違っているからである。

上の者が下の者から逆に世話されることが吉い結果を得られるということは、君主からの恩恵が大きいからである。

正しい道を守っていれば吉《よ》い結果になるとは素直《すなお》にして君主に従っているからである。

それによって養われるが、地位が危くなるものの吉《よ》い結果が得られる。大きい喜びごとが有る。

28 沢《さわ》の水が木を沈めている状態は大過《たいか》（盛大過ぎるもの）である。君子《くんし》（人格者）は世間の人々から非難されても少しも怯《ひる》まない。世間から身を隠《かく》していても悩んだりしない。
地面に敷くのに白い茅《ちがや》を用いるとは、従順にして低い地位にいるからである。

年老いた夫と若い妻との夫婦は、通常の年齢の釣り合った組み合せを超《こ》えて夫婦となっている。

棟《むなぎ》が撓《たわ》んで（曲って）折れそうな悪い結果を引き起そうとしてもそれを助ける者はいない。

棟《むなぎ》が高くしっかりしている吉《よ》い状態は、下に撓《たわ》んだりしていない。

枯れた楊《やなぎ》に花が咲いているが、どうして咲き続けられようか。年取《とし》った婦人が若い男と夫婦になるのも、みっともないことだろう。

川を過ぎて歩いて渡ろうとして悪い結果となるのは、非難すべきではない。

29　水が次から次へと流れ出ているのは習坎《しゅうかん》（困難の連鎖《れんさ》）である。君子《くんし》（人格者）はそれで道徳的な行《おこ》ないを常《つね》にして、学ぶことを積み重《かさ》ねる。
習坎《しゅうかん》（困難の連鎖）は、穴の中にある小さな穴に落ち込んだようなものである。正しい道を失って悪い結果を招く。

求めれば少しは手《て》に入《い》れられるが、まだ困難の域《いき》から脱出できない。

退いて来ても進んで行っても困難が有る。結局は成果は無い。

樽酒《そんしゅ》（神に供えた酒）と簋貳《きじ》（神に供えた食べ物）とは、陽《よう》と陰《いん》とが交《まじわ》った形である。

穴に水が一杯になっていない。中《ちゅう》程度の徳が有ってもまだ大きい徳ではない。

上六《じょうりく》は正しい道を失っていて、結果は悪い。三年間も悪い。

30 明るさが二度も離《り》の卦《か》の形から起《おこ》っている、大人《たいじん》（人格のすぐれた人物）がそれを引き継いで、徳を明らかにして、四方にその人格を反映させている。
あちこち踏み迷うことを慎重にすることで悪い結果を避けられる。

黄色（中央の色）に付いているので、大《おお》いに吉《よ》い結果である。片寄らない道を得ているからである。

日が昃《かた》むく時は、どうして長続きするだろうか。

突然《とつぜん》突き進んで来る。世の中に身を置く場所が無い。

六五《りくご》の爻《こう》の吉《きつ》というのは、天子《てんし》や諸大名《だいみよう》に附き随っているからである。

王がそこで兵を出して征伐して、国の秩序を正しくする。

上象伝《じょうしょうでん》　終

下象伝《かしょうでん》

31　山の上に沢《さわ》が有るのは咸《かん》（互いに感じ合う）である。君子《くんし》（人格者）は公平無私の心によって人の言葉を受け容《い》れる。

その足の親指《おやゆび》に感じるぐらいで、気持ちはまだ外《ほか》の所にある。悪い結果を招くというが、動かないでいれば吉《よ》い結果となる。正しい道に従っていれば災《わざわ》いを受けることはない。

その股《もも》（腿《もも》）に感じて、また動かずにはいられない。気持ちは人に従おうとしているのは、関《かか》わる気持ちが低いのである。

正しい道を守っていれば吉《い》い結果が得られて、後悔することはない。心が落ち着かずにあちらこちらに迷っている。まだ気持ちが公明正大でないからである。

その脢《ばい》（喉仏《のどぼとけ》）に感じるが、その気持ちは十分に物に感じられない。

その頬《ほお》の内外《うちそと》や舌《した》、つまり話し方に相手を感動させるが、弁舌《べんぜつ》で相手を圧倒する。

32　雷《かみなり》が起ると風が生ずるのは恒《こう》（一定不変）である。君子《くんし》（人格者）はそれで独立して方向を変えたりしない。

深く求めることを常にすることは悪い結果を招くが、始めから求めることが深いからである。

九二《きゅうじ》の爻の後悔することが無いとは、片寄らない立場を長い間とっているからである。

その徳（人格）が一定していない。人から受け容《い》れられることが無い。

その地位にふさわしくないが久しく地位に止《とど》まっている。どうして吉い成果が得られるだろうか。

婦人は正しい道を守っていれば吉《よ》い結果が得られる。一人の夫《おっと》に従って生涯を終るのである。男子は正しい道で行動を制約する。婦人に従うだけでは結果は悪い。

変化することがいつもの状態では、高い地位にあっても大《たい》した功績を立てられない。

33　天《てん》の下《した》に山が有る形は遯《とん》（逃《のが》れる）である。君子《くんし》（人格者）はそこで小人《しょうじん》（詰《つま》らぬ人物）を遠ざける。恨んで遠ざけるのではなく、厳正にするのである。

逃《のが》れる時に最後尾《さいこうび》は危険であるが、進み行かなければ何も災《わざわ》いは起らない。しっかり縛《しば》りつけて置くのに黄牛《こうぎゅう》のなめし皮《がわ》を用いる。その様に世を逃《のが》れる気持ちを固くするのである。

世を逃《のが》れようとする時に身辺の事情のために危い病気に罹《かか》って疲れてしまう。召使いや側《そば》仕えの女を身近かに置けば吉《よ》い結果が得られる。召使いや側仕えの女に重要な事件を処理させるのはうまく行かない。

君子《くんし》（人格者）は物に執着《しゅうじゃく》するが切り離すことが出来《でき》る。小人《しょうじん》（詰らぬ人物）には出来ない。

身をかわして立派である。正しい道を守っていれば吉《よ》い結果が得られる。それで気持ちを正しく保《たも》つ。

世を逃《のが》れて心豊《ゆた》かである。吉い結果にならないことがないのは疑う余地が無い。

34　雷《かみなり》が天《てん》の上で鳴っているのは大壮《たいそう》（非常に壮《さかん》）な状態である。君子《くんし》（人格者）はそこで礼儀にかなわないならば実行しない。

足が盛《さか》んに動いている。その状態では実際に身動きがとれなくなるだろう。

九二《きゆうじ》の正しい道を守っていれば吉《よ》い結果が得られるというのは、片寄らない公正な立場だからである。

小人《しょうじん》（詰らない人物）は元気良く行動し、君子《くんし》（人格者）は元気良く行動することは無い。垣根が開《あ》けられて自由に行動できるので、なお進んで行く。

羊をふと見失《みうしな》ったのは、地位がふさわしくないからである。

退くことが出来ない、進んで行くことも出来ないのは、細《こま》かいことまで分っていないからである。慎重に考えれば吉《よ》い結果を得られるだろう。災《わざわ》いを身に受けても長くは続かない。

35 明るい太陽が地の上に出る状態は晋《しん》（進む）である。君子《くんし》（人格者）はそこで自分自身の立派な人格を人に示す。

進もうとして退《しりぞ》けられる。自分一人で正しい道を行《おこ》なう。ゆったりと落ち着いていれば災《わざわ》いを受けることは無い。まだ官吏に採用の辞令を受けていない。

此の大きな幸福を身に受けるが、片寄らずに公正な立場をとっているからである。

人々が信頼する気持は、上を目ざして進んで行こうとしているからである。

野鼠《のねずみ》である。こだわっていると危いことになる。地位が正当でないからである。

損得《そんとく》の心配が無いので、進んで行けば喜び事が有る。

そこで自分の領地の反逆者を征伐する。まだ正しい道が広く行なわれていない。

36　太陽が地の中に入ってしまうのは明夷《めいい》（暗迷《あんめい》）の状態である。君子《くんし》（人格者）はそれで人々に接する時は、物が分らない態度を執《と》って物をはっきりと見ている。
君子《くんし》（人格者）が世俗の生活を避けているのは、正しい道を守るために俸禄や地位を望まないからである。

六二《りくじ》の爻《こう》が吉《よ》い結果が得られるとするのは、物事に従順であることを原則としているからである。

南方に狩猟に行こうとする気持は、それで大きな獲物を手に入れることができる。

左の腹に入《はい》るとは、その者の心や思いを知ることが出来るのである。

箕子《きし》（殷《いん》の紂王《ちゅうおう》の叔父）の正しい道を守るための賢明さは止《と》めることが出来ない。

始めは高い地位に上《のぼ》って、四方の国々をその徳によって照すのである。後《のち》には地の底に入《はい》るように徳が衰《おとろ》えて、君主としての原則を失ってしまうのである。

37　風が、盛んに燃える火から生ずるのは家人《かじん》（家族）の状態である。君子《くんし》（人格者）はそこで言葉に誠実さが有り、行動が常に正しいのである。
他からの侵入を防いで家族を守る。家族の気持ちがまだ変っていないのである。

六二《りくじ》の爻《こう》が吉《よ》い結果が得られるというのは従順で控《ひか》え目《め》にしているからである。

家族に厳《きび》しくするが、家族の節度や規律はまだ失われていない。また、婦人や子供が和《なご》やかにしているのは、家族の節度や規律が失われているからである。

家を裕福《ゆうふく》にして、大いに吉《よ》い結果を得る。従順でふさわしい地位に在《あ》るからである。

王が、家族を大切にするに至って、家族は互いに愛し合うようになる。

威厳を保つことが吉《よ》い結果となるとは、自分を反省することを言っている。

38　上は火で下は沢《さわ》の状態は睽《けい》（反対になる）である。君子《くんし》（人格者）はそこで総体的に見れば同じでも部分的に見れば異《ことな》っているとする。
正義に背《そむ》く人に会う。それで災《わざわ》いを避けるのである。

君主に町中《まちなか》で出会う。まだ守るべき道を見失っていない。

車に曳《ひ》かれるのは、地位が正当でないからである。初めは良くなかったが最後には良くなったのは、陽気な性質の人に出会ったからである。

お互いに誠実に交際して災《わざわ》いは無い。思っていることが実現する。

その本家と力を合せることは容易で、進んで行けば喜び事が有る。

雨に遇《あ》うと吉《い》い事が有るのは、多くの疑《うたが》いが無くなるからである。

39　山の上に水が有る状態は蹇《けん》（行き悩む）である。君子《くんし》（人格者）は自分自身を反省して立派な人格を身につける。
進み行けば困難に遭《あ》い、止《とど》まっていると名誉が得られる。時機《じき》を待つのが宜しい。

君主の忠実な家臣《かしん》が君主のために悩み苦労する。最後には災《わざわ》いが無い。

進み行けば苦しみ悩み、止まっていれば反《かえ》って内部でそれを喜ぶことが有る。

進み行けば苦しみ悩み、止まっていれば力を合せる、適切《てきせつ》な地位にあって誠実だからである。

大《おおい》に苦しみ悩むが、力を貸してくれる友人が来るだろう。片寄らない態度を執《と》っているからである。

進み行けば苦しみ悩み、止まっていれば大きな吉《よ》い事が有る。気持ちが内側《うちがわ》に向いているからである。人格のすぐれた人物に会うのが宜しい。

40 雷雨《らいう》が発生するのは解《かい》（困難解消）の状態である。君子《くんし》（人格者）はそこで過失《かしつ》を許し犯罪の罰《ばつ》を軽くする。

強い者と優《やさ》しい者との交際は、道理から見ても何の災《わざわ》いも無い。

九二《きゅうじ》の爻《こう》の、正しい道を守っていれば吉《よ》い結果が得られるとは、片寄らない公正な道理を身につけているからである。

荷物を背負《せお》って車に乗っているのは、やはり醜《みにく》い行為であろう。自分の方から盗賊を呼び寄せている様《よう》なもので、誰の責任だと咎《とが》められないだろう。

お前の足の親指を切り離せとは、まだ正当な地位に就いていないからである。

君子《くんし》（人格者）は苦しみや悩みを解消することが出来、詰らぬ人物は身を退くのである。

君主が隼《はやぶさ》を射るというのは、道徳に背《そむ》く者を討って国家の困難を解消することである。

41 山の下に沢《さわ》が有るのは損《そん》（減《へ》らす）の形である。君子《くんし》（人格者）はそこで憤《いきどお》りを止《と》め欲望を抑《おさ》える。

自分の仕事を止《と》めて速《すみや》かに行き、君主と同じ気持になる。

九二《きゆうじ》は、正しい信念の行動が吉《よ》い結果を得る。片寄らないで公正な気持ちを抱《いだ》くからである。

一人で進んで行くが、三人になると互いに相手を疑うようになる。

その病気が軽くなることは喜ばしい。

六五《りくご》の大《おお》いに吉《よ》いとは、君主からの援助を受けるからである。

自分の財貨を減《へら》さずに他人の利益をふやすことで、大《たい》そう願いがかなえられる。

42　風と雷《かみなり》とは益《えき》（増《ま》す）の形である。君子《くんし》（人格者）は他人の善行を見れば、そこで自分の行《おこ》ないも向上させ、自分に過失《かしつ》が有ればそれを改める。

大いに吉《よ》い結果が得られて、災《わざわ》いにあわないのは、下級の人々は大事な仕事を担当していないからである。

場合によっては利益が見られるのは、その利益は外《ほか》から来たものである。

利益を見るのに災《わざわ》いが起った事によるというのは、しっかりと災いを把握《はあく》せよとしているからである。

君主に報告して聞き届けられる。人々に利益を与えようとする気持ちが有るからである。

誠実《せいじつ》さが有って人々に恩恵《おんけい》を与える気持ちが有る。そのことを推測《すいそく》するまでもない。自分の人格が人々に恩恵を与《あた》える。大そう願いがかなえられる。

此れに利益を与えることは無い。見《み》方が片寄った言葉である。場合によっては攻撃して来るが、その他にも攻撃して来る者が有る。

43 沢《さわ》の気が天に上《のぼ》った形が夬《かい》（決意）である。君子《くんし》（人格者）は自分の俸禄を割《さ》いて下々《しもじも》の人々に与える。自分の人格を誇っていると人から嫌われる。

勝つという判断もせずに進むのは、災《わざわ》いを招く。

戦闘が有っても心配してはならない。片寄らない正しい道理を心得《こころえ》ているからである。

君子《くんし》（人格者）は物事を決断して行なうが最終的に災《わざわ》いは無い。

その進むことがためらい勝《が》ちなのは、地位が正当でないからである。人の言葉を聞いても信じないのは、その道理をはっきり理解しないからである。

片寄らない正しい道理を進めるならば悪い結果は無い。片寄らない正しい道理はまだ大きく発展していない。

大声で叫ぶことが無くても悪い結果を得るとは、最後には滅《ほろ》びてしまうことである。

44　天の下に風が吹いている形は姤《こう》（行き遇《あ》う）である。君主はそこで命令を発布《はっぷ》して全土に告げる。

金属製の車止《ど》めに繋《つな》ぐのは、弱々《よわよわ》しいやり方が進行しているからである。

包《つと》（藁《わら》の包《つつ》み）の中に魚が入れてあるが、正しい考え方として、来客に提供したりしない。

その進み方はのろのろしている。進もうとしているがまだ進んでいない。

魚が無いのは悪い結果になるが、人民を遠《とお》ざけているからである。

九五は、美しさを包み込んでいる形で、物に片寄らない公正な立場である。落ちることが有るが、天の方《ほう》からだろう。気持ちは、天命《てんめい》を捨てて置かないのである。

その頭にある角《つの》に突き当る形で、それ以上は進めなくて恥ずかしい思いをする。

45　沢《さわ》が地面の上にある形が萃《すい》（集まる）である。君子《くんし》（人格者）はそこで兵器を修理や整頓して、いざという時のための用意をする。

ばらばらになったり、一緒に集《あつま》ったりするのは、気持ちが安定していないからである。

引いたら、吉《よ》い結果が得られて災《わざわ》いは無い。片寄らない正しい態度はまだ変っていない。

進んで往《ゆ》くが災《わざわ》いは無いだろう。上の地位の者が同意してくれるからである。
大いに吉《よ》い結果が得られて災《わざわ》いが無いとは、地位が正当でないから言うのである。
人々が集るのは地位があるからで、気持ちがまだ広く知られてはいないのである。
歎き悲しんで涙を流すというのは、まだ高い地位に落ち着いていられないからである。

46 地面の中から木が生《は》えて来る形は升《しょう》（のぼる）である。君子《くんし》（人格者）はそこで人格完成を目標にして、小さな行《おこ》ないを積み重《かさ》ねて高く大きいものにするのである。
誠《まこと》に上《うえ》に昇って大《おお》いに吉《よ》い結果となる。上《うえ》の地位の者が気持ちを合せる。
九二《きゅうじ》の誠が有るとは、昇進の喜びが有るのである。
人のいない部落に進むことは、何の恐れることも無い。
王が岐山《きざん》で祭った（文王《ぶんおう》が紂王《ちゅうおう》を祭った）というのは、従順に王に仕えた事である。
正しい道を守っていれば吉《よ》い結果となる。階段を昇《のぼ》って行き大いに希望を達成する。
暗いのに昇って行く。最高の地位にいる。財産などを失って裕福《ゆうふく》にはなれない。

47 沢《さわ》に水が無いのは困《こん》（苦しむ）の形である。君子《くんし》（人格者）は命《いのち》を投げ出して希望を達成する。

深い谷間《たにま》に入る。薄暗《うすぐら》くてハッキリ物が見えない。酒や食事に満足させられない。片寄らずに公正な道を進んでいると喜び事が有る。刺《とげ》の有るイバラの上に坐っているのは剛強なものに身を任《まか》せているからである。その家に戻って見れば妻がいない。不吉《ふきつ》な事である。

救《すく》いが来ることはゆっくりしている。気持ちは下の者を思いやっている。地位がふさわしくないとは言え仲間になる者が有る。

鼻を切られ足を切られる様《よう》な状態で願いがまだ達成されないのである。それでゆっくりではあるが喜びが有る。片寄らない公正な態度だからである。そこで神を祭れば吉い結果が得られる。神の助けを受けるだろう。

葛《かつ》（くず）や藟《るい》（つたかずら）に巻きつかれて苦しむ。まだ道理にかなっていないのである。行動すれば後悔するだろう。後悔することが有れば吉《よ》い結果が得られるだろう。進んで行くからである。

48　釣瓶《つるべ》の木《き》の上に水が有る形は井《せい》（生活を守る）である。君子《くんし》（人格者）はそこで人々をいたわり、仕事をはげまし、助け合うようにする。

井戸が濁っていて飲み水にできない、最低の位置だからである。古井戸《ふるいど》に鳥も来ないのは、その時の人々に見捨てられているからである。

井戸の底から湧き出る水が鮒《ふな》にそそいでいる。鮒の仲間になる者はいない。

井戸をさらって水を綺麗にしたのに飲料に用いていないのを道行く人は悲しく思う。君主に人を見る目が有ることを期待するのは幸福に成りたいからである。

井戸を修理したが悪い結果には成らない。井戸の水が清らかになっているからである。

冷たい水の湧き出ている井戸は、人々がその水を飲んでいる。片寄らず公正な働きをしている。

大《おお》いに吉《よ》い結果を得る。人々の利用価値は上位のもので、井戸の価値は大成《たいせい》している。

49 沢《さわ》の中に火が有る形は革《かく》（改まる）である。君子《くんし》（人格者）はそこで暦《こよみ》を定めて春夏秋冬の時節を明かにする。
固めるのに黄色い牛の革《かわ》を用いる。まだ改革をしてはならない。

己《つちのと》（十干《かん》の六番目）の日に改革する。進めて行けば良いことが有る。

議論が三回行なわれて結論に達する。又《また》、どのような結論にしたらいいのか。

政令を改めて吉い結果が得られるのは、改革する気持ちを信頼しているからである。
人格のすぐれた人物は虎《とら》の皮の様に美しく変《かわ》って行く。虎の皮の模様は明らかである。
君子《くんし》（人格者）は豹《ひょう》の皮のように美しく変《かわ》って行く。豹の皮の模様は細《こま》かい。つまらぬ人物も緊張して、素直に君主に従う。

50　木の上に火が有る形は鼎《てい》（物を煮る器《うつわ》）である。君子（人格者）は地位を正しく守って天から与えられた使命に考えを集中する。

鼎《かなえ》が脚《あし》を上に向けている。まだ（その状態が）道理に背《そむ》くことではない。鼎の底に溜っている汚《きたな》い物を出すのに都合がいい。そうして上等の食べ物を入れるのである。

鼎に入れる材料が有る。進んで行く所を注意深くする。自分の仲間に病気が有っても、最後に災《わざわ》いは無い。

鼎《かなえ》の耳が熱くなっている、その正しい使い方をしていないからである。

主君の食材を引っくり返したが、本当にどうしたらいいだろうか。

鼎《かなえ》に黄色の耳が附いているのは、片寄らない公正な人格を実質としていることである。

立派な鼎の鉉《つる》が上《うえ》に附いている、強さと優《やさ》しさとの釣り合いが取れていることである。

51　しきりに雷《かみなり》が鳴る形は震《しん》（戒《いまし》め）である。君子《くんし》（人格者）は行《おこ》ないを慎しみ修養し反省するのである。

雷《かみなり》がやって来るとびくびくする。恐れて身を慎しむことで幸運を招くことになる。

談笑《だんしょう》の声が賑《にぎ》やかである。雷が鳴った後に恐れ慎しむ法則が生れる。

雷《かみなり》が近づいて来て烈しい。陽《よう》の気の強さをしのいでいるからである。

雷が遠《とお》のいて静かに鳴っている。地位が正当でないからである。

雷《かみなり》は遂に滞《とどこお》ってしまった。まだ才能が優《すぐ》れていないからである。

雷《かみなり》が遠《とお》ざかっては近づいて来るが、烈しく鳴っている。危いことだ。危いのに進んで行く。その行為は片寄らない公正な立場に在《あ》るが、失敗することが無いのを大きな成果とする。

雷が衰《おとろ》え始めるが、片寄らない公正な立場に在ることはまだできない。結果は良くないが、災《わざわ》いが無いのは、隣《となり》の状態を教訓として慎重にしているからである。

52　並んでいる山の形は艮《ごん》（止《とど》まる）である。君子（人格者）はそれで、考えることが自分の地位を超《こ》えることはない。

その足が止《とま》って動かないとは、まだ正しい態度を失っていないことである。

相手の不正な態度を正《ただ》さずに相手に従っているのは、まだ相手が控え目になってこちらの意見を聞き入れてくれないからである。

腰骨《こしぼね》が動かないが、身が危くなって心を休めることが出来ない。

身体を動かさないでいるのは、自分の意志で動かないのである。

その頬《ほお》を動かさないでいるのは、片寄らない公正な態度である。

止《とど》まって重厚《じゅうこう》であれば吉《よ》い結果を得るというのは、終りまで重厚だからである。

53　山の上に木が有る形は漸《ぜん》（少しずつ変る）である。君子《くんし》（人格者）は賢明な道徳によって、世の風俗を良い方向に導く。
年少者が危いが、道義上は災《わざわ》いには遭《あ》わない。

飲食を楽しんでいるのは、ただ飲食をするのではないからである。

夫《おっと》は進んで行くが戻って来ない。仲間を離れて嫌《きら》っている。女性が妊娠しても子育てをしないのは、女性として守るべき道を失っている。仲間と共に敵を防ぐのに有利である。

仲間に従って互いに守るからである。

もしもそのた・る・き・に掴《つか》まれるなら、従順で謙遜であるからである。最後まで勝つことはないが、吉《い》い結果が得られるというのは、願っていたことが手に入《はい》るからである。

その羽《はね》は、それで儀式の飾りとしなければならない。吉《い》い結果が得られる。雁《かり》の隊列を乱してはならない。

54 沢《さわ》の上に雷《かみなり》が有る形は帰妹《きまい》（嫁《とつ》ぐ女性）である。君子《くんし》（人格者）はそこで結果を遠い将来に見届《みとど》けて、失敗を避けることを知っている。

帰妹《きまい》（嫁《とつ》ぐ女性）に娣《てい》（附《つ》き添《そ》いの女）として従うのは常《つね》の作法《さほう》である。足が不自由なのに何《なん》とか歩くのは吉《い》い結果が得られる。お互いに助けるからである。

世捨《よす》て人《びと》の正しい信念にもとづく行為は吉い結果をもたらす。まだ常に守るべき道を失っていない。

帰妹《きまい》（嫁《とつ》ぐ女性）は時機を待っている。まだ時機が到来《とうらい》していないからである。

婚期《こんき》を逃《のが》した気持は、好《よ》い相手《あいて》を見つけて結婚しようと思うからである。

帝乙《ていいつ》（殷《いん》の天子）の帰妹《きまい》（嫁《とつ》ぐ女性）はその娣《てい》（附《つ》き添《そ》いの女）の衣服の良さには及ばな

い。帰妹の地位は片寄らず正しい。貴い身分であるのに控え目にしているからである。

上六《じょうりく》の実《じつ》（中身《なかみ》）が無いのは、空《から》の籠《かご》を受け取ったからである。

55
雷《かみなり》や稲妻が皆やって来るのは豊《ほう》（ゆたか）である。君子《くんし》（人格者）はそこで裁判を行ない刑罰《けいばつ》を実施する。

力が釣り合っているが災《わざわ》いは無い。釣り合いを失ったなら災いが有る。

誠実な心が有って道理にくらい人を教え導《みちび》く、信念を以て人の気持ちを教え導く。

その旗を大きくするとは、大きい仕事には不向《ふむ》きだということである。その利《き》き腕《うで》の右の肘《ひじ》を折るとは、結果的に用いられないことである。

その蔀《しとみ》（覆《おお》い）を大きくするとは、地位が適当でないからである。昼間なのに北斗《ほくと》七星が見える。薄暗《うすぐら》くて周囲が明るくないからである。自分と同じ力量《りきりよう》の人に出会《であ》えたなら吉《い》い結果が得られる。進んで行く。

六五は（すぐれた人の助けが有って）吉《よ》い結果が得られ、喜び事が有る。

その家を大きくする、天に届く程の高い屋根に鳥が飛んでいる。その家の内部の様子を見るとひっそりとして人がいないようだ。自分から身をひそめている。

56 山の上に火が燃《も》えている形は旅《りょ》（旅人《たびびと》）である。君子《くんし》（人格者）はそこではっきりと刑を行なうことを慎重にして、訴訟を長《なが》引かせない。

旅行して、こせこせしている。その気持ちが行き詰《づま》って悪い結果となる。

召使《めしつか》いの正しい行動が認《みと》められて悪い結果が生《しょう》じない。

旅行で泊《とま》る所が焼けるというのは気の毒なことである。旅行中に召使いの者を手荒く扱《あつか》うのは、正しさを失った行為である。

旅行してその場所に留《とど》まっているのは、まだ正しい地位を得《え》ていないのである。旅の助けの斧《おの》を手に入れても心はまだ愉快ではない。

最後に名誉が得られた。領主にその名誉が知られる。

旅に出ていて高い地位に在《あ》るように振る舞うのは、その道理は焼けて無いのと同じである。牛を国境で取り逃してしまっても、最後までその事に気づかないのである。

57 次《つ》ぎ次《つ》ぎと吹く風の形は巽《そん》（従順）である。君子《くんし》（人格者）は人民への命令を繰り返し説明してから仕事を行なう。

進んだり退いたりするのではその気持を信じられない。軍人の正しい信念の行動は吉《よ》い結果をもたらすが、その気持は安定する。

事態《じたい》が入り乱れているが、吉い《い》結果が得《え》られるというのは、片寄らない人格を身につけているからである。

たびたび従っていて恥ずかしいのは、気持ちが行き詰《づま》っているからである。

狩《か》りに出て三種類の獲物《えもの》を得《え》るという手柄《てがら》が有る。

九五の爻《こう》が吉《きつ》というのは、その位置が正しくて片寄っていないからである。

従順にして寝床《ねどこ》の下に膝《ひざ》まづいているが、それ以上は行き詰っている。その大切《たいせつ》な斧《おの》を失《なく》してしまった。度《ど》の過ぎた従順さは正しいと言えるだろうか。悪い結果を招くだけだ。

58　二つの繋《つな》がった沢《さわ》の形は兌《だ》（喜び）である。君子《くんし》（人格者）はそこで友人どうしで共に学習する。

人と親しみ合って喜べば吉い《よ》結果となる、その行為はまだ人から疑われることが無い。

誠意を喜ぶことの吉い《よ》結果は、気持ちを信実にしているからである。

やって来て喜ばれようとすることが悪い結果を得るのは、地位が正当でないからである。

九四《きゅうし》の爻《こう》の喜《よろこ》びは幸福が訪《おとず》れることである。

ここでは傷《きず》つけることを誠実だとするが、正《ただ》しく地位に向き合っているからである。
上六《じょうりく》の爻《こう》の互いに引き合って喜ぶということは、まだ公正なことではない。

59 風が水の上を吹いて行く形は渙《かん》（離散《りさん》）である。昔の聖天子《せいてんし》はそこで天帝《てんてい》を祭り廟《びょう》（先祖《せんぞ》を祀《まつ》る建物）を建《た》てた。

初六《しょりく》の爻《こう》の（馬の助けを借りて）吉《い》い結果を得られるというのは、おとなしく従《したが》っているからである。

離《はな》れるときにその机《き》（脇息《きょうそく》）に駆け寄るとは、落ち着く所を見つけたい願いがかなったのである。

その身《み》を投げ出すが、気持ちは外《ほか》のことに向いている。

その仲間《なかま》を離散《りさん》させるのは、大《たい》そう吉《よ》い結果が得られる。広大《こうだい》な気持ちによって成功するからである。

王が地位にあるが、災《わざわ》いは無いだろう。正しい地位にいるからである。

その傷害《しょうがい》を離散させることはその傷害を遠ざけるのである。

下象伝

60 沢《さわ》の上に水が有る形は節《せつ》（きまり）である。君子《くんし》（人格者）にはいろいろな等級をきめて人格にふさわしい行ないを考える。

家の内庭《うちにわ》から出ないのは、道が通《とお》れるのか塞《ふさ》がっているのかを知っているからである。

家の外庭《そとにわ》から出ないのは、悪い結果となるからである。時機《じき》を失って甚《はなは》だしいからである。

節度《せつど》を守らなかったことを歎いても、一体誰を咎《とが》めたらいいのだろうか。

節《せつ》（物事のきまり）を自然に守っていることが何の差《さ》し支《つか》えもないのは、君主の定めた制度に従っているからである。

節《せつ》を心静かに受け容《い》れていることが吉い結果をもたらすのは、その地位にあって片寄ることなく公正だからである。

節《せつ》に苦しむことは、正しく行動しても結果が悪いことである。節の道徳が行《ゆ》き詰《づま》っているからである。

61　沢《さわ》の上に風《かぜ》が有る形は中孚《ちゅうふ》（まごころ）である。君子《くんし》（人格者）はそこで裁判を正しく行ない死刑を軽減する。

初九《しょきゅう》の、心安らかであれば吉《よ》い結果が得られるというのは、気持ちがまだ変らないからである。

その子（鶴《つる》の子）が親鳥《おやどり》に声を合せるのは心から願っているからである。

場合によっては太鼓《たいこ》を叩いて攻撃を開始し、場合によっては太鼓による進撃の合図を止《や》めて退く。その立場が正当でないからである。

馬の仲間がいなくなる、仲間と別れて地位の高い者に従うのである。

誠実さが有ってしっかり結びついている、地位が正しく当っているからである。

鶏《にわとり》が天に登っている、どうして長く止《とど》まっていられるだろうか。

62 山の上に雷《かみなり》が有る形は小過《しょうか》（僅《わず》かな行き過ぎ）である。君子（人格者）はそこで行動は恭《うやうや》しさに過ぎ、喪《も》は哀しみに過ぎ、費用は倹約に過ぎるくらいにする。
高い空を目《め》ざす鳥は、悪い結果を招く。どうにもならない。

その君主の地位には届《とど》かないが、臣下《しんか》（けらい）はその身分を超《こ》えてはならないからである。

結果として場合によっては君主に危害が及ぶ、結果は悪いが、どうにもならない。

人に過ぎないようにして、その地位にとどまっている。地位が正当でないから、そのまま進んで行くと危険である。必ず慎重にすべきで、最後までその状態のままでいてはならない。

厚い雲《くも》が空を蔽《おお》っているのに雨が降らないとは、地位が甚《はなは》だ高くなったことである。

それに遇《あ》うこともなくその状態を通り越してしまうとは、非常に高く行き過ぎたからである。

63 水が火の上に在《あ》る形は既済《きせい》（出来上り）である。君子《くんし》（人格者）はそこで将来の心配事を考えてその前にそれを防《ふせ》ごうとする。
川を渡る車の輪《わ》を曳《ひ》くが、道義上は悪い結果にはならない。

七日経《た》てば手に入れられる。片寄らない公正の道を守っているからである。

三年かかって敵に勝った。疲れてしまった。

一日中、警戒している。今後《こんご》、何か事件が有るのではないかと疑っているのである。

東隣《とな》りの国では牛を殺して神前に供えるが、西隣りの質素な供え物で神を祭る真心《まごころ》には及ばない。実際に神から福を授《さず》かるから、吉《い》い結果が次ぎ次ぎと訪《おとず》れる。

その首まで水に濡《ぬ》れてしまう。危険である。どうしてその儘《まま》の状態でいられようか。

64　火が水の上にある形は未済《びせい》（未完成）である。君子《くんし》（人格者）はそこで慎重に物の性質を見《み》きわめて、あるべき場所に置く。

川を渡ろうとする狐《きつね》がその尾を水に濡《ぬ》らすのは、自分の力を知らないことが甚だしい。

九二《きゅうじ》の爻《こう》は、正しい信念の行動は吉《よ》い結果を得るとする。片寄らずに公正な行動をするからである。

まだ完成していないのに進み行けば悪い結果となる。地位が正当でないからである。

正しい信念にもとづくならば吉《よ》い結果が得られて、悔《くや》しく思うことは無くなる。心に願っていたことが実行されるからである。

君子（人格者）の心の美しさは、輝いている。吉い結果が得られる。

酒を飲んで首まで濡《ぬ》らすのは、やはり節制ということを知らないからである。

下象伝《かしょうでん》　終

文言伝《ぶんげんでん》（乾《けん》卦と坤《こん》卦の意味の説明）

元《げん》は最高の善である。亨《こう》は完全な美の集合したものである。利《り》は義（正しさ）が平和に保《たも》たれていることである。貞《てい》は物事の根本《こんぽん》である。君子《くんし》（人格者）は仁《じん》（愛）を身につけているから、人々の上に立つ資格が十分である。人々の集まりを楽しくするから、自然に礼節に合致する行動が十分である。物事《ものごと》を円滑《えんかつ》に行《おこ》なうようにするから、人々に互いに義を保って親しむのに十分である。貞《ただ》しく（正《ただ》しく）てしっかりしているから、物事を取《と》りしきるのに十分である。君子《くんし》（人格者）は此の四徳（元《げん》・亨《こう》・利《り》・貞《てい》）を実践《じっせん》する者である。だから乾卦《けんか》は、元《げん》（始まり）・亨《こう》（順調に通る）・利《り》（完成する）・貞《てい》（確か）という。

乾卦《けんか》の初九《しょきゅう》に述べている「潜龍《せんりょう》なり、用《もち》ふること勿《なか》れ」とは、何を言《い》おうとしているのか。孔子《こうし》が言われるには、龍徳《りゅうとく》（偉大な人格）を有《ゆう》しながら世間《せけん》に隠れている人のことである。（潜龍は）乱れた世の中を変えられず、世間に名を知られることも無い。世間から身《み》を隠《かく》していても思いわずらうこと無く、世間から非難《ひなん》されても思いわずらうこと無く、道徳の行《おこ》なわれる世の中であれば楽しく道徳を実践し、乱れた世の中を思い悩めば世の中から身《み》を退《ひ》くのである。しっかりと身を守ってその気持ちを変えることのできないのが潜龍《せんりよう》なのである。

乾卦《けんか》の九二《きゆうじ》に述べている「見龍田《けんりようでん》に在《あ》り、大人《たいじん》を見るに利《よろ》し」とは、何を言《い》おうとしているのか。孔子《こうし》が言われるには、龍徳《りゆうとく》（偉大な人格）が有って正《ただ》しく中道《ちゆうどう》（片寄らない道徳）を身につけている者である。ふだんの言葉が誠実《せいじつ》で、ふだんの行動が慎しみ深く、邪悪なことを防いで真実の心を保《たも》ち、世の中を良い方向に導いても人に誇《ほこ》らず、その人格が立派で人々を感化するのである。見龍《けんりよう》（地上に姿を現した龍《りゆう》）が地上にいる如《ごと》き大人《たいじん》（すぐれた人格者）を仰ぎ見るのが宜《よろ》しいとは、君主の人格を譬《たと》えているのである。

乾卦《けんか》の九三《きゆうさん》に述べている「君子終日乾乾《くんししゆうじつけんけん》とし夕《ゆうべ》まで惕若《てきじやく》たれば厲《あやう》けれども咎无《とがな》し」とは、何を言《い》おうとしているのか。孔子《こうし》が言われるには、君子《くんし》（人格者）は自分の人格を高めて仕事を立派に行《おこ》なう。真心《まごころ》と誠実《せいじつ》とが人格を高める方法である。言葉を正確に用いてその誠実さを確立《かくりつ》する。仕事を立派に行なう方法である。到達点を知って到達する様《よう》に努力すれば、共《とも》に微《かす》かな前兆《ぜんちよう》に就いて語れるだろう。自分の仕事が終りになる事が分《わか》って終りにするが、共に道徳の正しさを守っているのである。こういう訣《わけ》だから上の地位にいても傲慢《ごうまん》にならず、下の地位にいても思い悩むことは無い。だから努力してその時の事情によって慎重《しんちょう》にするならば危いことに遭《あ》っても悪い結果にはならないのである。

乾卦《けんか》の九四《きゅうし》に述べている「或《あるい》は踊《おど》りて淵《ふち》に在《あ》り、咎无《とがな》し」とは何を言《い》おうとしているのか。孔子《こうし》が言われるには、踊り上ったり身を沈めたり一定《いってい》していないが、邪悪なことをしようとしているのではない。進んだり退いたりして一定していないが、仲間たちから離れるのではない。君子《くんし》（人格者）は道徳に力を入れ仕事を身につけて時機が来るのを待っているのである。だから悪い結果にはならない。

乾卦《けんか》の九五《きゅうご》に述べている「飛龍天《ひりようてん》に在《あ》り、大人《たいじん》を見るに利《よろ》し」とは何を言おうとしているのか。孔子《こうし》が言われるには、声《こえ》を同じくする者は互いに応待《おうたい》し、気《き》を同じくする者は互いに求め合い、水《みず》は湿《しめ》っている方へ流れるし、火《ひ》は乾《かわ》いた方へ燃《も》えて行き、雲《くも》は龍《りゅう》が空に昇るのに従《したが》い、風《かぜ》は虎《とら》の勢《いきお》いに従う。聖人《せいじん》（最高の人格者）が位に就けば万民《ばんみん》が聖人を仰《あお》ぎ見る。天《てん》に気《き》を受けた者は天の運行に親しみ、地《ち》に気《き》を受けた者は大地に根《ね》ざして親しむので、つまりそれぞれの同類に従うのである。

文言伝　（乾卦と坤卦の意味の説明）

乾卦《けんか》の上九《じょうきゅう》に述べている「亢龍《こうりょう》なり。悔《くい》有り」とは何を言おうとしているのか。孔子《こうし》が言われるには、貴い身でありながら位は無く、高い人格であるが治めるべき人民を持たず、賢人《けんじん》が下の地位に在《あ》りながら補佐《ほさ》してくれない。そういう訣《わけ》で何か行動しようとすると後悔《こうかい》することが有るのである。

初九《しょきゅう》の「深い水底《みなそこ》に潜《ひそ》んでいる龍《りゅう》である。みだりに行動してはならない」とは下《した》の地位だからである。九二《きゅうじ》の「姿を現《あらわ》した龍《りゅう》が地上にいる」とは良い時機が得られていないからである。九三の「君子《くんし》は一日中仕事に励《はげ》んでいる」とは道徳的な仕事を行《おこ》なうことである。九四《きゅうし》の「場合によっては踊《おど》り上る龍《りゅう》も深い水底《みなそこ》に身を沈めている」とは自分で自分の才能を試《こころ》みようとすることである。九五《きゅうご》の「龍は大空を飛んでいる」とは高い地位にいて人々を治めることである。上九《じょうきゅう》の「大空の涯《はて》まで上《のぼ》りつめた龍は、後悔《こうかい》することが有る」とは行き詰《づま》った時に災《わざわ》いが有ることである。乾元《けんげん》（乾の元気）の用九《ようきゅう》（多くの龍に指揮《しき》する者がいない）とは世の中が平和に治まることである。

初九《しょきゅう》の「深い水底《みなそこ》に潜《ひそ》んでいる龍《りゅう》である。みだりに行動してはならない」とは、陽《よう》の気が潜《ひそ》み隠れているからである。九二《きゅうじ》の「姿を現《あらわ》した龍が地上にいる」とは、世の中が開けて行《ゆ》こうとしているのである。九三の「君子《くんし》は一日中仕事《じゅう》に励《はげ》んでいる」とは、時機を選んで行なうことである。九四の「場合によっては踊《おど》り上《あが》る龍も深い水底《みなそこ》に身を沈めている」とは、乾の道が改革されるのである。九五の「龍は大空を飛んでいる」とは、天徳《てんとく》（最高の人格）の地位に就くことである。上九《じょうきゅう》の「大空の涯《はて》まで上《のぼ》りつめた龍は、後悔《こうかい》することが有る」とは、上《のぼ》りつめた時に同時に行きづまるからである。乾卦《けんか》の用九《ようきゅう》の「多くの龍たちに指揮《しき》する者がいない」とは、天の法則を示しているのである。

乾元（乾の元気）は天の道の始まりであって物事が何の妨《さまた》げも無く行《おこ》なわれている。正しく固い信念の行動は乾卦《けんか》の性質と心情《しんじょう》である。龍《りゅう》が大空を飛んでいるとは、高い地位に就いて人々を治めることである。大空の涯《はて》まで上《のぼ》りつめた龍は後悔することが有るとは物事が行き詰《づま》って悪い結果になることである。乾卦の用九《ようきゅう》（多くの龍たちに指揮《しき》する者がいない）というのは、世の中が良く治まっていることである。

乾元《けんげん》（乾の大きな陽気《ようき》）は万物を生《う》み出して滞《とどこお》り無く成長させるものである。利《り》（義が保たれている）と貞《てい》（物事の根本）は、性質と心情である。乾《けん》が万物を生《う》み出し、始めて大きな利益によって世の中を良くしているが、良くしている事を言葉には出していない。偉大なものである、偉大なものである、乾《けん》の力は。剛健《ごうけん》であり中正《ちゅうせい》（片寄らず正しい）であり純粋であって精密《せいみつ》である。六爻《りくこう》（乾卦《けんか》の初爻《しょこう》から上爻《じょうこう》までの六つの爻）は力を現《あら》わし示《しめ》して隅々《すみずみ》までも心を通《かよ》わせている。時折りに乾卦は六龍（六爻）に乗って天を駆《か》け廻《めぐ》るのである。空に雲が起り雨が地上に降り注《そそ》ぐ様に、世の中は乾卦の徳によって平和が保《たも》たれている。

君子《くんし》（人格者）は完成した道徳によって行動する。日常生活に於て実践される道徳的な行ないである。潜《せん》（初九《しょきゅう》の「潜龍《せんりょう》なり、用《もち》ふること勿《なか》れ」）は此の状態を言葉にしたものである。世間に隠《かく》れていてまだ姿を現《あらわ》さず、行動してもまだ完成していない。そういう訣《わけ》で君《くん》子《し》はみだりに行動しないのである。君子は学ぶことによって知識を集積《しゅうせき》し、問うことによって知識を明《あき》らかに身につけて、心を広くして知識の中に身を置いて仁《じん》（思いやり）の心で知識を実践《じっせん》する。易経《えききょう》に述べているが、乾卦の九二《きゅうじ》の「姿を現《あらわ》した龍《りゅう》が地上にいる。人格のすぐれた人物に会うのが宜《よろ》しい」とは、君主《くんしゅ》たるにふさわしい人格のことである。九三（君子《くんし》は一日中仕事に励《はげ》んでいる。夕方には仕事の内容を振り返って見る。悪いことが有っても身に災《わざわ》いは無い）は下卦《かか》の陽と上卦《じょうか》の陽とが重《かさ》なっていて、第二爻と第五爻とから外《はず》れている、上《うえ》は天《てん》（第五爻）に居《お》らず、下《した》は田《でん》（第二爻）に居《い》ない。だから努力しているが、その場合によっては慎重に行動する。危険であっても災《わざわ》いに遭《あ》うことは無い。九四《きゅうし》（場合によっては踊《おど》り上《あが》る龍も深い水底《みなそこ》に身を沈めている。身に災《わざわ》いは無い）は下卦の陽と上卦の陽とが重《かさ》なっていて第二爻と第五爻とから外《はず》れている。上《うえ》は天に居《お》らず下《した》は田《でん》に居らず中《なか》は人にも居《い》ない、だから或《あるい》は（場合によっては）とする。此れを「或《あるい》は」とするのは此れを疑っているからである。だから災《わざわ》いは無い。そもそも九五の大人《たいじん》（人格のすぐれた人物）は、天や地とその徳《とく》（能力）が一致《ち》しており、太陽や月とその明るさが一致しており、鬼神《きしん》（神霊）とその吉凶が一致しており、天《てん》に先立《さきだ》って行動しても天の意志に反することは無いし、天より後《おく》れて行動しても天の時機に反することは無い。大人《たいじん》の行動は天にさえ違反することが無い。それだから況《ま》して人《ひと》の場合にも、鬼神《きしん》の場合にも違反することは無い。上九《じょうきゅう》の亢龍《こうりょう》の亢《こう》という言葉は、進むことを知って退《しりぞ》くことを知らず、存在《そんざい》することを知って滅亡《めつぼう》することを知らず、得《え》ることを知って失《うしな》うことを知らず、という意味である。唯《ただ》聖人だけだろうか。進退存亡《しんたいそんぼう》を知ってその正しさを失《うしな》わない者は。唯《ただ》聖人だけだろうか。

坤《こん》は（六爻《こう》すべて陰なので）至って柔順《じゅうじゅん》であるが、行動する時は乾の気を受けて剛強であり、至って静かな性格であるが、その徳は極《きわ》めて方正《ほうせい》である。人に後《おく》れて行動すれば良き主人《しゅじん》が得られて坤の常の道を守れる。坤は大地の如く万物《ばんぶつ》を包んでそれを育てる力が大きい。坤の性格は従順と言えようか。天（乾の道）の力を受けて、その時に行動する。善《よ》い行《おこ》ないを重《かさ》ねている家には必ず有《あ》り余《あま》る慶《よろこ》びが有り、不善《ふぜん》の行ないを重ねている家には必ず有り余る災《わざわ》いが有る。家臣《かしん》がその主君《しゅくん》を殺し、子供がその父親を殺すことは、短い月日《つきひ》の間《あいだ》に原因が作られたのではない。そういう事件が起った理由は、漸《ぜん》（少しずつ積《つ》み重《かさ》なったもの）なのである。明らかにすべきことを早く明らかにしなかった事が原因である。易経に述べているが、「地面の霜《しも》を踏んで歩けば、堅い氷《こおり》が張る時節になったことが分《わか》る」（坤、初六《しょりく》）とは、思うに物事の順序を言っているのである。「素直《すなお》で態度が折《お》り目《め》正しく立派であれば、そういう事を習わなくても、良い結果がもたらされないことは無い」（坤、六二《りくじ》）の「素直《すなお》」とは心の正しさである。「折《お》り目《め》正しい」は行為の正しさである。君子《くんし》（人格者）は慎《つつ》しみ深《ぶか》くして心の内を素直《すなお》にし、正しい行動によって外面《がいめん》を立派にととのえる。敬義《けいぎ》（尊敬と正義）が確立されて人格者が孤立《こりつ》することは無い。「素直《すなお》で態度が折《お》り目《め》正しく立派であれば、云々」（坤、六二）とは、その行なう所を疑わなくてよいということである。陰《いん》の地位にある者は、立派な才能を持っていても、それを包み隠して王室《おうしつ》の仕事に就《つ》くが（坤、六三）、強《し》いて自分の手柄《てがら》にはしない。それは天の道《みち》に対する地の道であり、妻《つま》の道であり、臣下《しんか》の道である。地の道とは自分の手柄《てがら》にはせずに、天に代って仕事を全《まっと》うすることが有るのである。天と地とは互いに変化し合って草や木が繁茂《はんも》し、天と地とが互いに感応《かんおう》しない時は賢人《けんじん》も身を隠《かく》してしまう。易経に「袋《ふくろ》の口をしっかりと括《くく》れば、失敗もしないが名誉にもならない」（坤、六四）とは、多分《たぶん》、身を慎《つつし》むことを言ったのだろう。君子《くんし》（人格者）は黄中《こうちゅう》（黄色は尊い色、中は中庸《ちゅうよう》の美徳）の状態で物事の道理に心を通《かよ》わせ、正しい地位にいるが自分の本体を忘れていない。美《うつく》しい人格がその心の中にあって両手両足にまで行き渡り、大きな仕事となって発展する。美しいことの極致《きょくち》である。陰《いん》の勢《いきお》いが強くなって、陽《よう》の勢《いきお》いの様になって来ると、必ず陰は陽と戦《たたか》うことになる。陰が、陽が存在しないかの如くなのである。だから陰を龍《りゅう》と呼んでいる。（坤卦・上六《じょうりく》に「龍が広い野《の》で戦っている。流れる血は、一つは黒く他方は黄である」）。ただ、まだ陰の仲間を離れられない。だから血《ち》（陰）を流すと言っている。そして黒《くろ》い黄色《きいろ》いというのは、天と地とが混《まじ》ったものである。天は黒く地は黄色なのである。

文言伝《ぶんげんでん》

終

上繋辞伝《じょうけいじでん》　（繋辞伝の上・彖辞と爻辞との説明）

（第一章）天は高く尊《とうと》く地は低く身近かであるのに倣《なら》って乾卦《けんか》☰と坤卦《こんか》☷とが定められた。低いものと高いものとが繋《つな》がっている形で六爻《こう》の高い低いの位置が定まった。動くものと静かなものとは常に同じに倣《なら》って剛爻《ごうこう》☰と柔爻《じゅうこう》☷とが決《き》められた。それぞれの目的には同じ目的の仲間が集まり、万物《ばんぶつ》はそれぞれの群《むれ》によって分《わけ》られて、そこに吉《きつ》や凶《きょう》の判断が生ずる。天《てん》の場合には日月星辰《じつげつせいしん》という形を現《あらわ》し、地上《ちじょう》では山川《さんせん》や動植物の形と成《な》って、変化の形を現《あらわ》している。こういう事で剛爻《ごうこう》と柔爻《じゅうこう》とが互いに接触し八卦《か》（乾《けん》☰・兌《だ》☱・離《り》☲・震《しん》☳・巽《そん》☴・坎《かん》☵・艮《ごん》☶・坤《こん》☷）は互いに動き合って六十四卦を作る。万物を振い動かすのは雷《かみなり》と霆《いなずま》であり、万物を潤《うるお》すのは風《かぜ》と雨《あめ》とであり、日《ひ》と月《つき》との運行によって、或る時は寒さを生《しょう》じ、或る時は暑さを生じるのである。乾卦《けんか》（天）の働きは男性を造《つく》り坤卦《こんか》（地）の働きは女性を造《つく》る。乾《けん》は万物が生れる始めを主《つかさ》どり、坤《こん》は生れて来る物を作り上げ、乾は万物創造を容易に主《つかさ》どり、坤は簡単に物を作り上げる。容易《ようい》であれば知り易《やす》く簡単であれば従い易《やす》い。知り易ければ親しみが有り、従い易ければ功績（成果）が有る。親しみが有れば長続きするだろうし、功績が有るなら大きい功績に成るだろう。長続きできるのは賢人《けんじん》（賢明な人物）の徳（立派な人格）であり、大きい功績を上げるのは賢人の行なう事業である。容易であり簡素であることは世の中を動かす大きな原則となっている。世の中を動かす大きな原則を把握《はあく》して、その中に自分の位置を確立することが出来るのである。

（右　第一章）

（第二章）聖人《せいじん》（最高の人格者）は卦《か》を設定して象《しょう》（かたち）を観察し、辞《じ》（ことば）を附《つ》けて吉凶の判断をはっきりさせた。剛《ごう》（陽《よう》の爻《こう》）と柔《じゅう》（陰《いん》の爻《こう》）とを互いに推移《すいい》させて変化を生《しょう》じた。こういう事で吉《きつ》や凶《きょう》は、正しい道を、失っているのか得ているのかの形をあらわしている。悔《かい》（後悔する）と吝《りん》（恥《は》じる）とは憂虞《ゆうぐ》（心配して怖《おそ》れる）する形である。変化《へんか》は物事が進歩するか退くかの形である。剛柔《ごうじゅう》は昼《ひる》と夜《よる》とをあらわす形である。各卦《か》の六爻《こう》の動きに三極《きょく》（天・地・人）の働きをあらわしている。こういう事で、君子《くんし》（人格者）

が身を置き安心していられるものは、易《えき》のあらわしている順序である。君子が楽しんで味《あじ》わうものは各卦《かくか》の六爻《りくこう》の爻辞《こうじ》（爻の言葉）である。こういう事で、君子《くんし》（人格者）は身を置く場所に居れば、易《えき》の卦《か》の形を見て、それに附《つ》けた言葉を味《あじ》わい、行動すれば六爻《りくこう》の変化を観察し、その占《うらない》の言葉を味わうのである。それで天は君子《くんし》を助ける。吉《よ》い結果が得られて悪い結果にはならない。

（右　第二章）

（第三章）彖《たん》（卦辞《かじ》）は全体の形をいうのである。爻《こう》（爻辞）は卦辞の変化をいうものである。吉凶《きっきょう》（結果の良《よ》し悪《あ》し）は人の行《おこ》ないが正しいか、道に外《はず》れていないか外れているかをいう。悔吝《かいりん》（後悔や恥《は》ずかしいこと）は人の小さい欠点をいう。咎无《とがな》し（将来に災《わざわ》いは無い）とは十分に過失《かしつ》を償《つぐ》なうことである。六爻《こう》の高い地位と低い地位とを分《わ》けているのは置かれている位置によるのである。小大《しょうだい》（陰か陽か）を決《き》めるのは卦《か》によるものである。吉凶《きっきょう》を明らかにするのは辞《じ》（卦辞《かじ》・爻辞《こうじ》）による。悔吝《かいりん》（後悔や恥《はじ》）を心配するのは介《かい》（微小なもの）を気にするからである。注意深く行動して災《わざわ》いを避《さ》けるのは悔《かい》（後悔すること）

に気をつけるからである。こういうことで卦《か》には小大《しょうだい》（陰か陽か）が有り、辞《じ》には険夷《けんい》（困難と平易《へいい》）とが有る。卦辞《かじ》や爻辞《こうじ》はそれぞれ人の行くべき所を示《しめ》している。

（右　第三章）

（第四章）易《えき》は天地の姿に倣《なら》って作られた。だから天地の道（法則）を洩《も》れなく包み込んでいる。空を見上げて天文《てんもん》（日月星辰）を観察し、高い所から見下《みおろ》して地理《ちり》（山川丘陵《きゅうりょう》動植物）を良く見る。この事から幽明《ゆうめい》（目に見えないものと見えるもの）の道理を理解し、事物の本源を調べてその結果を考察する。それで死と生の原理を知り、精《せい》（陰）と気《き》（陽）とが事物を形成し、遊魂《ゆうこん》（肉体を離れた魂《たましい》）が事物を変化させる。こういう事で鬼神《きしん》（神霊《しんれい》）の働きを知ることができる。易《えき》は天地の在《あ》り方《かた》と似ている。だから易《えき》と天地とは矛盾《むじゅん》していない。易《えき》の知《ち》（心の働き）は万物《ばんぶつ》に広く行き渡り、易の道《みち》（方法）は天下《てんか》（世の中）を救済《きゅうさい》する。だから間違《まちが》いをすることが無い。広く行動するが他の状況に押し流されることは無い。天の力に支配されることを楽しみ運命に従う。だから何も心配すること無く自分の居る場所に満足して仁《じん》（他人を慈《いつく》しむ心）を厚く心に保《たも》っている。だから十分《じゅうぶん》に人を愛せるのである。天地の陰陽の変化を限定して度《ど》を越さないようにする。万物を細《こま》かく成立させて漏《もら》すことなく、昼夜《ちゆうや》（陽と陰）の原則を詳《くわ》しく理解できる。それだから神《しん》（霊妙な働き）には一定の方向が無く、易《えき》は決《き》まった形体が無いのである。

（右　第四章）

（第五章）或《あ》る時は陰《いん》となり、或《あ》る時は陽《よう》となるもの、それを道《みち》（宇宙の法則）と呼ぶ。此の道を受け継ぐものは人の善《ぜん》の行《おこ》ないである。此の道を完成するものは性《せい》（人の本性《ほんせい》）である。仁者《じんしや》（慈《いつくし》み深い人）は此の情況を見て道を仁《じん》と呼び、知者《ちしや》（頭脳《ずのう》の優《すぐ》れた人）は此の情況を見て道を知《ち》と呼《よ》ぶ。百姓《ひやくせい》（一般の人々）は毎日道を用いながら気がつかない。だから君子《くんし》（人格者）と成るべき道を知る人は少ない。道を仁として外《そと》に現《あらわ》し、道を造化《ぞうか》の作用として内《うち》に蔵《かく》し、万物を奮《ふる》い立たせて、聖人とは憂《うれ》うることが同じではない。万物を生み出し万物を完成するのは最高である。多くの物を所有しているのを大業《たいぎよう》と呼び、毎日新しくなるのを盛徳《せいとく》（立派な人格）と呼ぶ。絶えず生れ来るものを易《えき》と呼び、無形の形に成るものを乾《けん》と呼び、有形の形に成るものを坤《こん》と呼ぶ。数《すう》（天地の神秘的な数）を追求して未来を知ることを占《せん》（うらない）と呼び、事の変化を見通《みとお》すことを事《じ》と呼ぶ。陰《いん》や陽《よう》の働きが推測できないものを神《しん》（神秘的なもの）と呼ぶ。

（右　第五章）

（第六章）そもそも易経《えききょう》の説《と》く所は広《ひろ》い範囲で、大きい内容である。それで範囲の遠くまでを言えば尽きることが無い。それで範囲の近い所を言えば、それぞれの物にそれぞれの理《り》が存在している。それで天地の間《あいだ》の事を言えば易《えき》の理が備《そなわ》っていないものは無い。そもそも乾《けん》はその気が静かにある時は、ひたすら心を集中し、その気が動く時はまっ直《す》ぐに進む。そういう事で盛大に万物を生み出す。そもそも坤《こん》はその気が静かにある時は心に多くのものを集め、その気が動く時は心を外に開いて行く。そういう事で広く万物を生《う》み出すのである。易経の世界が広く大きいことは天地が広く大きいことと似ているし、時と共に変化することは春夏秋冬に似ているし、陰陽の考え方は太陽や月の運行に似ているし、平易で簡単な善美は最高の徳行に似ている。

（右　第六章）

（第七章）先生（ふつう孔子と解される）が言われるには、易経の説《と》く所は最高のことであるよ、と。そもそも易とは聖人が自分の人格を高めて業績を広めて行くためのものである。知識は高く礼儀は身近なものである。知識の高いことは天の高さに倣《なら》い、礼儀の身近《みじか》さは大地《だいち》に倣《なら》うものである。天地がその地位を設定した時に易の道はその中《なか》に行《おこ》なわれている。天から与えられた人の本性を保《たも》つことは、人が守るべき道に入《はい》る門なのである。

（右　第七章）

（第八章）聖人は世の中の繁雑《はんざつ》さを見ることが有って、その繁雑さをそれぞれの形や様子になぞらえて、それぞれにふさわしい形に分類した。そういう訣《わけ》で此れを象《しょう》（かたち）と謂《い》うのである。聖人は世の中の変動を見ることが有って、その集まり広がる状態を観察して、その規範を見出《いだ》し、言葉を加えて、それぞれの吉凶を判断した。そういう訣《わけ》で此れを爻《こう》（卦辞《かじ》の変化）と謂《い》う。世の中のきわめて繁雑なことを言っているが、それを嫌ってはならない。世の中のきわめて変動することを言っているが、混乱してはならない。象《しょう》や爻《こう》になぞらえて後《のち》に物を言い、象や爻に思いめぐらして後に行動し、象や爻になぞらえ思いめぐらして後に行動し、象や爻になぞらえ思いめぐらして事の変化に対応することができる。

「鳴《な》いている鶴《つる》は、山陰《やまかげ》の沢《さわ》にいる。その鶴の子が親鶴の鳴くのに合わせて鳴く。さて、自分は好《い》い盃《さかずき》を持っている。自分はお前と此の盃で共に飲もう」（中孚・九二《きゅうじ》）に就いて、孔子が言われるには、君子《くんし》（人格者）は自分の部屋に居て言葉を出すが、その言葉が善《よ》ければ、千里《り》離れている人もその言葉に感応する。まして身近かにいる人なら感動するだろう。君子が自分の部屋に居て言葉を出すが、その言葉が善《よ》くなかったならば、千里《り》離れている人もその言葉に反発するだろう。まして身近かにいる人ならば反抗するだろう。言葉は自分の身から出て人民たちに影響を及ぼし、行動は身近かな所から始まって遠い所に結果が見られる。言葉と行動とは君子《くんし》にとって大切なことで、その大切なことが発展して栄誉や恥辱の原因となるのである。言葉と行動とは君子が天地を動かす原動力である。慎重にしなくていいものだろうか。

「人に同じくするに、先には号《おめ》き咷《さけ》んで、後《のち》には笑ふ」（同人・九五）に就いて、孔子が言われるには、君子の生き方は、或る場合には世に出て仕官し、或る場合には仕官せずに家に居《お》り、或る場合は何も語らず、或る場合は大いに意見を述べる。君子が二人で心を同じくすれば、その鋭《するど》さは金鉄を断《た》ち切《き》るほどである。心を同じくする君子の言葉は、その匂《にお》いが蘭《らん》の花の香りのようである。

「初六《しょりく》、藉《し》くに白茅《はくぼう》を用《もち》ふ。咎无《とがな》し」（大過・初六《しょりく》）に就いて、孔子が言われるには、仮《かり》に祭器を地に置いても構わない。祭器を置くのに白い茅《ちがや》を敷く、何も悪い結果にはならない。慎重さが十分である。さて、茅《ちがや》という物は薄いものであるが、用途としては重要なものである。こういう使い方を慎重にするならば、事を行なって失敗することは無いであろう。

「労《ろう》して謙《へりくだ》りたる君子《くんし》、終《おわ》り有りて吉《きつ》なり」（謙・九三）に就いて、孔子が言われるには、苦労しても自慢せず、功績が有っても自分の力によるとしないのは最高のすぐれた人格である。その功績が有るのに他人に対して謙虚な者であることを物語っている。徳（人格）は手厚《てあつ》いことが大切であり、礼儀は慎《つつし》み深いことが大切である。謙虚《けんきょ》な者は他人に対して慎み深くすることによって、その地位を保《たも》つ者である。

「亢龍悔有り《こうりようくい》」に就いて、孔子が言われるには、貴《とうと》い身分でありながら地位が無く、高い位にありながら人民が無く、賢明な人が下の地位にいても手助けしてくれることが無い。そういう訣《わけ》で、行動すれば後悔するのである。

「戸庭《こてい》を出でず、咎无《とがな》し」（節・初九《しよきゆう》）に就いて、孔子が言われるには、争乱が発生する所には言語が原因となっている。君主の言葉が行き届いていないと家臣が離れてしまい、家臣の言葉が行き届いていないと身を亡《ほろぼ》してしまい、細《こま》かい事柄《ことがら》が行き届いていないと災《わざわ》いが引き起される。そういう訣で、君子は慎《つつし》み深くして軽々《かるがる》しく言葉を口にしないのである。

孔子が言われるには、易《えき》を作った者は盗《ぬす》みということを知っていたのではないか。易経に「負《お》ひ且《か》つ乗る。寇《あだ》の至ることを致《いた》す」（解・六三）とある「負《お》う」とは身分の低い者が荷物を背負《せお》っていることである。「乗る」とは身分の高い人が乗る器物（車、国家を譬える）のことである。身分が低い者なのに身分の高い人が乗る車に乗っていると、盗賊はその荷物を奪おうと思うのである。地位の高い者が怠慢で地位の低い者が秩序を乱《みだ》している。盗賊は地位の低い者を襲撃《しゆうげき》しようと思う。倉庫の戸締りをいい加減にすることは盗賊に盗《ぬす》めると教え、容貌《ようぼう》をなまめかしく化粧《けしょう》することは淫《みだ》らな心を起させるのである。易経に「荷物を背負《せお》って車に乗っている。盗賊が狙《ねら》って来るような事をしている」とあるが、盗賊を呼び寄せるような行為なのである。

（右　第八章）

（第九章）天（奇数）は一、地（偶数）は二、天は三、地は四、天は五、地は六、天は七、地は八、天は九、地は十である。天（陽）の数《すう》は五個で地（陰）の数も五個である。五個の数は、それぞれ較べる相手が有ってそれぞれ合計されることが有る。天の数（一・三・五・七・九）の合計は二十五で、地の数（二・四・六・八・十）の合計は三十である。すべて天の数と地の数とを合計すれば五十五で、此れが変化して天地間の不思議な働きをする理由である。おおよその数《かず》は五十であるが、占《うらな》いに用いる数は四十九で、それを二つに分ける。それで天（陽）と地（陰）の二つを象徴《しょうちょう》する。右（地）から一を取り出して、天地人の三者の象徴とする。此れを数《かぞ》えれば四となる。それで春夏秋冬の四季節を象徴する。余りを指の間に挟《はさ》む。それで閏月《うるうづき》を象徴する。五年間で、もう一度閏月が有るから、再《ふたた》び指の間に挟《はさ》んでその後《あと》で取る。乾《けん》の卦《か》を求める筮竹《ぜいちく》の回数は二百十六である。坤《こん》の卦《か》を求める筮竹の回数は百四十四である。総てを合せると三百六十である。一年間の日数に相当する。易経の上下の二篇の筮竹の数は一万一千五百二十となり、万物《ばんぶつ》の数《かず》に相当する。そういう訣《わけ》で四回手間《てま》を重《かさ》ねて易《えき》が成立し、十八回の変化によって卦《か》が出来る。八卦が作られて基本的に成立し、それを基《もと》として発展させ、同類に接触して此れを発展させれば世の中の為《な》すべき事はすべて解決する。宇宙の神秘を明らかにし、人間の正しい行《おこ》ないを計《はか》り知れないものとした。こういう訣《わけ》で占いによって変化に対応し、神秘的な力に援助できることだろう。孔子は変化の内容を知る者は、神の為《す》る業《わざ》を知ることだろう、と言われた。

（右　第九章）

（第十章）易《えき》には聖人《せいじん》（最高の人格者）が導《みちび》く方法が四つ有る。易によって発言する者は易の卦辞《かじ》・爻辞《こうじ》を大切にし、易によって行動する者は易の卦辞・爻辞の変化を大切にし、易によって器物を制作しようとする者は卦《か》の象《かたち》を大切にし、易によって未来を判断しようとする者は易の占《うらな》いを大切にするのである。そういう訣《わけ》で君子《くんし》（人格者）は何かを為《し》ようとしている時や、何かを実行している時に、易に尋《たず》ねるという。易は問《とい》を受けるとすぐに反響するかの如くに答えるのである。易《えき》には遠いことと近いこと、幽《かす》かなことと奥深いこと、分《わか》らないことは無い。その結果、未来のことを知るのである。此の世の中で最も純粋な者でなければ一体誰《だれ》が此の易に参加できようか。入《い》り混《まじ》ってそして変化して、その象数《しょうすう》を交り合《まじわ》せて、その変化を通じて遂に天と地の陰陽を形成し、その陰陽の数を究《きわ》めて最後に天下の象《しょう》を確定するのである。此の世の変化の極《きわ》まり無いことに通じている者でなかったら、いったい誰が此の様な変化を知ることができようか。易は何かを思うことも無く、何かを為《す》るということも無い。ひっそりと静かで動かないけれども、易で占《うらな》えば世の中のあらゆる事に通じることができる。世の中で最高の神秘的な力を持つ者でなかったら、誰が此の様な変化を知ることができようか。そもそも易は聖人が深い所まで追求し、微《かす》かな事をはっきりさせる根拠《こんきよ》になるものである。ただ深い所まで達するから、だから世の中の人々の心を見通《みとお》すことができる。ただ微《かす》かな事まで分《わか》る、だから世の人々の仕事を完成させるのである。ただ神秘的な力が有る、だから速《はや》く行《ゆ》こうとしなくても目的地に到着する。孔子が「易には聖人の導く方法が四つ有る（辞・変・象・占）」と言われているのは、此れ等のことである。

（右　第十章）

（第十一章）孔子が言われるには、そもそも易《えき》とは何の為《ため》に作られたものだろうか。そもそも易はあらゆる物事を発展させ、あらゆる職務を完成させて、世の中のあらゆる道理を包含《ほうがん》しているものである、と。こういう訣《わけ》で聖人は易によって世の中の人々の志望を遂《と》げさせ、易によって世の中の人々の仕事を安定させ、易によって世の中の人々が疑っていることを判断するのである。こういう訣《わけ》で占《うらな》いの筮竹《ぜいちく》の働きは完全で神秘的であり、六十四種の卦《か》の働きは正確で思慮深《しりょぶか》いものである。六爻《こう》が有する意義は変化して吉凶を告《つ》げている。聖人は此の様な訣《わけ》で心を洗《あら》い浄《きよ》めて世間から身を退《しりぞ》けてひそかに心を隠《かく》し、占いの結果の吉凶は人々たちと憂《うれ》いを共にし、神秘的な心の働きで未来を知り、思慮深さによって過去の事がらを胸に蓄積《ちくせき》しているのである。そもそも誰がこういう事に関《かかわ》れるというのだろうか。昔の優《すぐ》れた知能や物事の判断の持ち主で、神のような武勇を持ちながら人を殺すことが無い者であろうか。こういう訣《わけ》で昔の聖人は天の道（宇宙の法則）を明らかに把《は》握《あく》して人々の事を詳《くわ》しく知って、そこで筮竹《ぜいちく》を使う方法を作って人々が利用するように指導したが、聖人とはこういうことによって身も心も清めて筮竹による占いの告《つ》げる結果を神の言葉とする者であろうか。こういう訣《わけ》で、戸《と》を閉じた状態を坤《こん》（陰《いん》）と言い、戸を開《ひら》いた状態を乾《けん》（陽）と言う。一度は閉じ一度は開く、こういう状態を変《へん》（変化）と言い、開いたり閉《と》じたりして止《とま》らない状態を通《つう》（発生し消滅する状態）と言う。陰陽が外《そと》に現《あら》われるのは象《しょう》（占《うらな》いで出たかたち）と言い、形が内容を備えたものを器《き》（いれもの）と言う。器を制作してそれを用いることを法《ほう》（方法）と言う。仕事にうまく使えて、出たり入ったりして人々が皆《みな》此れを利用することを神《しん》（霊妙な働き）と言う。こういう訣《わけ》で易《えき》には太極《たいきょく》（宇宙の根源）が有り、それが両儀《りょうぎ》（天と地）を生《しょう》じ、両儀が四象《しょう》（春、夏、秋、冬）を生じ、四象が八卦《か》（乾《けん》・兌《だ》・離《り》・震《しん》・巽《そん》・坎《かん》・艮《ごん》・坤《こん》）を生じている。此の八卦によって吉《きつ》か凶《きょう》かの判断ができて、吉か凶かの占いによって大きな事業も完成できる。こういう訣《わけ》で規準となる現象としては天地より大きいものは無く、変化し生滅《しょうめつ》する現象としては春夏秋冬より大きいものは無い。象《しょう》が大空に懸《かか》ってはっきりと明るいものは太陽や月より大きいものは無い。地位が尊く高いものは富《とみ》と貴《とうと》さを備えた君主《くんしゅ》より大きいものは無く、いろいろな物を準備して人々の用に役立たせ、器物を製作して世の中の人々の便利になる事をするのは、聖人の力より大きいものは無い。煩雑《はんざつ》な事がらを探求《たんきゅう》し、隠れているものを探《さぐ》り出《だ》し、深い所にある物を引き上げ、遠くにある物を引き寄せて、世の中の吉凶を判断し、世の中の人々を勉《つと》め励《はげ》ます者は、筮竹《ぜいちく》や亀《かめ》の甲《こう》の占いの力より大きいものは無い。こういう訣《わけ》で天は神秘的な物（占い）を創《つく》り出して、聖人が占いの法則を定め、天地間の万物の変化に応じて聖人が占いの方法を創《つく》り、天はいろいろな現象によって吉凶を表現し、聖人はその形を把握し、黄河《こうが》から龍馬《りゅうめ》が図《ず》を背負《せお》って出て来たり、洛水《らくすい》から神亀《しんき》が書《しょ》を背負って出て来たというが、聖人はそれに拠《よ》って八卦《か》を作っている。易《えき》に四象《しょう》（老陽《ろうよう》・少陽《しょうよう》・少陰・老陰）が有るのは、それで占いの爻《こう》を示す理由なのである。それぞれの爻《こう》に言葉が添えられているのは、意味を告げるためである。その判定に吉凶の判断を下《くだ》しているのは占う者のためである。

（右　第十一章）

（第十二章）易《えき》に述べているが、天《てん》が祐《たす》けてくれる、吉《い》い結果が得られて物事が滞《とどこお》ることが無い（大有・上九《じょうきゅう》）、と。孔子が言われるには、祐《たす》けるとは助《たす》けることである。天が祐《たす》けるのは柔順な者であり、人が助けるのは信頼する者である。信実を実践し、柔順であることを心がけ、又、賢人《けんじん》を大切にする。そういう訣《わけ》で、天が祐けてくれるので、吉《い》い結果が得られて物事が滞《とどこお》ることが無いのである、と。孔子が言われるには、文字は言葉を書き尽せないし、言葉は心に思うことを言い尽せないのだ、と。それならば易《えき》に於《お》ける聖人の心に思うことは文字で見ることが出来ないのか、と。孔子が言われるには、聖人は八卦《か》の象《しょう》を作って心に思うことを言い尽《つく》し、卦《か》を準備して真実と虚偽とを区別し、卦辞《かじ》や爻《こう》辞《じ》を加《くわ》えて言葉で表現し、変化して発生消滅することによって利益を上げ、太鼓《たいこ》を叩き舞《まい》を舞《ま》うように元気づけて、神秘的な易の働きを尽《つく》した。乾《けん》（陽爻）と坤《こん》（陰爻）とは易《えき》の基本であろうか。乾と坤とが列《つら》なり合って易がそれによって成立している。乾坤が壊《こわ》れてしまえば易の判断を見ることが出来ない。易の判断を見ることが出来なかったら乾坤の働きも殆《ほとん》ど止まってしまう。こういう訣《わけ》だから形に現れる以前のものは道《みち》と言い、形に現われた後《のち》のものは器《き》（形象《けいしょう》）と言う。変化して程《ほど》良く切り盛《も》りすることは変《へん》と言う。推《お》し進めて実行することは通《つう》と言う。結果を取り上げて世の中の人々の生活に実施すれば此れを事業と言う。こういう訣《わけ》だから象《しょう》（かたち）は聖人が世の中の奥深いことを見ることが有って、此れをその様子《ようす》になぞらえて、その物の適当な形に象《かたど》ったのである。こういう訣《わけ》だから此れを象《しょう》と言うのである。聖人が世の中の動きを見て、その会通（集まり、離れる）の状態を見て、その儀式《ぎしき》や作法《さほう》を行《おこな》い、言葉で表現して、その吉凶《きっきょう》を判断したのである。こういう訣《わけ》だから此れを爻《こう》と言うのである。世の中の奥深いことを突《つ》き詰《つ》めるものは卦《か》に示され、天下の動勢は卦辞《かじ》や爻辞《こうじ》に見られる。変化している状態を切り盛りしたものは変《へん》に示され、推《お》し進めて実行することは通《つう》に見られる。神秘的な働きを明《あき》らかにすることは人に見られ、黙《だま》って易を成し遂《と》げ、言葉に出さずに真実の行動を執《と》るのは、徳行（人格者の行動）として見られるのである。

（右　第十二章）

上繫辞伝《じょうけいじでん》　終

下繫辭伝《かけいじでん》（繫辞伝の下）

（第一章）八卦《か》（乾《けん》・兌《だ》・離《り》・震《しん》・巽《そん》・坎《かん》・艮《ごん》・坤《こん》）がずらりと並んで、天地万物《ばんぶつ》の象《しょう》（かたち）はその中に含《ふく》まれている。それで八卦を重《かさ》ね合わせると爻《こう》がその中に含まれている。剛《ごう》（陽《よう》爻）と柔《じゅう》（陰《いん》爻）とが互いに推《お》し進め合うと変化がその中に含まれる。卦爻《かこう》に言葉を加えて人に告げて、人の行動はその中に含まれる。吉《きっ》（良いこと）凶《きょう》（悪いこと）悔《かい》（残念に思う）吝《りん》（恥《はじ》る）は行動によって生《しょう》ずるものである。剛《ごう》（陽）と柔《じゅう》（陰）とは卦の基本を作るものである。変《へん》（変化）と通《つう》（発生・消滅）は適応《てきおう》する時に向《むか》うものである。吉と凶とは心が正しい者が勝つのである。天地の道《みち》（宇宙の法則）は心が正しい者に示されているものである。太陽や月の運行は心正しく明るいものである。世の中の変動は心正しいこと一つに落ち着くものである。そもそも乾《けん》（陽卦《か》）はしっかりと人に平易《へいい》なことを示している。そもそも坤《こん》（陰卦）は素直《すなお》に人に手軽《てがる》なことを示している。爻《こう》というものは乾坤の理に倣《なら》うものである。象《しょう》というものは乾坤の形を写《うつ》すものである。爻象《こうしょう》は卦《か》の内《うち》に変動し、吉凶は卦の外《そと》に現《あら》われる。事業は変動に現われ聖人の心は吉凶悔吝《かいりん》の言葉に現われる。天地の大きな徳（恵《めぐ》み）を生《せい》（万物を生《う》む力）と言い、聖人の大きな宝《たから》を位《くらい》（天子《てんし》の位）と言う。何によってその位を守れるだろうか。人民は何によってその人々を集められるだろうか。人民の財物はその財物を管理して、判断の言葉を正しくして、人民が非道《ひどう》を為すことを禁ずるのが正義である。

（右　第一章）

下繫辭伝　（繫辞伝の下）

（第二章）昔《むかし》、包犠氏《ほうぎし》が天下《てんか》に王《おう》として臨《のぞ》んだ時、上《うえ》を見ては天体の現象を観察し、下《した》を見ては地形の有り様《さま》を観察し、鳥《とり》や獣《けだもの》の姿や地に生《しょう》ずる草や木を観察し、身近《みぢか》なものでは身体《からだ》の部分を、遠いものでは金石《きんせき》や布帛《ふはく》を取り上げて、そこで始めて八卦《か》を作り、それで神秘的な作用に通達《つうたつ》し、それで万物の状態を類別《るいべつ》したのであった。縄《なわ》を結ぶことを創《つく》り出して獣《けもの》を取る網《あみ》や魚を取る罟《あみ》を拵《こしら》えて狩《か》りをしたり魚《うお》を捕えたりした。思うに、離《り》の卦からの発想である。包犠氏《ほうぎし》が歿して神農氏《しんのうし》が現われ、木を削《けず》って犁《すき》の刃を拵《こしら》え、木をたわめて犁《すき》の柄《え》として、犁《すき》や鍬《くわ》による利益を世の中の人々に教えたのは、恐らく益《えき》の卦から考えたのだろうし、日中に市場《いちば》を開いて世の中の人々を集めて、世の中の財貨を集め、物を交換したりして帰らせて、各人が欲しいものを手に入れさせたが、恐らく噬嗑《ぜいこう》の卦《か》の発想であろう。神農氏《しんのうし》が歿して黄帝《こうてい》や堯《ぎょう》や舜《しゅん》が天子《てんし》の位に就き、その変化を通《とお》して、人民たちが生活に倦《あ》きないようにして、神秘的な力によって変化を進めて人民たちを満足させた。易《えき》は究極まで行き当ると変化し、変化すれば道が開ける。道が開けると長く続く。そういう訣《わけ》で「天が助けてくれる。吉《い》い結果が得られて物事が滞《とどこお》ることが無い」（大有・上九《じょうきゅう》）と言うのである。黄帝や堯や舜は衣裳《いしょう》を身にまとったまま何もせずに世の中が治まっていた。恐《おそ》らくそれは乾坤《けんこん》（天地）の卦の発想であろう。木を刳《えぐ》って舟を作り、木を削《けず》って楫《かじ》（櫓《ろ》や櫂《かい》）を作り、舟や楫の便利さによって、今まで通《かよ》うことが出来なかった川を渡ることが出来たし、遠くまで通《かよ》うことが出来て、世の中に利益をもたらした。恐らく渙《かん》の卦《か》の発想であろう。牛に車を曳《ひ》かせ馬に乗り、重い荷《に》を引かせ遠くまで行けるようにして世の中に利益をもたらした。恐らく随《ずい》の卦《か》の発想であろう。門を二重にして拍子木《ひょうしぎ》を叩いて夜廻《よまわ》りをして盗賊を防ぐようにした。恐らく豫《よ》の卦《か》の発想であろう。木を適当な長さに切って杵《きね》を作り、地を掘《ほ》って臼《うす》を作り、杵《きね》と臼《うす》の便利さによって多くの人々の生活を向上《こうじょう》させた。恐らく小過《しょうか》の卦《か》の発想であろう。木を撓《たわ》めて弓《ゆみ》を作り、木を細く削って矢《や》を作った。弓矢の利器によって世の中の悪人たちを制圧《せいあつ》した。恐らく睽《けい》の卦《か》の発想であろう。

大昔《おおむかし》の人々は穴《あな》ぐらで生活し野宿《のじゅく》をしたりして暮していた。後《のち》の世《よ》になると聖人がそういう生活の代りに家屋《かおく》に住むようにした。棟木《むなぎ》は上に軒端《のきば》は下にした家屋は風雨を凌《しの》ぐことが出来た。恐らく大壮《たいそう》の卦《か》の発想であろう。昔の死者の葬り方《ほうむ》は、死者の上に薪《たきぎ》を厚く被《かぶ》せて野中《のなか》に葬った。土饅頭《どまんじゅう》（土を盛《も》る）は作らず、墓の標《しるし》の木も植えず、遺族《いぞく》が喪《も》に服する期間も定《さだ》まっていなかった。後世の聖人はそれを改めて遺体の棺《かん》と外《そと》棺を制定された。恐らく大過《たいか》の卦《か》からの発想であろう。大昔《おおむかし》は文字が無かったので縄《なわ》を結んで（その結び目を目印《めじるし》にして）世の中が無事に治まっていた。後《のち》の世の聖人はその代りに書契《しょけい》（文字や割《わ》り符《ふ》）を制定し、多くの役人はそれで職務を果《はた》し、世の人々は文字や割り符によって物事をはっきり知った。恐らく夬《かい》の卦《か》の発想であろう。

（右　第二章）

（第三章）こういう訣《わけ》であるから易《えき》の卦《か》は物の形を象《かたど》っている。彖《たん》は材料である。爻《こう》は世の中の動きに倣《なら》うものである。こういう訣《わけ》で吉凶が生れて、悔《かい》（後悔《こうかい》）や吝《りん》（恥《は》じる）が著《あら》われるのである。

（右　第三章）

（第四章）陽卦《ようか》（乾《けん》・震《しん》・坎《かん》・艮《ごん》）は陰《いん》の爻《こう》が多く、陰卦《いんか》（坤《こん》・巽《そん》・離《り》・兌《だ》）は陽《よう》の爻が多い。その訣《わけ》は何《なん》であろうか。陽卦は奇数で、陰卦は偶数だからである。その道徳的行為は如何《どう》であろうか。陽卦は君主《くんしゅ》を一として人民は二、君子《くんし》の道を表現している。陰卦は君主を二として人民は一、小人《しょうじん》の道を表現している。

（右　第四章）

（第五章）易経に言っているが、「心が落ち着かず行《い》ったり来《きた》りすれば、友達だけがお前の思い通りに従うだろう」（咸・九四）と。孔子が言われるには、世の中の事で何を思い悩み何を深く考えることが有るだろうか。世の中のことは帰り着く所は同じで途中の道が違っているだけで、到達点は一つなのに深く考えることは百通《とお》りも有るのだ。世の中の事で何を思い悩み何を深く考えることが有るだろうか。太陽が西に沈んで往けば月が空に上《のぼ》って来るし、月が西に沈んで往けば東の空に太陽が上って来る。太陽と月とが互いに移り変って明《あか》るさが生れているのだ。寒さが去れば暑さが来るし、暑さが去れば寒さが来る。寒さと暑さとが互いに移り変って一年間の気候が形成されているのだ。去って行くものは身体を屈《かが》めている様な状態だし、来るものは身体《からだ》を伸ばす様な状態なのだ。屈《かが》めたり伸《の》ばしたり互いに感応《かんおう》し合って利益が生まれるのである。尺取虫《しゃくとりむし》が身《み》を屈《かが》めるのはそれで身体《からだ》を伸ばして前進するためである。龍《りゅう》や蛇《へび》が穴の中に籠《こも》るのはそれで寒さから身《み》を守るためである。道理を精密に身につけて霊妙な心を働かせるのはそれで大きな仕事をしようとするからである。大きな仕事をうまくして自分の身を落ち着かせるのはそれで自分の人格を高めようとするからである。此の段階を過ぎて行くとまだ知ることの出来ない境地である。神秘的なものを突きつめて物事の変化の道理を知ることは人格の極致《きょくち》なのである。易経に述べているが、「石が有って進むのが困難である。蒺藜《しつり》（とげいばら）に坐って、その家に入《はい》るが妻の姿は見えない。悪い結果となる。」（困・六三）と。孔子が言われるには、困《くる》しむべき事態でもないのに困しめば自分の立場が必ず恥《はじ》をかかされる。頼《たよ》るべき事情でもないのに頼《たのまれ》れば自分の身が必ず危険となる。もはや恥をかかされその上《うえ》危険となれば、死期がまさに身に迫ろうとしている。妻に会うことが出来るだろうか。易経に述べているが、「主君《しゅくん》がそこで高い塀《へい》の上で隼《はやぶさ》を弓で射って捕《とら》えた。吉《よ》い結果をもたらさないことは無い。」（解・上六《じょうりく》）と。孔子が言われるには、隼《はやぶさ》は鳥である、弓矢は道具である。隼を射《い》るのは人である。君子は道具を身に所有していて時機《じき》が来るのを待って行動する。何《なん》の工合《ぐあい》が良くないことが有《あ》ろうか。行動するのに制約されることが無い。そういうことで、出かけて行って獲物《えもの》を手に入れることが出来る。道具を身につけて行動することを言っているのである。孔子が言われるには、小人《しょうじん》（詰らぬ人物）は不仁《ふじん》（他人を愛さない）を恥《は》ずかしいと思わず、不義《ふぎ》（正しくない）であることを気にせず、利益が有ることを確かめなければ努力しない、刑罰で脅《おど》かさなくては何度でも悪い事をする。小さく懲《こ》らしめて、大きく戒《いまし》めるのは、小人《しょうじん》にとっては幸《さいわ》いなことなのだ、と。易経に述べているが、「足《あし》かせを足につけられて足が傷《きず》つく。災《わざわ》いは免れる。」（噬嗑《ぜいこう》・初九《しょきゅう》）とは此の事を言うのである。善《よ》い行《おこな》いを積み重《かさ》ねなければそれで名声《めいせい》を得るには不十分であり、悪い行《おこな》いを積み重ねなければそれで身《み》を滅《ほろぼ》すまでにはならない。小人《しょうじん》は小さな善《よ》い行《おこ》ないでは利益を得られないとして小さな善い行ないをしないのである。小さな悪い行ないをしても傷《きず》つくことは無いとして止《や》めようとしない。だから悪が積《つも》って隠《かく》すことが出来なくなる。罪《つみ》が大きくなって取り消すことが出来なくなる。易経に述《の》べているが、「首《くび》かせをつけられて耳を傷《きず》つけてしまう。悪い結果となる。」（噬嗑・上九《じょうきゅう》）と。孔子が言われるには、危《あぶな》いと思って警戒する者はその地位を安全に保《たも》つ者である。亡《ほろ》びるかと心配する者はその存続《そんぞく》する状態を保《たも》つ者である。世の中が乱れるかと心配する者は、世が治《おさ》まっている状態を保持《ほじ》する者である。こういう訣《わけ》であるから君子《くんし》（人格者）は安定していても危い状態に陥《おちい》ることを心に忘れず、存続していても滅亡のことを心に忘れず、世の中が治《おさ》まっていても乱れることを心に忘れず、こういうことでその身は安定していて国家を保持できるのである、と。易経に述べているが、「無くなるかも知れない。無くなるかも知れない。細《こま》かい枝の桑《くわ》の木にしっかり繋《つな》いで置く。」（否・九五）と。孔子が言われるには、徳（人格）が少ないのに地位が高く知識が少ないのに計画が大きく、実力が少ないのに任務が重要であるならば災《わざわ》いにかからないことは少ない、と。易経に述べているが、「鼎《かなえ》の脚《あし》を折って、公《こう》（君主）の食べ物をこぼしてしまった。その刑罰は重い。悪い結果になる。」（鼎・九四）と。その意味はその任務に耐《た》えられないことである。孔子が言われるには、吉凶《きっきょう》の前触《まえぶ》れを知る者は神《しん》（霊妙の力を持つ者）だろうか。君子《くんし》（人格者）は目上《めうえ》の人と交際しても諂《へつら》わない（御機嫌《ごきげん》取りをしない）し、目下《めした》の人と交際しても侮《あなど》らないが、それは吉凶の前触れが分《わか》っているからだろうか。吉凶の前触れはその動きが微《かす》かであって、吉《きっ》が先《ま》ず現《あらわ》れるものである。君子《くんし》（人格者）は前触れを見て仕事を始め、一日が終るまで待たずに仕事をするのである。易経に述べているが、「石のように孤高《ここう》である。一日《いちにち》経《た》たない中《うち》に、固い信念の行動が吉《よ》い結果をもたらす。」（豫《よ》・六二《りくじ》）と。石のように孤高であるから、どうして一日が終るまで時間を要《よう》するのであろうか。断《だん》じて知らねばならぬ。君子は微《かす》かな前触れを知っているし、はっきり現《あらわ》れたことを知っているし、今《いま》柔かいことを知っているし、後《のち》に固くなることを知っているのである。多くの人々が君子の如き境地に成るのを望んでいるのである。孔子が言われるには、弟子の顔回《がんかい》は殆《ほとん》ど道を会得《えとく》していると言えようか。不善《ふぜん》（善に反《はん》すること）が有れば、此れ迄に気がつかなかったことが無い。不善であると知ったなら此れ迄に二度と行《おこな》ったことが無い、と。易経に述べているが、「遠くまで行かずに帰るが、後悔をすることは無い。大そう吉い結果が得られる。」（復・初九《しょきゅう》）と。天の陽《よう》気と地の陰《いん》気とがぴったりと合致《がっち》して万物《ばんぶつ》が造り出され、男と女とが精気を併《あわ》せて万物が生《う》み出されるのである。易経に述べているが、「三人で行くと一人を減《へら》し、一人で行くと友達ができる。」（損・六三）と。言葉の意味は、一人ならば友達を得られるというのである。孔子が言われるには、君子《くんし》（人格者）はその身を安泰《あんたい》にしてから後《のち》に行動し、その心を穏《おだや》かにしてから後に人と語り、その交際を安定してから後に人に求めるのである。君子《くんし》（人格者）は以上の三つを身につけているために完璧《かんぺき》である。まだ以上の三つが身につかないのに行動すれば、人々は誰も君子に従わないであろう。交際の基盤が無いのに相手に要求しても、人は一緒に仕事をしようとはしない。君子に一緒に仕事をしようとする者が無かったら、君子に危害を加えるものが出て来るだろう。易経に述べているが、「此れに増《ま》し加えることが無く、場合によっては攻撃する心を生《しょう》ずるとも限らない。悪い結果をもたらす。」（益・上九《じょうきゅう》）、と。

（右　第五章）

（第六章）孔子が言われるには、乾卦《けんか》と坤卦《こんか》とは易《えき》の二つの門《もん》（分野《ぶんや》）だろうか。乾《けん》は陽《よう》の代表であるし、坤《こん》は陰《いん》の代表である。陰と陽とがその力を合せて、剛《ごう》と柔《じゅう》の形体が出来ている。それで天地の事がらを具体化し、それによって神秘的な力に通《かよ》うのである。各卦《か》の名はいろいろ雑《まじ》り合っているが他の卦を越えることは無く、その卦名の種類を考えて見るとその卦名は道徳が衰えた世の中の意味であろうか、と。そもそも易《えき》は、過去の事を明確にし将来の事を推察し、顕著な事柄《ことがら》を詳しく考察し、隠れて見えないものをはっきりさせ、開示してふさわしい名を附《つ》け、物を区別し、言葉を正確にし、言葉の表現を決定することが完全である。その名称は小さくてもその中に含まれるものは大きく、その意味するものは深遠であり、その表現は美しい。その言葉は詳細で道理にかなっており、その事は並べ立ててその中に道理が有る。疑《うたが》いによって人々の行ないを助け、それによって吉凶を失ったり得たりする報《むく》いをはっきりさせている。

（右　第六章）

（第七章）易《えき》が盛んになったのは中古（殷《いん》の末・周《しゅう》の初め）の頃であっただろうか。易経を作った者は世の中の情勢を憂《うれ》えていた者であろうか。こういう訣《わけ》だから履卦《りか》䷉は道徳の基本である。謙卦《けんか》䷎は道徳の柄《え》（手に取る所）である。復卦《ふくか》䷗は道徳の根源である。

恒卦《こうか》䷟は道徳を固く守っている。損卦《そんか》䷨は道徳が身についている。益卦《えきか》䷩は道徳が豊かに身についている。困卦《こんか》䷮は道徳の有無で区別される。井卦《せいか》䷯は道徳が大地のように安定している。巽卦《そんか》䷸は道徳を程良《ほどよ》くつかさどっている。履《り》は人々を和《なごや》かにし、謙《けん》は人に譲《ゆず》ることから人格が尊く輝き、復《ふく》は物事の小さな段階でも善悪を区別し、恒《こう》は雑然とした状態であっても徳を失うことが無く、損《そん》は徳の妨げに遭《あ》って困難なことを先《さき》にし、容易なことを後回《あとまわ》しにする。益《えき》は自分の徳を成長させ裕《ゆた》かな生活であるが殊更《ことさら》なことはしない。困《こん》は苦しい生活であるが切り抜ける。井《せい》は自分の場所に居て人々にその徳を移す。巽《そん》は時期を見《み》はからって行動するが目立《めだ》たないようにする。履《り》は人々の行動を和《なごや》かにする。謙《けん》は礼《れい》の節度を保《たも》つ。復《ふく》は自分自身の行為の善悪を知る。恒《こう》は道徳一筋《ひとすじ》の生活をする。損《そん》は道徳に反《はん》することから遠ざかる。益《えき》は利益を上げる。困《こん》は怨みの心を減《へら》す。井《せい》は正義をはっきり弁《わきま》える。巽《そん》は素直な心で礼を実行する。

（右　第七章）

（第八章）易《えき》の書物というものは（常に座右《ざゆう》に置いて）遠《とお》ざけてはならない。易経に見える道《みち》というものは度々《たびたび》内容が移り変って同じ境地に止《とど》まることが無い。六虚《りくきょ》（六爻《こう》の位《くらい》）に周《あまね》く流通して、上《あ》ったり下《さ》がったりして常《つね》に止まることが無く、剛《ごう》と柔《じゅう》（陽《よう》と陰《いん》）が互いに変化して一定の法則にすることは出来ない。ただ変化して向《むか》う所のままにする。

出入《しゅつにゅう》に就いては外卦《がいか》を推量し内卦《ないか》に慎しみ深くすることを知らせている。又、憂いや悩みとその理由とを明確にして、師《し》保《ほ》（教師や輔《ほ》佐《さ》役）が無いにせよ、（易経は）身近かにいる父母のようなものである。最初に易《えき》の卦《か》辞《じ》に従ってその方法を考えるなら、やがて基準が常に存在しているだろう。かりそめにも易《えき》に通達した人でなかったら、易の道は虚《むな》しく行《おこな》われることが無い。

（右　第八章）

（第九章）易《えき》という書物は、物事の始めを追及し物事の終りを探求して、物事の本質を見極《みきわ》めているのである。六つの爻《こう》は互いに雑《まじ》り合って変化しているがその時や物事《ものごと》を示している。その初《はじ》めの爻《こう》は分《わか》りにくく、その上爻《じょうこう》は分かりやすい。初爻《しょこう》が物事の始まりを述べ上爻が物事の終末《しゅうまつ》を述べているからである。初爻《しょこう》は言葉によって物事を推量《すいりょう》し、上爻《じょうこう》は物事の結末を完成している。もしもいろいろな物事を混《まじ》えて卦《か》の働きを定めるならば、正しいことと誤ったこととを区別することが、つまりその中《なか》の爻《こう》でなかったら完全ではない。ああ、もし又、国家の存立《そんりつ》や滅亡《めつぼう》を吉《きつ》や凶《きょう》の判断に求めるならば、特別な事をしなくてもその場《ば》で分《わ》かるに違いない。知識の有る人はその彖《たん》（その卦《か》の大意）の言葉を見れば、凡《およ》その意味が理解できるであろう。二爻《こう》と四爻とは、働きは同じであるが、二爻は下で四爻は上に在《あ》り位置が異《こと》なっていて、その善《ぜん》の現われは同じではない。二爻は名誉を得られることが多く、四爻は心配事が多いのは、君主《くんしゅ》（五爻）に近いからである。柔《じゅう》（陰爻）の道《みち》（あり方《かた》）として君主に遠く離れているので不利なものであるが結局は吉《よ》い結果が得られる。その柔が中庸《ちゅうよう》の位置に在《あ》るからである。三爻《こう》と五爻とは働きは同じであるが位置が異《こと》なっている。三爻は悪い結果が多く、五爻は利益が多い。五爻の地位が高く、三爻の地位が低いという等級《とうきゅう》の差のためである。そもそも柔爻《じゅう》（陰）であれば危い目に遭《あ》い、剛爻《ごう》（陽）であれば災《わざわ》いに打ち勝つということだろうか。

（右　第九章）

（第十章）易《えき》という書物は広さも大きさもすべて備《そな》えている。天道《てんどう》（天の働き）が有り、人道《じんどう》（人間の働き）が有り、地道《ちどう》（大地の働き）が有る。三才《さい》（天地人の能力）をどれでも両《ふた》つ（陰と陽）ずつにしている。だから六爻《こう》となる。六爻というのは他《ほか》でもない、天地人の働きを示している。天地人の働きには変動が有る。だから爻《こう》（効果《こうか》）というのである。爻には等級が有る。だから物《もの》（陰・陽の物）という。物は入《い》り混《まじ》っている。だから文《ぶん》（模様《もよう》）という。文《ぶん》には当《あた》り外《はず》れが有る。だからそこに吉や凶が生《うま》れるのである。

（右　第十章）

（第十一章）易《えき》が盛んになったのは殷《いん》代の末《すえ》の世で、周《しゅう》代の良く治まった時代に当るだろうか。こういう訣《わけ》で易の卦辞《かじ》や爻辞《こうじ》には危《あやぶ》む気持がこめられている。世の中を不安に思う者には心を平《たい》らかに落ち着かせ、世の中を侮《あなど》っている者にはその運命を衰えさせ危《あやう》くさせる。易《えき》の働きは非常に大きいもので、世の中のあらゆる物は易《えき》の説《と》く道を捨てず、慎み深くして万事を解決させた。結局のところ悪い結果にはならない。此れが易《えき》の道（働き）というものである。

（右　第十一章）

（第十二章）そもそも乾卦《けんか》は世の中で最も健全《けんぜん》なものである。その道徳的な行為はいつも安《やす》らかに行動しながら険難《けんなん》な状況を把握《はあく》している。そもそも坤卦《こんか》は世の中で最も従順《じゅじゅん》なものである。その道徳的な行為はいつも単純でありながら険難な状況を把握している。以上のことを心に満足させ考え方を深めて行き、世の中での吉凶を判断し、世の中での努力を重《かさ》ねて、仕事を完成する者と成るのである。此の様な訣《わけ》で陰陽の変化や人の言動に就いて、吉《よ》い事が有る場合には前兆《ぜんちょう》が有る。卦辞《かじ》や爻辞《こうじ》になぞらえて器物の本質を知り物事を占《うらな》って未来を知ることができる。天と地とは人や物の位置を定めているが、聖人《せいじん》（最高の人格者）は易の仕事をして、人と相談し鬼神《きしん》と相談し一般の人々とも相談した。人々は聖人の易の仕事のお蔭《かげ》を蒙《こうむ》ったのである。八卦《か》（乾・兌・離・震・巽・坎・艮・坤）は、天地の現象を爻辞《こうじ》に告げ報《しら》せ、彖辞《たんじ》（卦の意味）は卦《か》の心情を語っている。剛《ごう》（陽）と柔《じゅう》（陰）とが混《まじ》っていて、そこに吉と凶とが現《あらわ》れている。爻《こう》が変動する場合は利《よろ》しいとか利しくないとか言われ、吉凶は心によって移り変る。こういう訣《わけ》なので愛《あい》するとか憎《にく》むとかの攻《せ》め合《あ》いから吉凶が生《うま》れ、遠く（応爻《おうこう》）と近く（比爻《ひこう》）との互いの関係によって小さな間違《まちがい》が生ずる。その関係が真情《まごころ》か虚偽《きよぎ》かを互いに感じて利害が生《うま》れるのである。大体《だいたい》、易《えき》の感情としては、近い爻であるのに互いに受け容《い》れなければ凶となり、或《あるい》は又、爻の関係が他の爻から妨害されると、後悔したり恥ずかしい目に遭《あ》う。今や叛《そむ》こうとしている者はその言葉が恥ずかし気《げ》であり、心の中で疑っている者はその言葉がまとまらず、人格の立派な人の言葉は少《すくな》く、浅《あさ》はかな人の言葉は饒舌《じょうぜつ》（おしゃべり）である。善人をそしる人はその言葉は、うわついており、自分に確かな信念を持たない人はその言葉が伸《の》び伸びとしていない。

（右　第十二章）

下繋辞伝《かけいじでん》　終

説卦伝《せっかでん》　（八卦についての説明）

（第一章）昔、聖人が易《えき》を作る時には、神の力にひそかに助けられて占《うらな》いの方法を生《う》み出《だ》し、天を三《さん》とし地を二《に》として、数《すう》を組み立て、陰陽の変化を見て卦《か》を作り、剛《ごう》と柔《じゅう》の働《はたら》きを現《あらわ》し示《しめ》して爻《こう》を作り出し、道徳に順応《じゅんおう》して義《ぎ》（正しさ）に理《り》（すじ道）が有り、道理を窮《きわ》め尽《つく》して、人間の本性を知り尽し天命を知るに至った。

（右　第一章）

（第二章）昔、聖人が易《えき》を作る時に、天から与《あた》えられた生命の原理に順《したが》おうとした。そういうことで天《てん》の教えを確立して陰《いん》と陽《よう》と呼び、地《ち》の教えを確立して柔《じゅう》（陰《いん》）と剛《ごう》（陽《よう》）と呼び、人の教えを確立して仁《じん》と義《ぎ》と呼んだ。天地人の三才《さい》はみな兼《か》ね合《あわ》せて、それを陰陽の二つにする。だから易《えき》は六画《かく》によって卦《か》を形成する。陰《いん》を半分《はんぶん》にし陽《よう》を半分にして互《たが》いに柔《じゅう》（陰）と剛《ごう》（陽）とを作った。だから易《えき》は六つの位《くらい》によって組み立てられている。

（右　第二章）

（第三章）天《てん》と地《ち》とは上と下との位置を定めており、山《やま》と沢《さわ》とは山は高く沢は低いが山の水脈と沢の水とが気《き》を通《つう》じており、雷《かみなり》と風《かぜ》とは互いに接近し合い、水と火とは互いに厭《いと》うことなく力《ちから》を合せ、八卦《か》（乾《けん》は天、坤《こん》は地、艮《ごん》は山、兌《だ》は沢、震《しん》は雷《かみなり》、巽《そん》は風、坎《かん》は水、離《り》は火）は互いに力を交錯《こうさく》し合っている。過ぎ去った事を知るのは知り易《やす》く順《じゅん》（したがうこと）であり、未来《みらい》の事を知るのは知り難《がた》く逆《ぎゃく》（むかえること）である。こういう訣《わけ》で易《えき》は逆数《ぎゃくすう》（あらかじめ未来を知る）なのである。

（右　第三章）

（第四章）雷《かみなり》（震）はその音で万物を動かし、風《かぜ》（巽）はその力で万物を吹き散《ち》らし、雨《あめ》（坎）は万物を潤《うるお》し、日《ひ》（離）は万物を乾《かわ》かし、艮《ごん》（山）は万物を押《お》し止《とど》め、兌《だ》（沢《さわ》）は万物を喜《よろこ》ばせ、乾《けん》（天）は万物に君臨し、坤《こん》（地）は万物を包み込むのである。

（右　第四章）

（第五章）上帝《じょうてい》（天地の支配者）は震《しん》の時に万物を生み出し、巽《そん》の時に万物の形が整《ととの》い、離《り》の時に万物は互いに形を見せ合い、坤《こん》の時に養《やしな》いの仕事をして、兌《だ》の時に万物の成熟を喜び、乾《けん》の時に戦《たたか》い、坎《かん》の時に休息し、艮《ごん》の時に完成する。万物は、震《しん》の時から生れ出るが、震は東方（春）を示《しめ》す。巽《そん》の時から形を整《ととの》えるが、巽は東南（春から夏）を示している。整《ととの》うというのは万物の芽吹《めぶ》くことを示す。離《り》は明《あき》らかなことで、万物は皆《みな》互いに姿を見せ、南方（夏）を示している。聖人（最高の人格者）が南に向って坐《ざ》して天下の政治を行《おこ》ない、明るい南に向って世の中を治めるのは、多分《たぶん》、離卦《りか》に基《もと》づいているのであろう。坤《こん》とは大地のことである。万物は皆《みな》坤が養《やしな》い育《そだ》てる。だから物を育てる仕事を坤にさせるのである。兌《だ》は正《まさ》しく秋の時期を示している。万物が成熟《せいじゅく》を喜ぶ時である。だから兌《だ》の時を万物が喜ぶと言うのである。乾《けん》の時期に戦《たたか》うというのは、乾は西北（秋から冬）を示す卦《か》なのである。陰の気と陽の気が互いに迫って来るのを戦うと言ったのである。坎《かん》は水を示していて、正《まさ》しく北を示す卦《か》である。休息を示す卦である。万物が休息する場所に帰って行くのである。だから坎《かん》は休息すると言うのである。艮《ごん》は東北（冬から春）を示している。万物の終りになることで、再び始まることを示しているのである。だから艮《ごん》の時期に万物が完成すると言っている。

（右　第五章）

（第六章）神《しん》（上帝の霊的な働き）とは万物（あらゆる物）に不思議な働きをするものを言うのである。万物を始動《しどう》させるものは雷《かみなり》より速《はや》く動かすものは無い。万物をたわめ曲《ま》げるものは風《かぜ》より速くたわめるものは無く、万物を乾燥《かんそう》させるものは火《ひ》よりも乾《かわ》かせるものは無く、万物を喜ばせるものは沢《さわ》（池《いけ》や沼《ぬま》）より喜ばせるものは無く、万物を潤《うる》おす（水分を与える）ものは水よりも潤《うる》おすものは無く、万物の仕事が終ると万物の仕事を始め出すものは艮《ごん》より盛んな力を持つものは無い。だから水《みず》と火《ひ》とは互いに力を及《およ》ぼし合い、雷《かみなり》と風《かぜ》とは互いに背《そむ》き合うことが無く、山《やま》と沢《さわ》とは気《き》（自然の力）を通じ合って、それから変化しながら万物を育て上げるのである。

（右　第六章）

（第七章）乾《けん》（卦《か》の示す働き）は健《すこや》かなことである。坤《こん》は順《したが》うことである。震《しん》は動くことである。巽《そん》は入《はい》ることである。坎《かん》は陥《おちい》ることである。離《り》は麗《つ》く（附く）ことである。艮《ごん》は止《と》まることである。兌《だ》は喜ぶことである。

（右　第七章）

（第八章）乾《けん》は馬《うま》に譬《たと》えられ、坤《こん》は牛《うし》に譬えられ、震《しん》は龍《りゅう》に譬えられ、巽《そん》は鶏《にわとり》に譬えられ、坎《かん》は豚《ぶた》に譬えられ、離《り》は雉《きじ》に譬えられ、艮《ごん》は犬《いぬ》に譬えられ、兌《だ》は羊《ひつじ》に譬えられる。

（右　第八章）

（第九章）乾《けん》は首《くび》に譬《たと》えられ、坤《こん》は腹《はら》に譬えられ、震《しん》は足《あし》に譬えられ、巽《そん》は股《また》に譬えられ、坎《かん》は耳《みみ》に譬えられ、離《り》は目《め》に譬えられ、艮《ごん》は手《て》に譬えられ、兌《だ》は口《くち》に譬えられる。

（右　第九章）

（第十章）乾《けん》は天《てん》に譬《たと》えられる。だから父《ちち》と呼ばれる。坤《こん》は地《ち》に譬えられる。だから母《はは》と呼ばれる。震《しん》は（乾と坤とが）一度求め合って生れた男の子で、だから長男《ちょうなん》と呼ばれる。巽《そん》は（乾と坤とが）一度求め合って生れた女の子で、だから長女《ちょうじょ》と呼ばれる。坎《かん》は再び求め合って生れた男の子で、だから中男《ちゅうなん》（次男《じなん》）と呼ばれる。離《り》は再び求め合って生れた女の子で、だから中女《ちゅうじょ》（次女《じじょ》）と呼ばれる。艮《ごん》は三度求め合って生れた男の子で、だから少男《しょうなん》（三男）と呼ばれる。兌《だ》は三度求め合って生れた女の子で、だから少女《しょうじょ》（三女）と呼ばれる。

（右　第十章）

（第十一章）乾《けん》は譬《たと》えれば天《てん》であり、円《まる》く充実しており、君主《くんしゅ》であり、父《ちち》であり、玉《ぎょく》（宝石）であり、金《きん》であり、寒気《かんき》であり、氷《こおり》であり、非常に赤い色であり、良《い》い馬であり、年老《お》いた馬であり、瘠《やせ》た馬（力が強い馬）であり、駁馬《はくば》（まだらな毛並《けな》みの馬）であり、木《き》の果《み》である。坤《こん》は譬《たと》えれば大地であり、母《はは》であり、布《ぬの》であり、釜《かま》（物を煮《に》る道具）であり、吝《けち》で物惜《ものお》しみであり、均《ひと》しい気持ちであり、子連《づ》れの母牛《ははうし》であり、大きい車《くるま》であり、文《あや》（美しい模様）であり、衆《しゅう》（人々）であり、柄《え》（器物の把手《とって》）であり、坤《こん》の大地に於《お》ける色は黒《くろ》である。震《しん》は譬《たと》えれば雷《かみなり》であり、龍《りゅう》であり、黒《くろ》と黄色《きいろ》の色であり、旉《はなぶさ》（春の花々）であり、大きい道路であり、長男《ちょうなん》であり、思い切り騒《さわ》ぐことであり、蒼筤竹《そうろうちく》（青い若竹《わかたけ》）であり、萑葦《かんい》（荻《おぎ》や蘆《あし》）であり、馬《うま》ならば良《よ》く嘶《いなな》くことであり、馵足《かけあし》（左の後脚《あとあし》の白い馬）であり、足《あし》を作《おこ》す（馬が両脚を揃《そろ》えて上げる）ことであり、的顙《てきそう》（額《ひたい》に白い毛が有る馬）であり、また耕作《こうさく》ならば反生《ひっち》（穭《ひつじ》、刈った後《あと》に生《は》えて来る稲）のことであり、震《しん》の働きが究《きわ》まれば健《すこ》やかであり草木が繁茂《はんも》し色美しいことである。巽《そん》は譬《たと》えれば木《き》であり、風《かぜ》であり、長女《ちょうじょ》であり、墨縄《すみなわ》で真《ま》っ直《す》ぐに測《はか》ることであり、大工《だいく》であり、白い色であり、長《なが》いことであり、高いことであり、進《すす》んだり退《しりぞ》いたりすることであり、物事を完成しないことであり、においのことであり、人の場合ならば髪《かみ》が少ないことであり、広《ひろ》い額《ひたい》であるとし、白目《しろめ》が多いことであり、利益をむさぼって商売で三倍もの利益を手に入れることであり、その究《きわ》まりを慌《あわただ》しい卦《か》であるとする。坎《かん》を譬《たと》えれば水《みず》であり、溝《みぞ》であり、隠《かく》れて流れる水（地下水）であり、真《ま》っ直《す》ぐにしたり曲《ま》げたりすることであり、弓《ゆみ》や車輪《しゃりん》の如きものである。また人の場合では心配事が増《ま》すことであり、心の病気であるとし、耳《みみ》の痛《いた》みであり、血《ち》を意味する卦《か》であり、赤い色であるとする。また馬の場合には美しい背中《せなか》であり、心がはやる馬であり、頭を垂れている馬であり、蹄《ひずめ》が薄く減《へ》っていることであり、力無《ちからな》く脚《あし》を曳《ひ》きずる馬である。また乗り物の場合には眚《わざわい》（災難）が多いことであり、滞《とどこお》りなく流れることであり、水の精《せい》である月《つき》のことであり、盗人《ぬすびと》のことである。また木《き》の場合には堅《かた》くて心《しん》が多いことである。離《り》を譬《たと》えれば火《ひ》であり、日《ひ》（太陽）であり、稲妻《いなずま》であり、中女《ちゅうじょ》（次女）であり、甲冑《かっちゅう》（鎧兜《よろいかぶと》）であり、戈兵《かへい》（武器）である。また人の場合には大きい腹部《ふくぶ》であり、乾くことを意味する卦《か》であり、鼈《べつ》（すっぽん）であり、蟹《かに》であり、蠃《ら》（たにし）であり、蚌《ぼう》（はまぐり）であり、亀《かめ》である。また木《き》の場合では科《うつろ》（内部が空《から》）であり枯《か》れているとする。艮《ごん》を譬《たと》えれば山《やま》であり、小道《こみち》であり、小石《こいし》であり、大きな門《もん》であり、果蓏《から》（木の実《み》や草の実《み》）であり、閽《こん》（門番《もんばん》）・寺《じ》（宮中の番人《ばんにん》）であり、指《ゆび》であり、犬《いぬ》であり、鼠《ねずみ》であり、黒い喙《くちばし》の鳥類《ちょうるい》である。また木の場合では堅《かた》くて節《ふし》が多い木である。兌《だ》を譬《たと》えれば沢《さわ》であり、少女《しょうじょ》（末娘《すえむすめ》）であり、巫《ふ》（神に仕えるみこ）であり、人を喜ばせる言葉であり、木や草が折れたりすることであり、枝に附いた実《み》が落ちたりすることである。また大地の場合ならば強く塩辛《しおから》い土地であり、妾《しょう》（側室《そくしつ》）であり、羊《ひつじ》である。

（右　第十一章）

説卦伝《せっかでん》　終

序卦伝《じょかでん》（各卦の順序の説明）

天と地と（乾《けん》と坤《こん》）が有って、それから後《のち》に万物《ばんぶつ》（あらゆるもの）が生《うま》れている。天と地との間《あいだ》に充満《じゅうまん》しているものは唯《ただ》万物のみである。だから此れを受けて屯《ちゅん》が置かれる。屯《ちゅん》は満《み》つるということである。物が始めて生れることである。物が生れた時は必ず暗くぼんやりしている。だから此れを受けて蒙《もう》（暗い）が置かれる。蒙《もう》は暗いということである。物がまだ幼稚《ようち》なことである。物がまだ幼稚である時は養《やしな》い育《そだ》てなければならない。だから此れを受けて需《じゅ》が置かれる。需《じゅ》は飲み食いの方法である。飲食すると争いが起って訴訟《そしょう》になることが有る。だから此れを受けて訟《しょう》（うったえ）が置かれる。争い事（訟《しょう》）は必ず多数の人々が対立することが有る。だから此れを受けて師《し》が置かれる。師《し》は多数の人々の意味である。多数の人々では必ず親《した》しい人が出来る。だから此れを受けて比《ひ》が置かれる。比《ひ》は親《した》しくするという意味である。親しみ合えば必ず物の蓄《たくわ》えが出来る。だから此れを受けて小畜《しょうちく》が置かれる。物を畜《た》めてそれから後《のち》に礼儀《れいぎ》が生《うま》れる。だから此れを受けて履《り》が置かれる。礼《れい》を履行《りこう》して心ゆたかになり、それから後《のち》に心が安《やす》らかになる。だから此れを受けて泰《たい》が置かれる。泰は物事が滞《とどこお》りなく行《おこ》なわれる事である。物事は滞りなく行《おこ》なわれることだけに終ってはならない。だから此れを受けて否《ひ》（ふさがる）が置かれる。物事は滞《とどこお》っていてはならない。だから此れを受けて同人《どうじん》（仲間《なかま》に成《な》る）が置かれる。人と協調《きょうちょう》する者には物が必ず集《あつま》って来る。だから此れを受けて大有《たいゆう》が置かれる。物を多大に所有する者は傲慢《ごうまん》になってはならない。だから此れを受けて謙《けん》が置かれる。物を多大に所有していても謙遜《けんそん》（控《ひか》え目《め》）であるならば必ず喜び楽しむことが出来《でき》る。だから此れを受けて豫《よ》（たのしみ）が置かれる。楽しい人には必ず随《したが》って来る者が有る。だから此れを受けて随《ずい》（したがう）が置かれる。喜んで人に随《したが》う者には必ず仕事が発生する。だから此れを受けて蠱《こ》（事《こと》）が置かれる。蠱《こ》は事柄《ことがら》という意味である。仕事が有って努力した後は成果《せいか》が大きいであろう。だから此れを受けて臨《りん》（見下《みおろ》す）が置かれる。臨《りん》は大きいという意味である。物は大《おお》きければ見上《みあ》げられる。だから此れを受けて観《かん》（見上げる）が置かれる。見上げるようになった後《のち》には人々が集合《しゅうごう》して来る。だから此れを受けて噬嗑《ぜいこう》（噛み合う）が置かれる。嗑《こう》は合《あ》うという意味である。物事は仮《かり》にも合同した切《き》りで終ってはならない。だから此れを受けて賁《ひ》が置かれる。賁《ひ》は飾《かざ》りという意味である。飾りが出来て後《のち》にその侭《まま》にしていると飾りの値打《ねうち》が無くなってしまう。だから此れを受けて剝《はく》が置かれる。剝《はく》は削《けず》るという意味である。物事は尽《つ》きれば終るというものではない。削《けず》って上《うえ》まで行き詰《づま》ると下《した》に返《かえ》るのである。だから此れを受けて復《ふく》（繰《く》り返《かえ》す）が置かれる。本来の善《ぜん》に立ち返れば道理《どうり》に外《はず》れることは無い。だから此れを受けて无妄《むぼう》（偽《いつわ》りが無い）が置かれる。无妄《むぼう》であれば後《のち》に徳《とく》（人格）を身に畜《たくわ》えられよう。だから此れを受けて大畜《たいちく》が置かれる。徳が身に蓄《たくわ》えられて後《のち》に人を養《やしな》い育てることが出来《でき》る。だから此れを受けて頤《い》が置かれる。頤《い》は養《やしな》うという意味である。養《やしな》わなければ行動は出来ない。だから此れを受けて大過《たいか》（他人よりも大きい仕事）が置かれる。物事は他人よりも大きい仕事をしただけに終ってはならない。だから此れを受けて坎《かん》が置かれる。坎《かん》は陥《おちい》るという意味である。坎《かん》は必ず他人の力を借りて困難から脱出《だつしゅつ》しなければならない。だから此れを受けて離《り》が置かれる。離《り》は物に附《つ》くという意味である。

右　上篇

天と地（乾《けん》と坤《こん》）が有ってそれから後《のち》に万物《ばんぶつ》（あらゆるもの）が存在《そんざい》している。万物が有ってそれから後《のち》に男《おとこ》と女《おんな》とが生《うま》れた。男と女とが有ってそれから後《のち》に夫婦《ふうふ》が出来《でき》た。夫婦が有ってそれから後《のち》に父子《ふし》（親子《おやこ》）が出来た。父子《ふし》が有ってそれから後に君主《くんしゅ》と家臣《かしん》（けらい）とが出来《でき》た。君臣《くんしん》が有ってそれから後《のち》に身分《みぶん》の上下《じょうげ》関係が生れた。上下関係が有ってそれから後《のち》に礼儀が置《お》かれた。夫婦の関係は久しくなければならない。だから此れを受けて恒《こう》（常に変らないこと）が置かれた。恒《こう》は久《ひさ》しいという意味である。物事は久しくその状態でいられない。だから此れを受けて遯《とん》（のがれる）が置かれた。遯《とん》は退《しりぞ》くという意味である。物事は逃《に》げて終《おわ》ってはならない。だから此れを受けて大壮《たいそう》（強《つよ》く盛《さか》ん）が置かれた。物事は盛んである時に終ってはならない。だから此れを受けて晋《しん》が置かれた。晋《しん》は進《すす》むという意味である。進んで行けば必ず傷《きず》つくことが有る。だから此れを受けて明夷《めいい》が置かれた。夷《い》は傷《きず》つくという意味である。外《そと》で傷《きず》ついた者は必ず自分の家に帰る。だから此れを受けて家人《かじん》（家族）が置かれた。家庭内の関係が行き詰れば必ず反目《はんもく》し合《あ》う。だから此れを受けて睽《けい》が置かれた。睽《けい》は乖《そむ》く（反目《はんもく》し合《あ》う）という意味である。乖《そむ》けば必ず悩《なや》みが生《しょう》ずる。だから此れを受けて蹇《けん》が置かれた。蹇《けん》は悩《なや》みという意味である。物事は悩《なや》むことだけで終ってはならない。だから此れを受けて解《かい》が置かれた。解《かい》は緩《ゆる》やか（ゆるい）という意味である。緩《ゆる》ければ必ず油断《ゆだん》して失敗することが有る。だから此れを受けて損《そん》が置かれた。損《そん》ばかりが続いていると必ず利益が得られるようになる。だから此れを受けて益《えき》が置かれた。ふえ続けて（益《ま》して）止《と》まらなければ溢《あふ》れてしまう。だから此れを受けて夬《かい》が置かれた。夬《かい》は決《けつ》（堤《つつみ》がこわれて水が溢《あふ》れ出す）という意味である。決すれば必ずぶつかり合う所が有る。だから此れを受けて姤《こう》が置かれた。姤《こう》は行《ゆ》き遇《あ》うという意味である。物事は互いに行《ゆ》き遇《あ》うことが有って後に集る様《よう》になる。だから此れを受けて萃《すい》が置かれた。萃《すい》は集まるという意味である。集って意気が盛んに上昇《じょうしょう》すれば、此れを升《しょう》（のぼる）と言う。だから此れを受けて升《しょう》が置かれた。上昇するばかりで止《とま》らなければ必ず苦《くる》しいことになる。だから此れを受けて困《こん》（くるしむ）が置かれた。上《うえ》に昇《のぼ》って苦しくなった者は必ず下《した》に引き返す。だから此れを受けて井《せい》（井戸）が置かれた。井戸《いど》水《みず》は時々濁《にご》りを除いて清《きよ》らかにしなければならない。だから此れを受けて革《かく》（改める）が置かれた。物を清潔に改めるものは鼎《かなえ》（物を煮る道具）に及ぶものは無い。だから此れを受けて鼎《てい》が置かれた。鼎《かなえ》という器《うつわ》（道具）を主《おも》に扱う者として長男に及ぶ者は無い。だから此れを受けて震《しん》（長男の象徴《しょうちょう》）が置かれた。震《しん》は動《うご》くという意味である。物は動くだけに終ってはならない。それを止《と》めることだ。だから此れを受けて艮《ごん》が置かれた。艮《ごん》は止《と》まるという意味である。物は止《と》まったままで終ってはならない。だから此れを受けて漸《ぜん》（少しずつ）が置かれた。漸《ぜん》は少しずつ進んで行くことである。進んで行けば必ず行《ゆ》き着《つ》く所が有る。だから此れを受けて帰妹《きまい》（嫁《よめ》に行く若い女性）が置かれた。女性が結婚して夫《おっと》の家に落ち着くことが出来ると必ず大きな富《とみ》が得られる。だから此れを受けて豊《ほう》が置かれた。豊《ほう》は盛大《せいだい》という意味である。盛大なことを極《きわ》めた者は必ず居所《いどころ》を失うほど衰《おとろ》えてしまう。だから此れを受けて旅《りょ》（旅行）が置かれた。旅行していて異郷に身を容《い》れる（泊《とま》る）所が無い。だから此れを受けて巽《そん》（素直《すなお》さ）が置かれた。巽《そん》は入《はい》る（泊る）という意味である。入《はい》ってから（泊れたので）喜ぶ。だから此れを受けて兌《だ》が置かれた。兌《だ》は喜ぶという意味である。喜んだその後《あと》で嬉しい気持を発散《はっさん》する。だから此れを受けて渙《かん》が置かれた。渙《かん》は離れる（発散する）という意味である。物事は発散するだけに終ってはならない。だから此れを受けて節《せつ》（程良《ほどよ》さ）が置かれた。節度《せつど》の有る行動は信頼される。だから此れを受けて中孚《ちゅうふ》（まこと）が置かれた。誠実な心が有る者は必ず実行する。だから此れを受けて小過《しょうか》（少しばかりやり過《す》ぎる）

が置かれた。何か人より過ぎたことが有る者は必ず物事を完成する。だから此れを受けて既済《きせい》（完成したこと）が置かれた。物事は行き詰ってしまうことは無い。だから此れを受けて未済《びせい》（まだ完成しないこと）が置かれた。以上で易経の一通《ひととお》りの説明を終る。

右　下篇

序卦伝《じょかでん》　終

雑卦伝《ざつかでん》（二つの卦を対照させた説明）

乾《けん》は剛《つよ》く、坤《こん》は柔《やわら》かで、比《ひ》は楽《たの》しみ、師《し》は心配し、臨《りん》と観《かん》の意味は一方は与え一方は求めている。屯《ちゅん》は現《あらわ》れてその居るべき場所を失わず、蒙《もう》は他と雑《まじ》って著《あらわ》れている。震《しん》は動き始めているし艮《ごん》は動かずに止《とま》っている。損《そん》と益《えき》とは盛《さか》んになったり衰《おとろ》えて行く始まりである。大畜《たいちく》は好機《こうき》を得ており、无妄《むぼう》は災《わざわ》いに遭遇《そうぐう》する。萃《すい》は人が集って来るが、升《しょう》は人が来ない。謙《けん》は控《ひか》え目《め》にして軽く振《ふ》る舞《ま》うが、豫《よ》は慎しみ深い行動を怠《おこた》ってしまう。噬嗑《ぜいこう》は物を食べる。賁《ひ》は身を飾る衣服の色が無い。兌《だ》は外《そと》に現《あらわ》れ巽《そん》は内《うち》に隠《かく》れている。随《ずい》は定まった考えが無い。蠱《こ》は破れた所を繕《つくろ》いととのえる。剝《はく》は熟《う》れ切《き》った果実《かじつ》が落ちることである。復《ふく》は地に落ちた種子《たね》が芽《め》を出すことである。晋《しん》は昼間《ひるま》である。明夷《めいい》は光の誅《ちゅう》（滅び）で夜《よる》のことである。井《せい》は物事が滞《とどこお》りなく進んで行く、困《こん》は行き当って物事が進まないことである。咸《かん》は速《すみや》かである。恒《こう》はいつ迄も変らない。渙《かん》は離《はな》れて行くことである。節《せつ》は止《とま》っていることである。解《かい》は緩《ゆる》やかに物事が進行する。蹇《けん》は困難が有って進めない。睽《けい》は外《そと》に斥《しりぞ》ける。家人《かじん》は家族として内に親しくする。否《ひ》と泰《たい》とは、ふさがっていることと、通《つう》じていること。大壮《たいそう》は止《と》まっており、遯《とん》は退《しりぞ》いている。大有《たいゆう》は多いということである。同人《どうじん》は親しいという意味である。革《かく》は古い事を取り去るのである。鼎《てい》は新しい事に取りかかるのである。小過《しょうか》は過ぎて行くのである。中孚《ちゅうふ》は誠実《せいじつ》である。豊《ほう》は物が多いことで、だから親しみが少いのは旅《りょ》である。離《り》は炎《ほのお》が上《あが》って行き、坎《かん》は水が下へと流れることである。小畜《しょうちく》は力が少なく、履《り》は安定しないことである。需《じゅ》は進まないこと、訟《しょう》は親《した》しまないことである。大過《たいか》は倒《たお》れることである。姤《こう》は行《ゆ》き遇《あ》うことである。柔《じゅう》が剛《ごう》に行き遇《あ》った形である。漸《ぜん》は女性が結婚することで、相手《あいて》の男性の申《もう》し出《で》を待って結婚するのである。頤《い》は身体《からだ》を丈夫にすることが正しく行《おこ》なわれている。既済《きせい》は物事が完成して安定していることである。帰《き》妹《まい》は女性が結婚して落ち着くことである。未済《びせい》は男性としては此れ以上のことは無い。夬《かい》は物事が決定することである。剛《ごう》（陽）が柔《じゅう》（陰）を決《き》める形である。従って君子《くんし》（人格者）の行動は盛《さか》んとなり、小人《しょうじん》（人格の低い人物）の行動は衰《おとろ》えて行くのである。

雑卦伝《ざっかでん》　終

第二部　訓読『易経』

日本の学者は漢文（中国古文）を日本語の語法に従って読む方法を発明しました。訓読は学者の学説に従って読みますから、同じ漢文の訓読にも多少の差異は有ります。

ここに『易経《えききよう》』の訓読を掲げましたが、江戸時代に刊行された板本《はんぽん》の訓読に従いました。この板本は私（田中）所蔵のものですが、延宝三年乙卯春三月壽文堂刊行ということ以外、訓点を施した学者が誰なのか分りません。何人かの所蔵の手を経て私が購入した時には、本の綴じ糸が切れて本が分解していました。題簽に「易経本義　序例」と有るのが辛《かろ》うじて読める程度のものでした。延宝三年は西暦一六七五年ですが、この本の訓点を施した学者は山崎闇斎ではないかと想像しています。この訓読は、漢語を日本語読みにしている場合がかなり見受けられます。ここに採録するに当っては成る可く板本の訓《よ》みや返り点に従いました。原本に句読《くとう》点は有りません。ただ文末の「也《なり》」は私が訓みを省略した場合が有ります。

吉凶悔吝《きつきようかいりん》の吝は、リンと音読する訓読が多いのですが、この板本では「吝サシ」となっていて、どう読んだものか分りません。私は古語の「やさし」（恥ずかしい）ではないかと考えたのですが、疋田《ひきた》啓佑先生に御相談しましたが、それでいいのではないか、ということで「やさし」と訓《よ》んでおります。或《あるい》は後日訂正するかも知れません。

本書の第一部の訳文は、原則的にこの板本の訓読に従っております。

田中佩刀　識す

〔付記〕各条項の冒頭にある数字は、検索の便宜のためのもので、原本には有りません。

周易《しゅうえき》　上経《じょうけい》

1

乾《けん》 ䷀ （乾為天《けんいてん》）

乾は、元《おおい》に亨《とお》る。貞《たしか》なるに利《よろ》し。
初九《しょきゅう》　潜龍《せんりよう》なり、用《もち》うること勿《なか》れ。
九二《きゅうじ》　見龍田《けんりようでん》に在《あ》り。大人《たいじん》を見《み》るに利《よろ》し。
九三　君子《くんし》　終日《しゅうじつ》　乾乾《けんけん》とし、夕《ゆうべ》まで惕若《てきじゃく》たれば厲《あやう》けれども咎无《とがな》し。
九四　或《あるい》は躍《おど》りて淵《ふち》に在《あ》り。咎无《とがな》し。
九五　飛龍天《ひりようてん》に在《あ》り。大人《たいじん》を見《み》るに利《よろ》し。
上九《じょうきゅう》　亢龍《こうりよう》なり。悔《くい》有り。
用九《ようきゅう》　群龍　首无《ぐんりようかしらな》きを見《み》る。吉《きつ》なり。

2

坤《こん》 ䷁ （坤為地《こんいち》）

坤《こん》は、元《おおい》に亨《とお》る。牝馬《ひんば》の貞《ただ》しきに利《よろ》し。君子《くんし》往《ゆ》く攸《ところ》有れば先《さき》に迷《まよ》ひ後《のち》に利《よろ》しきに主《しゅ》を得《え》て、西南には朋《とも》を得《え》、東北には朋《とも》を喪《うしな》ふ。貞《ただ》しきに安《やす》んずれば吉《きつ》なり。

初六《しょりく》　霜《しも》を履《ふ》みて堅《かた》き冰《こおり》至《いた》らん。

六二《りくじ》　直《なお》く方《かた》にして大《おおい》なり。習《なら》はずして利《よろ》しからざること无《な》し。

六三　章《しょう》を含《ふく》む貞《ただ》しくすべし。或《あるい》は王事《おうじ》に従《したが》へば、成《な》すこと无《な》けれども終り有り。

六四　嚢《ふくろ》を括《くく》る。咎《とが》も无《な》く誉《ほまれ》も无《な》し。

六五　黄《き》の裳《しょう》せり。元吉《げんきつ》なり。

上六《じょうりく》　龍《りょう》、野《や》に戦《たたか》ひ、其《そ》の血《ち》、玄《くろ》く黄《き》なり。

用六《ようりく》　永《なが》く貞《たし》かなるに利《よろ》し。

3　屯《ちゅん》　䷂（水雷屯《すいらいちゅん》）

屯は、元《おおい》に亨《とお》る。貞《ただ》しきに利《よろ》し。往《ゆ》く攸《ところ》有るに用《もちう》ること勿《なか》れ。侯《きみ》を建《たつ》るに利《よろ》し。

初九《しょきゅう》　磐桓《ばんかん》たり。貞《ただ》しきに居《お》るに利《よろ》し。建《た》てて侯《きみ》とするに利《よろ》し。

六二《りくじ》　屯如《ちゅんじょ》たり邅如《てんじょ》たり馬に乗りて班如《はんじょ》たり。寇《あだ》するに匪《あら》ず。婚媾《こんこう》せんとなり。女子貞《ただ》しうして字《あざな》せず。十年にして乃《すなわ》ち字《あざな》す。
六三　鹿《しか》に即《つ》いて虞《かりうど》无《な》く惟《ただ》林中《りんちゅう》に入《い》る。君子《くんし》幾《き》をみて舎《すつ》るに如《し》かず。往《ゆ》けば吝《や》さし。
六四　馬に乗りて班如《はんじょ》たり。婚媾《こんこう》を求めて往《ゆ》けば吉《きつ》にして利《よろ》しからざること无《な》し。
九五《きゅうご》　其の膏《こう》を屯《ちゅん》す。小なるには貞《ただ》しうして吉《きつ》なり。大《だい》なるには貞《ただ》しけれども凶《きょう》なり。
上六《じょうりく》　馬に乗りて班如《はんじょ》たり。泣血漣如《きゅうけつれんじょ》たり。

4　蒙《もう》䷃（山水蒙《さんすいもう》）

蒙《もう》は、亨《とお》る。我《わ》れ童蒙《どうもう》に求《もと》むるに匪《あら》ず。童蒙《どうもう》我れに求む。初筮《しょぜい》すれば告《つ》ぐ。再三《さいさん》すれば瀆《けが》す。瀆すれば則《すなわ》ち告げず。貞《ただ》しきに利《よろ》し。
初六《しょりく》　蒙《もう》を発《ひら》く。用《も》つて人を刑《つみな》ふ、用《も》つて桎梏《しつこく》を説《ぬ》くに利《よろ》し。以《もつ》て往《ゆ》けば吝《や》さしからん。
九二《きゅうじ》　蒙《くら》きを包《か》ぬ、吉《きつ》なり。婦《ふ》を納《い》る、吉《きつ》なり。子家《こいえ》を克《よ》くす。
六三《りくさん》　女《じょ》を取《めと》るに用《もち》ふること勿《なか》れ。金夫《きんぷ》を見て、躬《み》を有《たも》たず。利《よろ》しき攸《ところ》无《な》し。
六四《りくし》　蒙《くら》きに困《くる》しむ。吝《や》さし。
六五《りくご》　童蒙《どうもう》なり。吉《きつ》なり。

上九《じょうきゅう》　蒙《くら》きを撃《う》つ。寇《あた》を為《な》すに利《よろ》しからず。寇《あた》を禦《ふせ》ぐに利《よろ》し。

5

需《じゅ》䷄（水天需《すいてんじゅ》）

需《じゅ》は、孚《まこと》有れば、光《おおい》に亨《とお》る。貞《ただ》しくして吉《きつ》にして大川《たいせん》を渉《わた》るに利《よろ》し。

初九《しょきゅう》　郊《こう》に需《ま》つ。用《も》つて恒《つね》なるに利《よろ》し。咎《とが》无《な》し。

九二《きゅうじ》　沙《すな》に需《ま》つ。小《すこ》しく言《ものいい》有り。終《つい》に吉《きつ》なり。

九三　泥《どろ》に需《ま》つ。寇《あだ》の至《いた》ることを致《いた》す。

六四《りくし》　血《ち》に需《ま》つ。穴《あな》より出《い》づ。

九五　酒食《しゅし》に需《ま》つ。貞《たし》かなれば吉《きつ》なり。

上六《じょうりく》　穴《あな》に入《い》る。速《まね》かざるの客三人来《きた》ること有り。之《これ》を敬《うやま》はんには終《つい》に吉《きつ》なり。

6

訟《しょう》䷅（天水訟《てんすいしょう》）

訟《しょう》は、孚《まこと》有りて窒《ふさ》がる。惕《おそ》れて中《ちゅう》すれば吉《きつ》なり。終《お》ふれば凶《きょう》なり。大人《たいじん》を見《み》るに利《よろ》し。大川《たいせん》を渉《わた》るに利《よろ》しからず。

初六《しょりく》　事《こと》とする所を永《なが》くせざれば、小《すこ》しく言《ものい》ひ有り、終《つい》に吉《きつ》なり。

九二《きゅうじ》　訟《しょう》を克《よ》くせず。帰《かえ》りて逋《のが》る。其の邑人《ゆうじん》三百戸《こ》にして、眚《わざわ》ひ无《な》し。

六三《りくさん》　旧徳《きゅうとく》を食《しょく》として貞《ただ》しければ厲《あや》ふけれども終《つい》に吉《きつ》なり。或《あるい》は王事《おうじ》に従《したが》へば成《な》すこと无《な》し。

九四　訟《うった》へを克《よ》くせず。復《かえ》つて命《めい》に即《つ》き渝《か》へて、貞《ただ》しきに安《やす》んずれば吉《きつ》なり。

九五　訟《うった》へ元吉《げんきつ》なり。

上九《じょうきゅう》　或《あるい》は之《これ》に鞶帯《はんたい》を錫《たま》ふ。朝《ちょう》を終《おわ》るまでに三《み》たび之《これ》を褫《うば》ふ。

7　師《し》䷆（地水師《ちすいし》）

師は、貞《ただ》しくして丈人《じょうじん》なれば、吉《きつ》にして咎无《とがな》し。

初六《しょりく》　師《いくさ》出《いだ》すに律《りつ》を以《もつ》てす。否臧《ひぞう》なれば凶《きょう》なり。

九二《きゅうじ》　師《いくさ》に在《あ》りて中《ちゅう》なり。吉《きつ》にして咎无《とがな》し。王《おう》、三《み》たび命《めい》を錫《たま》ふ。

六三《りくさん》　師《いくさ》、或《あるい》は尸《しかばね》を輿《にな》ふ。凶《きょう》なり。

六四《りくし》　師《いくさ》、次《やどり》を左《しりぞ》く。咎无《とがな》し。

六五《りくご》　田《かり》に禽《きん》有り。執言《しつげん》に利《よろ》し。咎《とが》无《な》しと。長子《ちょうし》をして師《いくさ》を帥《ひき》いしめて弟子《ていし》にもせしむれば尸《しかばね》を輿《にな》ふ。貞《ただ》しけれども凶《きょう》なり。

上六《じょうりく》　大君《たいくん》、命《めい》有りて国《くに》を開《ひら》き家《いえ》を承《う》く。小人《しょうじん》は用《もちう》ること勿《なか》れ。

8　比《ひ》䷇（水地比《すいちひ》）

比《ひ》は、吉《きつ》なり。原《ふた》たび筮《ぜい》し元《よ》く永《なが》く貞《さだ》かにして咎《とが》无《な》し。寧《やす》からざるも方《まさ》に来《きた》る。後《おく》れたる夫《おのこ》は凶《きょう》なり。

初六《しょりく》　孚《まこと》有りて之《これ》に比《ひ》せば咎《とが》无《な》けん。孚《まこと》有りて缶《ほとぎ》に盈《み》てば終《つい》に来《きた》りて他《た》の吉《きつ》有《あ》らん。

六二《りくじ》　之《これ》に比《ひ》すること内《うち》よりす。貞《ただ》しくして吉《きつ》なり。

六三《りくさん》　之《これ》に比《ひ》すること人《ひと》に匪《あら》ず。

六四《りくし》　外《そと》、之《これ》に比す。貞《ただ》しくして吉《きつ》なり。

九五《きゅうご》　比《ひ》を顕《あらわ》にす。王《おう》、三駆《さんく》を用《もち》ひ前禽《ぜんきん》を失《うしな》へり。邑人《ゆうじん》も誡《いまし》めず、吉《きつ》なり。

上六《じょうりく》　之《これ》に比《ひ》すること首《かしら》无《な》し。凶《きょう》なり。

9　小畜《しょうちく》䷈　（風天小畜《ふうてんしょうちく》）

小畜《しょうちく》は、亨《とお》る。密雲《みつうん》して雨《あめふ》らず。我《わ》が西郊《せいこう》よりす。

初九《しょきゅう》　復《かえ》ること道よりす。何《なん》ぞ其れ咎《とが》あらん。吉《きつ》なり。

九二《きゅうじ》　牽《ひか》れて復《かえ》る。吉《きつ》なり。

九三　輿《くるま》、輻《ふく》を説《ぬ》く。夫妻《ふさい》、目《め》を反《そば》む。

六四《りくし》　孚《まこと》有りて血《うれえ》去《さ》り惕《おそ》れ出《い》づ。咎无《とがな》し。

九五　孚《まこと》有りて攣如《れんじょ》たり。富《と》みて其《そ》の隣《となり》を以《ひき》ゆ。

上九《じょうきゅう》　既《すで》に雨《あめふ》り既《すで》に処《お》る。徳《とく》の載《みて》ることを尚《たっと》ぶ。婦貞《ふただ》しけれども厲《あやう》し。月望《つきぼう》に幾《ちか》し。君子《くんし》征《ゆ》けば凶《きょう》なり。

10　履《り》䷉　（天沢履《てんたくり》）

虎《とら》の尾《お》を履《ふ》むも、人《ひと》を咥《くら》はず。亨《とお》る。

初九《しょきゅう》　素《つね》より履《ふ》む。往《ゆ》きて咎无《とがな》し。

九二《きゅうじ》　道《みち》を履《ふ》みて坦坦《たんたん》たり。幽人貞《ゆうじんただ》しくして吉《きつ》なり。

六三《りくさん》　眇《すがめ》能《よ》く視《み》、跛《あしなえ》能《よ》く履《ふ》む。虎《とら》の尾《お》を履《ふ》む。人《ひと》を咥《くら》ふ、凶《きょう》なり。武人《ぶじん》、大君を為《す》るなり。

九四　虎《とら》の尾《お》を履《ふ》む、愬愬《さくさく》として終《つい》に吉《きつ》なり。

九五　履《ふ》むことを夬《さだ》む。貞《ただ》しけれども厲《あやう》し。

上九《じょうきゅう》　履《ふ》むことを視《み》て祥《しょう》を考《かんが》へ、其《そ》れ旋《めぐ》れば元吉《げんきつ》なり。

11　泰《たい》 ䷊ （地天泰《ちてんたい》）

泰《たい》は、小往《しょうゆ》き大来《だいきた》る。吉《きつ》にして亨《とお》る。

初九《しょきゅう》　茅《ちがや》を抜《ぬ》いて茹《じょ》たり。其《そ》の彙《たぐい》を以《もっ》てす。征《ゆ》きて吉《きつ》なり。

九二《きゅうじ》　荒《こう》を包《つつ》みて馮河《ひょうが》を用《もち》ひ遐《とお》きを遺《わす》れずして、朋《とも》亡《うしな》ふれば中行《ちゅうこう》に尚《かな》ふことを得《う》。

九三　平《たいら》かにして陂《かたむ》かざること无《な》し。往《ゆ》きて復《かえ》らざること无《な》し。艱《なや》んで貞《ただ》しければ咎无《とがな》し。其の孚《まこと》を恤《うれ》ふること勿《なか》れ。食《しょく》に于《おい》て福《さいわい》有《あ》り。

六四《りくし》　翩翩《へんぺん》たり。富《と》まずして其の隣《となり》を以《ひき》ゆ、戒《いまし》めずして以て孚《まこと》あり。

六五《りくご》　帝乙《ていいつ》、妹《いもうと》を帰《とつ》がす。以《もっ》て祉《さいわい》ありて元《おおい》に吉《きつ》なり。

上六《じょうりく》　城《しろ》、隍《ほり》に復《かえ》る。師《いくさ》を用《もち》ふること勿《なか》れ。邑《ゆう》より告命《こくめい》せよ。貞《ただ》しけれども吝《や》さし。

12　否《ひ》䷋（天地否《てんちひ》）

否《ひ》は、之れ人に匪《あらざ》る、君子《くんし》の貞《ただ》しきに利《よろ》しからず。大往《だいゆ》きて小《しょう》来《きた》る。
初六《しょりく》　茅《ちがや》を抜《ぬ》きて茹《じょ》たり。其《そ》の彙《たぐい》を以《もっ》てす。貞《ただ》しければ吉《きつ》にして亨《とお》る。
六二《りくじ》　包《つつ》み承《う》く。小人《しょうじん》は吉《きつ》なり。大人《たいじん》は否《ふさが》りて亨《とお》る。
六三《りくさん》　羞《はじ》を包《つつ》む。
九四《きゅうし》　命有《めいあ》れば咎无《とがな》し。疇《たぐい》　祉《さいわい》に離《つ》く。
九五　否《ふさ》がるを休《や》む。大人《たいじん》は吉《きつ》なり。其《そ》れ亡《ほろ》びなん、其れ亡《ほろ》びなん。苞桑《ほうそう》に繫《つな》ぐ。
上九《じょうきゅう》　否《ふさ》がるを傾《かたむ》く。先《さき》に否《ふさ》がり後《のち》に喜《よろこ》ぶ。

13　同人《どうじん》䷌（天火同人《てんかどうじん》）

同人《どうじん》は、野《や》に于《おい》てす、亨《とお》る。大川《たいせん》を渉《わた》るに利《よろ》し。君子《くんし》の貞《ただ》しきに利《よろ》し。
初九《しょきゅう》　人《ひと》に同《おな》じくするに門《もん》に于《おい》てす。咎无《とがな》けん。

六二《りくじ》　人《ひと》に同《おな》じくするに宗《そう》に于《おい》てす。吝《や》さし。

九三《きゅうさん》　戎《つわもの》を莽《くさむら》に伏《ふ》せ、其《そ》の高陵《こうりょう》に升《のぼ》り、三歳《さんさい》までに興《おこ》さず。

九四　其《そ》の墉《かき》に乗《の》れども、攻《せ》むること克《あた》はず。吉《きつ》なり。

九五　人に同じくするに、先《さき》には号《おめ》き咷《さけ》んで後《のち》には笑《わら》ふ。大《おおい》に師《いくさ》して克《か》ちて相《あ》ひ遇《あ》ふ。

上九《じょうきゅう》　人に同じくするに郊《こう》に于《おい》てす。悔《くい》无《な》けん。

14　大有《たいゆう》䷍　（火天大有《かてんたいゆう》）

大有《たいゆう》は、元《おおい》にして亨《とお》る。

初九《しょきゅう》　害《がい》に交《まじわ》ること无《な》し。咎《とが》あるに匪《あら》ず。艱《なや》めば則《すなわ》ち咎无《とがな》し。

九二《きゅうじ》　大車《たいしゃ》以《もつ》て載《の》す。往《ゆ》く攸《ところ》有《あ》り。咎无《とがな》けん。

九三　公《こう》、用《も》つて天子《てんし》に亨《たてまつ》れり。小人《しょうじん》は克《あた》はず。

九四　其の彭《さかん》なるに匪《あら》ず。咎无《とがな》し。

六五《りくご》　厥《そ》の孚《まこと》と交如《こうじょ》たり、威如《いじょ》たらば、吉《きつ》ならん。

上九《じょうきゅう》　天《てん》より之《これ》を祐《たす》く。吉《きつ》にして利《よろ》しからざること无《な》し。

15 謙《けん》䷎（地山謙《ちさんけん》）

謙《けん》は、亨《とお》る。君子《くんし》終《おわ》り有り。

初六《しょりく》　謙《へりくだ》り謙《へりくだ》りたる君子《くんし》、用《もっ》て大川《たいせん》を渉《わた》る、吉《きつ》なり。

六二《りくじ》　謙《へりくだ》りたること鳴《な》る。貞《ただ》しくして吉《きつ》なり。

九三　労《ろう》して謙《へりくだ》りたる君子《くんし》、終《おわ》り有りて吉《きつ》なり。

六四《りくし》　利《よろ》しからざること无《な》し。謙《けん》たることを撝《ふる》へ。

六五《りくご》　富《と》まずして其《そ》の隣《となり》を以《ひき》ゐ、用《もっ》て侵《おか》し伐《う》つに利《よろ》しくして利《よろ》しからざること无《な》し。

上六《じょうりく》　謙《へりくだ》りたること鳴《な》る。用《もっ》て師《いくさ》を行《や》り、邑国《ゆうこく》を征《う》つに利《よろ》し。

16 豫《よ》䷏（雷地豫《らいちよ》）

豫《よ》は、侯《きみ》を建《た》て師《いくさ》を行《や》るに利《よろ》し。

初六《しょりく》　豫《たのしみ》を鳴《な》らす、凶《きょう》なり。

六二《りくじ》　石《いし》に介《かい》たり。日《ひ》を終《お》へず。貞《ただ》しくして吉《きつ》なり。

六三《りくさん》　盱《みあげ》て豫《たのし》む、悔《くい》よ。遅《おそ》ければ悔《くい》有《あ》り。
九四　由《よっ》て豫《たのし》む。大《おおい》に得《う》ること有り。疑《うたが》ふこと勿《なか》れ。朋《とも》、盍《あ》ひて簪《あつ》まらん。
六五《りくご》　貞《かた》く疾《や》めり。恒《つね》にして死せず。
上六《じょうりく》　豫《たのし》むに冥《くら》し。成《な》れども渝《かわ》ること有り。咎《とが》无《な》し。

17　随《ずい》䷐　（沢雷随《たくらいずい》）

随《ずい》は元《おおい》に亨《とお》る。貞《ただ》しきに利《よろ》しければ、咎《とが》无《な》し。
初九《しょきゅう》　官《かん》、渝《かわ》ること有り。貞《ただ》しければ吉《きつ》なり。門《もん》を出《い》でて交《まじ》はれば功《こう》有らん。
六二《りくじ》　小子《しょうし》に係《かかわ》りて、丈夫《じょうふ》を失《うしな》ふ。
六三《りくさん》　丈夫《じょうふ》に係《かかわ》りて、小子《しょうし》を失《うしな》ふ。随《したが》ひ求《もと》めて得《う》ること有《あ》り。貞《ただ》しきに居《お》るに利《よろ》し。
九四《きゅうし》　随《したが》つて獲《う》ること有《あ》り。貞《ただ》しけれども凶《きょう》なり。孚《まこと》有《あ》り、道《みち》に在《あ》りて、以《もっ》て明《あきら》かならば、何《なん》の咎《とが》かあらん。
九五　嘉《よ》きに孚《まこと》あり。吉《きつ》なり。
上六《じょうりく》　之《これ》に拘《かか》はり係《かか》はり乃《すなわ》ち従《したが》つて之《これ》を維《つな》ぐ。王《おう》、用《もっ》て西山《せいざん》に亨《まつ》れり。

18　蠱《こ》䷑　（山風蠱《さんぷうこ》）

蠱《こ》は、元《おおい》に亨《とお》る。大川《たいせん》を渉《わた》るに利《よろ》し。甲《こう》に先《さき》だつこと三日にし、甲《こう》に後《おく》るること三日にせよ。

初六《しょりく》　父《ちち》の蠱《こ》に幹《かん》たり。子《こ》有《あ》れば考《ちち》咎《とが》无《な》し。厲《あや》ふし、終《つい》に吉《きつ》なり。

九二《きゅうじ》　母《はは》の蠱《こ》に幹《かん》たり。貞《かた》くすべからず。

九三　父《ちち》の蠱《こ》に幹《かん》たり。小《すこ》しく悔《くい》有《あ》り、大《おおい》なる咎《とが》无《な》し。

六四《りくし》　父《ちち》の蠱《こ》に裕《ゆる》し、往《ゆ》けば吝《や》さしきを見《み》る。

六五《りくご》　父《ちち》の蠱《こ》に幹《かん》たり。用《も》つて誉《ほまれ》あり。

上九《じょうきゅう》　王侯《おうこう》に事《つか》へず。其《そ》の事《こと》を高尚《こうしょう》にす。

19　臨《りん》䷒　（地沢臨《ちたくりん》）

臨《りん》は、元《おおい》に亨《とお》る。貞《ただ》しきに利《よろ》し。八月に至《いた》りて凶《きょう》有り。

初九《しょきゅう》　咸《み》な臨《のぞ》む。貞《ただ》しくして吉《きつ》なり。

九二《きゅうじ》　咸《み》な臨《のぞ》む。吉《きつ》にして利《よろ》しからざること无《な》し。
六三《りくさん》　甘《あま》くなつて臨《のぞ》む。利《よろ》しき攸《ところ》无《な》し。既《すで》に之《これ》を憂《うれ》ふれば、咎《とが》无《な》し。
六四《りくし》　至《いた》れる臨《のぞ》みなり咎《とが》无《な》し。
六五《りくご》　知《ち》にして臨《のぞ》めり。大君《たいくん》の宜《よろ》しき、吉《きつ》なり。
上六《じょうりく》　臨《のぞ》むに敦《あつ》し。吉《きつ》にして咎《とが》无《な》し。

20 観《かん》䷓（風地観《ふうちかん》）

観《かん》は、盥《てあら》つて薦《すす》めず、孚《まこと》有《あ》りて顒若《ぎょうじゃく》たり。
初六《しょりく》　童《わらべ》観《み》る。小人《しょうじん》は咎《とが》无《な》し。君子《くんし》は吝《や》さし。
六二《りくじ》　闚《うかが》ひ観《み》る。女《おんな》の貞《ただ》しきに利《よろ》し。
六三《りくさん》　我《わ》が生《はたらき》を観《み》て進《すす》み退《しりぞ》く。
六四《りくし》　国《くに》の光《ひかり》を観《み》る。用《もっ》て王《おう》に賓《ひん》たるに利《よろ》し。
九五　我《わ》が生《はたらき》を観《み》る。君子《くんし》なれば咎《とが》无《な》し。
上九《じょうきゅう》　其《そ》の生《はたらき》を観《み》る。君子《くんし》なれば咎《とが》无《な》し。

21 噬嗑《ぜいこう》䷔（火雷噬嗑《からいぜいこう》）

噬嗑《ぜいこう》は、亨《とお》る。獄《ごく》に用《もち》ふるに利《よろ》し。

初九《しょきゅう》　校《かせ》を履《は》いて趾《あし》を滅《やぶ》る。咎《とが》无《な》し。

六二《りくじ》　膚《はだえ》を噬《か》みて鼻《はな》を滅《やぶ》る。咎《とが》无《な》し。

六三《りくさん》　腊肉《せきにく》を噬《か》みて毒《どく》に遇《あ》ふ。小《すこ》しく吝《や》さしけれども、咎《とが》无《な》し。

九四　乾胏《かんし》を噬《か》みて、金矢《きんし》を得《え》たり。艱《かたん》じて貞《たし》かなるに利《よろ》しければ、吉《きつ》なり。

六五《りくご》　乾肉《ほしにく》を噬《か》みて黄金《おうごん》を得《え》たり。貞《たし》かに厲《あやぶ》めば咎《とが》无《な》し。

上九《じょうきゅう》　校《かせ》を何《お》ひて耳《みみ》を滅《やぶ》る。凶《きょう》なり。

22 賁《ひ》䷕（山火賁《さんかひ》）

賁《ひ》は、亨《とお》る。小《すこ》しく往《ゆ》く攸《ところ》有《あ》るに利《よろ》し。

初九《しょきゅう》　其《そ》の趾《あし》を賁《かざ》る。車《くるま》を舍《す》てて徒《かち》よりす。

六二《りくじ》　其《そ》の須《ひげ》を賁《かざ》る。

九三　賁如《ひじょ》たり濡如《じゅじょ》たり、永《なが》く貞《たし》かにして吉《きつ》なり。

六四《りくし》　賁如《ひじょ》たり皤如《はじょ》として白馬《はくば》翰如《かんじょ》たり、寇《あだ》するに匪《あら》ず。婚媾《こんこう》せんとなり。

六五《りくご》　丘園《きゅうえん》に賁《かざ》る。束帛《そくはく》戔戔《せんせん》吝《や》さしけれども終《つい》に吉《きつ》なり。

上九《じょうきゅう》　白き賁《かざ》りなり。咎《とが》无《な》し。

23　剝《はく》䷖（山地剝《さんちはく》）

剝《はく》は、往《ゆ》く攸《ところ》有《あ》るに利《よろ》しからず。

初六《しょりく》　牀《しょう》を剝《おと》すこと以《もつ》て足《あし》よりす。貞《ただ》しきを蔑《ほろ》ぼす。凶《きょう》なり。

六二《りくじ》　牀《しょう》を剝《おと》して以《もつ》て辨《こあし》にす。貞《ただ》しきを蔑《ほろぼ》す。凶《きょう》なり。

六三《りくさん》　之《これ》を剝《おと》すときに咎《とが》无《な》し。

六四《りくし》　牀《しょう》を剝《おと》して以《もつ》て膚《はだえ》にす。凶《きょう》なり。

六五《りくご》　魚《うお》を貫《つらぬ》く、宮人《きゅうじん》を以《ひき》ゐて寵《ちょう》せらる。利《よろ》しからざること无《な》し。

上九《じょうきゅう》　碩《おおい》なる果《このみ》、食《くら》はれず。君子《くんし》は輿《こし》を得《え》、小人《しょうじん》は廬《ろ》を剝《おと》す。

24 復《ふく》䷗（地雷復《ちらいふく》）

復《ふく》は、亨《とお》る。出入《しゅつにゅう》、疾《やまい》无《な》し、朋来《ともきた》る、咎无《とがな》し。其《そ》の道《みち》に反《かえ》り復《かえ》り、七日《なのか》にして来《きた》り復《かえ》らん。往《ゆ》く攸《ところ》有《あ》るに利《よろ》し。

初九《しょきゅう》　遠《とお》からずして復《かえ》り、悔《くい》に祗《いた》ること无《な》し。元《おおい》に吉《きつ》なり。

六二《りくじ》　復《かえ》ること休《よ》くす。吉《きつ》なり。

六三《りくさん》　頻《しき》りに復《かえ》る、厲《あやう》し、咎无《とがな》し。

六四《りくし》　中《うち》に行《ゆ》きて独《ひと》り復《かえ》る。

六五《りくご》　復《かえ》るに敦《あつ》し。悔无《くいな》し。

上六《じょうりく》　復《かえ》るに迷《まよ》ふ、凶《きょう》なり。災眚《さいせい》有《あ》り。用《もっ》て師《いくさ》を行《や》れば、終《つい》に大《おおい》に敗《やぶ》るること有《あ》り。其《そ》の国君《こくくん》に以《およ》ぶ、凶《きょう》なり。十年に至《いた》りて征《う》つこと克《あた》はず。

25 无妄《むぼう》䷘（天雷无妄《てんらいむぼう》）

无妄《むぼう》は、元《おおい》に亨《とお》る。貞《ただ》しきに利《よろ》し。其《そ》れ正《ただ》しきに匪《あら》ざれば眚《わざわい》有《あ》りて、往《ゆ》く攸《ところ》有《あ》るに利《よろ》しからず。

初九《しょきゅう》　无妄《むぼう》にして往《ゆ》く、吉《きつ》なり。
六二《りくじ》　耕《たがや》し穫《いねか》らず、菑《あらきはり》し畬《こなたつくら》ざれば、則《すなわ》ち往《ゆ》く攸《ところ》有《あ》るに利《よろ》し。
六三《りくさん》　无妄《むぼう》の災《わざわい》、或《あるい》は之《これ》が牛《うし》を繋《つな》ぐ。行人《こうじん》の得《え》たるは、邑人《ゆうじん》の災《わざわい》なり。
九四　貞《かた》くして咎《とが》无《な》かるべし。
九五　无妄《むぼう》の疾《やまい》、薬《くすり》すること勿《なか》れ。喜《よろこ》び有《あ》り。
上九《じょうきゅう》　无妄《むぼう》なり。行《ゆ》けば眚《わざわい》有り。利《よろ》しき攸《ところ》无《な》し。

26　大畜《たいちく》䷙　（山天大畜《さんてんたいちく》）

大畜《たいちく》は、貞《ただ》しきに利《よろ》し。家《いえ》に食《は》ましめず、吉《きつ》なり。大川《たいせん》を渉《わた》るに利《よろ》し。
初九《しょきゅう》　厲《あやう》きこと有り。已《や》むに利《よろ》し。
九二《きゅうじ》　輿《くるま》、輹《とこしばり》を説《ぬ》く。
九三　良馬《りょうば》逐《お》ふ。艱《なやみ》て貞《ただ》しくし、日《ひび》に輿衛《よえい》を閑《なら》ぶに利《よろ》し。往《ゆ》く攸《ところ》有《あ》るに利《よろ》し。
六四《りくし》　童牛《どうぎゅう》の牿《さえ》なり。元《おおい》に吉《きつ》なり。
六五《りくご》　豕《し》の牙《きば》を豶《ふん》す。吉《きつ》なり。

上九《じょうきゅう》　何《なん》ぞ天《てん》の衢《みち》、亨《とお》れる。

27　頤《い》䷚（山雷頤《さんらいい》）

頤《い》は、貞《ただ》しければ吉《きつ》なり。頤《おとがい》を観《み》て自《みずか》ら口実《こうじつ》を求む。

初九《しょきゅう》　爾《なんじ》の霊亀《れいき》を舎《す》て我《われ》を観《み》て頤《おとがい》を朶《た》る。凶《きょう》なり。

六二《りくじ》　顚《さかしま》に頤《やしなわ》るれば経《つね》に拂《さか》ふ。丘《おか》に于《おい》て頤《やしなわ》るれば征《ゆ》きて凶《きょう》なり。

六三《りくさん》　頤《おとがい》に拂《さか》ふ、貞《ただ》しけれども凶《きょう》なり。十年用《もち》ふること勿《なか》れ。利《よろ》しき攸《ところ》无《な》し。

六四《りくし》　顚《さかしま》に頤《やしなわ》るれども吉《きつ》なり。虎《とら》の視《み》ること眈眈《たんたん》たり。其《そ》の欲《ほっ》すること逐逐《ちくちく》たれば咎无《とがな》し。

六五《りくご》　経《つね》に拂《さか》へり。貞《ただ》しきに居《お》れば吉《きつ》なり。大川《たいせん》を渉《わた》るべからず。

上九《じょうきゅう》　由《よっ》て頤《やしなわ》る。厲《あやぶ》んで吉《きつ》なり。大川《たいせん》を渉《わた》るに利《よろ》し。

28　大過《たいか》䷛（沢風大過《たくふうたいか》）

大過《たいか》は、棟《むなぎ》橈《たわ》めり。往《ゆ》く攸《ところ》有《あ》るに利《よろ》しくして亨《とお》る。

初六《しょりく》　藉《し》くに白茅《はくぼう》を用《もち》ふ。咎《とが》无《な》し。
九二《きゅうじ》　枯《か》れたる楊《やなぎ》に稊《ひこばえ》を生《しょう》ず。老夫《ろうふ》其《そ》の女妻《じょさい》を得《う》。利《よろ》しからざること无《な》し。
九三　棟《むなぎ》橈《たわ》めり、凶《きょう》なり。
九四　棟《むなぎ》隆《さか》んにして吉《きつ》なり。它《た》有れば吝《や》さし。
九五　枯《か》れたる楊《やなぎ》、華《はな》を生《しょう》ず。老婦《ろうふ》其《そ》の士夫《しふ》を得《う》。咎《とが》も无《な》く誉《ほまれ》も无《な》し。
上六《じょうりく》　過《す》ぎて渉《わた》り頂《いただき》を滅《ほろぼ》す。凶《きょう》にして咎《とが》无《な》し。

29　習坎《しゅうかん》䷜（坎為水《かんいすい》）

習坎《しゅうかん》は、孚《まこと》有《あ》り。維《こ》れ心《こころ》亨《とお》る。行《ゆ》きて尚《たっと》ぶこと有《あ》り。
初六《しょりく》　習坎《しゅうかん》、坎窞《かんたん》に入《い》る。凶《きょう》なり。
九二《きゅうじ》　坎《かん》に険《さか》しき有り。求《もと》めて小《すこ》しく得《え》ん。
六三《りくさん》　来《きた》るも之《ゆ》くも坎坎《かんかん》たり。険《さか》しくして且《か》つ枕《ささ》へ坎窞《かんたん》に入《い》る。用《もち》ふること勿《なか》れ。
六四《りくし》　樽酒《そんしゅ》簋《き》、貳《ま》すに缶《ほとぎ》を用《もち》ひ、約《やく》を納《い》るること牖《まど》よりす。終《つい》に咎《とが》无《な》し。
九五　坎盈《かんみ》たざれども既《すで》に平《たいら》ならんとするに祇《いた》る。咎《とが》无《な》し。

上六《じょうりく》　繋《つな》ぐに徽纆《きぼく》を用《もっ》て叢棘《そうきょく》に寘《お》く。三歳《さい》までに得《え》ず。凶《きょう》なり。

30　離《り》䷝　（離為火《りいか》）

離《り》は、貞《ただ》しきに利《よろ》しくして亨《とお》る。牝牛《ひんぎゅう》を畜《やしな》へば吉《きつ》なり。

初九《しょきゅう》　履《ふ》むこと錯然《さくぜん》たり。之《これ》を敬《つつし》めば、咎《とが》无《な》し。

六二《りくじ》　黄《き》に離《つ》けり。元《おおい》に吉《きつ》なり。

九三　日《ひ》昃《かたむ》くの離《り》なり。缶《ほとぎ》を鼓《う》ちて歌《うた》はざれば、則《すなわ》ち大耋《だいてつ》の嗟《なげき》あらん。凶《きょう》なり。

九四　突如《とつじょ》として其《そ》れ来如《らいじょ》たり焚如《ふんじょ》たり死如《しじょ》たり棄如《きじょ》たり。

六五《りくご》　涕《なみだ》を出《いだ》すこと沱若《たじゃく》たり、戚《いた》むこと嗟若《さじゃく》たれば吉《きつ》なり。

上九《じょうきゅう》　王《おう》用《もっ》て出《い》でて征《う》てり。嘉《よ》きこと有り。首《おさ》を折《お》る。獲《え》ること其《そ》の醜《たぐい》に匪《あら》ず。咎《とが》无《な》し。

周易《しゅうえき》　上経《じょうけい》　終

周易《しゅうえき》　下経《かけい》

31　咸《かん》䷞（沢山咸《たくさんかん》）

咸《かん》は、亨《とお》る。貞《ただ》しきに利《よろ》し。女《じょ》を取《めと》れば吉《きつ》なり。

初六《しょりく》　其《そ》の拇《おおゆび》に咸《かん》ず。

六二《りくじ》　其《そ》の腓《こむら》に咸《かん》ず、凶《きょう》なり。居《お》れば吉《きつ》なり。

九三　其《そ》の股《もも》に咸《かん》ず。執《まも》れ。其《そ》れ随《したが》つて往《ゆ》けば吝《や》さし。

九四　貞《たし》かなれば吉《きつ》にして悔亡《くいほろ》ぶ。憧憧《しょうしょう》として往《ゆ》き来《きた》らば朋《とも》のみ爾《なんじ》の思《おも》ひに従《したが》はん。

九五　其《そ》の脢《せじし》に咸《かん》ず。悔无《くいな》けん。

上六《じょうりく》　其《そ》の輔頬舌《つらした》に咸《かん》ず。

32　恒《こう》䷟（雷風恒《らいふうこう》）

恒《こう》は、亨《とお》る。咎无《とがな》し。貞《ただ》しきに利《よろ》し。往《ゆ》く攸《ところ》有《あ》るに利《よろ》し。

初六《しょりく》　浚《ふか》く恒《つね》にす、貞《ただ》しけれども凶《きょう》にして利《よろ》しき攸《ところ》无《な》し。
九二《きゅうじ》　悔亡《くいほろ》ぶ。
九三　其《そ》の徳《とく》を恒《つね》にせず。或《あるい》は之《これ》に羞《はじ》を承《ささ》ぐ。貞《ただ》しくして吝《や》さし。
九四　田《かり》に禽《きん》无《な》し。
六五《りくご》　其《そ》の徳《とく》を恒《つね》にして貞《たし》かなり。婦人《ふじん》は吉《きつ》なり、夫子《ふうし》は凶《きょう》なり。
上六《じょうりく》　振《ふる》ふこと恒《つね》なり、凶《きょう》なり。

33　遯《とん》䷠（天山遯《てんざんとん》）

遯《とん》は、亨《とお》る。小《しょう》は貞《ただ》しきに利《よろ》し。
初六《しょりく》　遯《のが》るる尾《お》なり、厲《あや》ふし。往《ゆ》く攸《ところ》有《あ》るに用《もち》ふること勿《なか》れ。
六二《りくじ》　之《これ》を執《と》るに黄牛《こうぎゅう》の革《かわ》を用《もち》ふ。之《これ》に説《ぬ》くに勝《まさ》ること莫《な》し。
九三　遯《のが》るるに係《つな》ぐる、疾《やまい》有《あ》りて厲《あや》ふし。臣妾《しんしょう》を畜《やしな》へば吉《きつ》なり。
九四　好《この》めども遯《のが》る。君子《くんし》は吉《きつ》なり。小人《しょうじん》は否《しから》ず。
九五　遯《のが》るるに嘉《よ》し。貞《ただ》しければ吉《きつ》なり。

上九《じょうきゅう》　遯《のが》るるに肥《ゆた》かなり。利《よろ》しからざること无《な》し。

34　大壮《たいそう》䷡　（雷天大壮《らいてんたいそう》）

大壮《たいそう》は、貞《たし》かなるに利《よろ》し。

初九《しょきゅう》　趾《あし》に壮《さか》んなり。征《ゆ》きて凶《きょう》なること、孚《まこと》有《あ》り。

九二《きゅうじ》　貞《ただ》しければ吉《きつ》なり。

九三　小人《しょうじん》壮《そう》を用《もち》ひて君子《くんし》は罔《もう》を用《もち》ふ。貞《ただ》しけれども厲《あや》ふし。羝羊《ていよう》藩《まがき》に触《ふ》れて、其《そ》の角《つの》を羸《かけ》しむ。

九四　貞《たし》かなれば吉《きつ》にして悔亡《くいほろ》ぶ。藩《まがき》決《ひら》けて羸《くる》しまず。大輿《たいよ》の輹《とこしばり》に壮《さかん》なり。

六五《りくご》　羊《ひつじ》を易《たやすき》に喪《うしな》へども悔《くい》无《な》し。

上六《じょうりく》　羝羊《ていよう》藩《まがき》に触《ふ》れて退《しりぞ》くこと能《あた》はず。遂《にぐ》ること能《あた》はず、利《よろ》しき攸《ところ》无《な》し。艱《なや》まば則《すなわ》ち吉《きつ》ならん。

35　晋《しん》䷢　（火地晋《かちしん》）

晋《しん》は、康侯《こうこう》用《もつ》て馬《うま》を錫《たま》ふこと蕃庶《はんしょ》たり。昼日《ちゅうじつ》三たび接《まじ》はれり。

初六《しょりく》　晋如《しんじょ》たり摧如《さいじょ》たり、貞《ただ》しければ吉《きつ》なり。孚《まこと》とせらるること罔《な》くんば裕《ゆた》かにせよ。咎无《とがな》し。

六二《りくじ》　晋如《しんじょ》たり愁如《しゅうじょ》たり。貞《ただ》しければ吉《きつ》にして、茲《こ》の介《おおい》なる福《ふく》を其《そ》の王母《おうぼ》に受《う》く。

六三《りくさん》　衆《もろもろ》の允《まこと》として悔亡《くいほろ》ぶ。

九四　晋如《しんじょ》たる鼫鼠《せきそ》貞《ただ》しけれども厲《あや》ふし。

六五《りくご》　悔亡《くいほろ》ぶ。失得《しっとく》恤《うれ》ふること勿《な》ければ、往《ゆ》きて吉《きつ》にして利《よろ》しからざること无《な》し。

上九《じょうきゅう》　其《そ》の角《つの》に晋《すす》む。維《こ》れ用《もつ》て邑《ゆう》を伐《う》てば、厲《あやう》けれども吉《きつ》にして咎无《とがな》し。貞《ただ》しけれども吝《や》さし。

36　明夷《めいい》䷣（地火明夷《ちかめいい》）

明夷《めいい》は、艱《なや》んで貞《ただ》しきに利《よろ》し。

初九《しょきゅう》　明夷《めいい》于《ここ》に飛《と》びて其《そ》の翼《つばさ》を垂《た》る。君子《くんし》于《ここ》に行《ゆ》きて、三日食《くら》はず。往《ゆ》く攸《ところ》有《あ》り。主人《しゅじん》言《ものいい》有《あ》り。

六二《りくじ》　明夷《めいい》　左《ひだり》の股《もも》を夷《やぶ》る。用《もっ》て拯《すく》ふこと馬《うま》壮《さかん》なれば吉《きつ》なり。

九三　明夷于《めいいここ》に南《みなみ》に狩《かり》して其《そ》の大首《たいしゅ》を得《う》、疾《すみや》かに貞《ただ》すべからず。

六四《りくし》　左《ひだり》の腹《はら》に入《い》る、明夷《めいい》の心《こころ》を門庭《もんてい》を出《いず》るに獲《え》たり。

六五《りくご》　箕子《きし》の明夷《めいい》、貞《ただ》しきに利《よろ》し。

上六《じょうりく》　明《あきら》かにせずして晦《くら》し。初《はじ》めは天《てん》に登《のぼ》り後《のち》は地《ち》に入《い》る。

37　家人《かじん》䷤　（風火家人《ふうかかじん》）

家人《かじん》は、女《おんな》の貞《ただ》しきに利《よろ》し。

初九《しょきゅう》　閑《ふせ》いで家《いえ》を有《たも》つ。悔亡《くいほろ》ぶ。

六二《りくじ》　遂《と》ぐる攸《ところ》无《な》し。中饋《ちゅうき》に在《あ》り、貞《ただ》しくして吉《きつ》なり。

九三　家人嗃嗃《かじんかくかく》たり。厲《はげ》しきを悔《く》ゆれども吉《きつ》なり。婦子嘻嘻《ふしきき》たり、終《つい》に吝《や》さし。

六四《りくし》　家《いえ》を富《と》ます、大吉なり。

九五　王《おう》、家《いえ》を有《たも》つに仮《いた》る。恤《うれ》ふること勿《な》くして吉《きつ》なり。

上九《じょうきゅう》　孚《まこと》有《あ》りて威如《いじょ》たれば、終《つい》に吉《きつ》なり。

38 睽《けい》䷥ （火沢睽《かたくけい》）

睽《けい》は、小事《しょうじ》に吉《きつ》なり。

初九《しょきゅう》 悔亡《くいほろ》ぶ。馬《うま》を喪《うしな》ふも逐《お》ふこと勿《な》くして自《おのず》から復《かえ》る。悪人《あくにん》を見《み》て咎《とが》め无《な》し。

九二《きゅうじ》 主《しゅ》に巷《ちまた》に遇《あ》ふ。咎《とが》无《な》し。

六三《りくさん》 輿《よ》の曳《ひ》かれ、其《そ》の牛《うし》掣《ひ》かれ、其の人天《かみき》られ且《また》劓《はなき》らる。初《はじ》め无《な》くして終《おわ》り有り。

九四 睽《そむ》いて孤《ひとり》なり。元夫《げんぷ》に遇《あ》ふ。交《こもごも》孚《まこと》あり。厲《あや》ぶんで咎无《とがな》し。

六五《りくご》 悔亡《くいほろ》ぶ。厥《そ》の宗《そう》膚《はだえ》を噬《か》む。往《ゆ》きて何《なん》の咎《とが》あらん。

上九《じょうきゅう》 睽《そむ》いて孤《ひとり》なり。豕《し》の塗《ひじりこ》を負《お》ふを見《み》る。鬼《き》を載《の》すること一車《いっしゃ》。先《さき》には之《これ》が弧《ゆみ》を張《は》り、後《のち》には之《これ》が弧《ゆみ》を説《はず》す。寇《あだ》するに匪《あら》ずして婚媾《こんこう》す。往《ゆ》きて雨《あめ》に遇《あ》へば則《すなわ》ち吉《きつ》なり。

39 蹇《けん》䷦ （水山蹇《すいざんけん》）

蹇《けん》は、西南《せいなん》に利《よろ》し。東北《とうほく》に利《よろ》しからず。大人《たいじん》を見《み》るに利《よろ》し。貞《ただ》しくして吉《きつ》なり。

初六《しょりく》 往《ゆ》けば蹇《なや》み、来《きた》れば誉《ほ》めらる。

六二《りくじ》　王臣《おうしん》蹇《なや》み蹇《なや》めり。躬《み》の故《ゆえ》に匪《あら》ず。

九三　往《ゆ》けば蹇《なや》む。来《きた》り反《かえ》る。

六四《りくし》　往《ゆ》けば蹇《なや》む。来《きた》り連《つらな》る。

九五　大《おおい》に蹇《なや》めり。朋来《ともきた》る。

上六《じょうりく》　往《ゆ》けば蹇《なや》む。来《きた》れば碩《おおい》なり。吉《きつ》なり。大人《たいじん》を見《み》るに利《よろ》し。

40　解《かい》 ䷧　(雷水解《らいすいかい》)

解《かい》は、西南《せいなん》に利《よろ》し。往《ゆ》く所《ところ》无《な》ければ、其《そ》れ来《きた》り復《かえ》つて吉《きつ》なり。往《ゆ》く攸《ところ》有《あ》らば、夙《はや》くして吉《きつ》なり。

初六《しょりく》　咎《とが》无《な》し。

九二《きゅうじ》　田《かり》に三狐《さんこ》を獲《え》て黄矢《こうし》を得《え》たり。貞《ただ》しければ吉《きつ》なり。

六三《りくさん》　負《お》ひて且《か》つ乗《の》る。寇《あだ》の至《いた》ることを致《いた》す。貞《ただ》しけれども吝《や》さし。

九四　而《なんじ》の拇《おおゆび》を解《と》かば朋至《ともいた》りて斯《ここ》に孚《まこと》とせん。

六五《りくご》　君子《くんし》維《こ》れ解《と》くこと有《あ》れば吉《きつ》なり。小人《しょうじん》に孚《しる》し有《あ》り。

上六《じょうりく》　公用《こうもち》て隼《はやぶさ》を高墉《こうよう》の上《うえ》に射《い》て之《これ》を獲《え》たり。利《よろ》しからざること无《な》し。

41　損《そん》䷨　（山沢損《さんたくそん》）

損《そん》は、孚有《まことあ》れば元《おおい》に吉《きつ》なり。咎无《とがな》し。貞《たしか》なるべし。往《ゆ》く攸《ところ》有《あ》るに利《よろ》し。曷《なに》をか之《こ》れ用《もち》ひん、二簋《き》用《もつ》て享《まつ》るべし。

初九《しょきゅう》　事《こと》を已《や》めて遄《すみや》かに往《ゆ》く。咎无《とがな》し。酌《く》みて之《これ》を損《へら》せ。

九二《きゅうじ》　貞《かた》きに利《よろ》し、征《ゆ》けば凶《きょう》なり。損《へら》さざるは之《これ》に益《ま》すなり。

六三《りくさん》　三人行《にんゆ》けば則《すなわ》ち一人《にん》を損《へら》し、一人行《にんゆ》けば則《すなわ》ち其《そ》の友《とも》を得《う》。

六四《りくし》　其《そ》の疾《やまい》を損《へら》す。遄《すみや》かならしむれば喜《よろこ》び有《あ》り。咎无《とがな》し。

六五《りくご》　或《あるい》は之《これ》に十朋《ぽう》の亀《き》を益《ま》して違《たが》ふこと克《あた》はず。元《おおい》に吉《きつ》なり。

上九《じょうきゅう》　損《へら》さずして之《これ》に益《ま》す、咎无《とがな》し。貞《ただ》しければ吉《きつ》にして往《ゆ》く攸《ところ》有《あ》るに利《よろ》し。臣《しん》を得《う》ること家无《いえな》し。

42　益《えき》䷩　（風雷益《ふうらいえき》）

益《えき》は、往《ゆ》く攸《ところ》有《あ》るに利《よろ》し。大川《たいせん》を渉《わた》るに利《よろ》し。
初九《しょきゅう》　用《もっ》て大作《たいさく》を為《な》すに利《よろ》し。元《おおい》に吉《きつ》にして咎无《とがな》し。
六二《りくじ》　或《あるい》は之《これ》に十朋《ほう》の亀《き》を益《ま》して違《たが》ふこと克《あた》はず、永《なが》く貞《ただし》かにして吉《きつ》なり。王用《おうもっ》て帝《てい》に享《きょう》して吉《きつ》なり。
六三《りくさん》　之《これ》に益《ま》すに凶事《きょうじ》を用《もっ》てす、咎无《とがな》けん。孚《まこと》有《あ》り、中行《ちゅうこう》にして、公《こう》に告《こく》し圭《けい》を用《もち》ふ。
六四《りくし》　中行《ちゅうこう》なれば公《こう》に告《こく》して従《したが》はる。依《よ》ることを為《な》して国《くに》を遷《うつ》すに用《もち》ふるに利《よろ》し。
九五　孚《まこと》有《あ》りて恵《めぐ》める心《こころ》あり。問《と》ふこと勿《なか》れ、元《おおい》に吉《きつ》なり。孚《まこと》有《あ》りて我《わ》が徳《とく》を恵《めぐみ》とす。
上九《じょうきゅう》　之《これ》に益《ま》すこと莫《な》くして或《あるい》は之《これ》を撃《う》つ。心《こころ》を立《たつ》ること恒《つね》勿《な》し、凶《きょう》なり。

43　夬《かい》䷪　(沢天夬《たくてんかい》)

夬《かい》は、王庭《おうてい》に揚《あ》げて孚《まこと》に号《よば》はる。厲《あやう》きこと有り。告《つ》ぐること邑《ゆう》よりして戎《じゅう》に即《つ》くことを利《よろ》しとせざれ。往《ゆ》く攸《ところ》有《あ》るに利《よろ》し。
初九《しょきゅう》　趾《あし》を前《すす》むるに壮《さかん》なり。往《ゆ》きて勝《か》たず。咎《とが》と為《な》す。
九二《きゅうじ》　惕《おそ》れて号《よば》はる。莫夜《ぼや》に戎《つわ》もの有《あ》れども恤《うれい》勿《な》からん。

九三　頄《つら》に壮《さかん》なり。凶《きよう》有《あ》り。君子《くんし》夬《きま》るを夬《きま》り独《ひと》り行《ゆ》き雨《あめ》に遇《あ》ひ濡《うるお》ふが若《ごと》くにして慍《いきどおり》有れども、咎无《とがめな》し。

九四　臀《いさらい》に膚《はだえ》无《な》し。其《そ》の行《ゆ》くこと次且《ししよ》たり。羊《ひつじ》を牽《ひ》かば悔亡《くいほろ》びん。言《げん》を聞《き》くとも信《しん》ぜじ。

九五　莧陸《けんりく》なり。夬《きま》り夬《きま》りて中行《ちゆうこう》なれば咎无《とがな》し。

上六《じようりく》　号《よば》はらん无《な》し、終《つい》に凶《きよう》有《あ》り。

44　姤《こう》䷫（天風姤《てんふうこう》）

姤《こう》は、女《じよ》壮《さかん》なり。女《じよ》を取《めと》るに用《もち》ふること勿《なか》れ。

初六《しよりく》　金柅《きんじ》に繋《つな》ぎて貞《ただ》しければ吉《きつ》なり。往《ゆ》く攸《ところ》有《あ》れば、凶《きよう》を見《み》る。羸《つか》れたる豕《し》、孚《まこと》に蹢躅《てきちよく》たり。

九二《きゆうじ》　包《つつ》みに魚《うお》有《あ》り、咎无《とがな》し。賓《ひん》に利《よろ》しからず。

九三　臀《いさらい》に膚《はだえ》无《な》し。其《そ》の行《ゆ》くこと次且《じしよ》たり。厲《あやう》けれども大《だい》なる咎无《とがな》し。

九四　包《つつ》みに魚《うお》无《な》し。凶《きよう》を起《おこ》さん。

九五　杞《き》を以《もっ》て瓜《か》を包《つつ》めり。章《あや》を含《ふく》まば隕《おつ》ること有《あ》りて天《てん》よりせん。

上九《じょうきゅう》　其《そ》の角《つの》に姤《あ》ふ。吝《や》さしけれども咎无《とがな》し。

45　萃《すい》 ䷬ （沢地萃《たくちすい》）

萃《すい》は、亨《とお》る。王《おう》、有廟《ゆうびょう》に仮《いた》る。大人《たいじん》を見《み》るに利《よろ》しくして亨《とお》る。貞《ただ》しきに利《よろ》し。大牲《たいせい》を用《もち》ふれば吉《きつ》にして往《ゆ》く攸《ところ》有《あ》るに利《よろ》し。

初六《しょりく》　孚《まこと》有《あ》りて終《お》へず。乃《すなわ》ち乱《みだ》れ乃《すなわ》ち萃《あつま》る。若《も》し号《よば》はらば一握《いちあく》して笑ひを為《な》さん。恤《うれう》ること勿《な》くして往《ゆ》かば咎无《とがな》けん。

六二《りくじ》　引《ひ》けり、吉《きつ》にして咎无《とがな》し。孚《まこと》有れば乃《すなわ》ち用《もっ》て禴《やく》するに利《よろ》し。

六三《りくさん》　萃如《すいじょ》たり嗟如《さじょ》として利《よろ》しき攸《ところ》无《な》し。往きて咎无《とがな》けん。小《すこ》しく吝《や》さし。

九四　大吉《だいきつ》にして咎无《とがな》し。

九五　萃《あつま》るとき位《くらい》有り、咎无《とがな》し。孚《まこと》とするに匪《あら》ざれば元《おお》く永《なが》く貞《さだ》かにして悔亡《くいほろ》ぶ。

上六《じょうりく》　齎咨涕洟《ししていい》して咎无《とがな》し。

46　升《しょう》　䷭　（地《ち》風《ふう》升《しょう》）

升《しょう》は、元《おお》いに亨《とお》る。用《もっ》て大人《たいじん》を見《み》る。恤《うれ》ふること勿《なか》れ。南征《なんせい》して吉《きつ》なり。
初六《しょりく》　允《まこと》に升《のぼ》つて大吉《だいきつ》なり。
九二《きゅうじ》　孚《まこと》あれば乃《すなわ》ち用《もっ》て禴《やく》するに利《よろ》し。咎无《とがな》し。
九三　虚邑《きょゆう》に升《のぼ》る。
六四《りくし》　王用《おうもつ》て岐山《きざん》に亨《まつ》れり。吉《きつ》にして咎无《とがな》し。
六五《りくご》　貞《たし》かなれば吉《きつ》にして階《かい》に升《のぼ》る。
上六《じょうりく》　冥《くら》くして升《のぼ》る。息《や》まざるの貞《ただ》しきに利《よろ》し。

47　困《こん》　䷮　（沢水困《たくすいこん》）

困《こん》は、亨《とお》れば貞《ただ》し。大人《たいじん》なり。吉《きつ》にして咎无《とがな》し。言《ことば》有《あ》るとも信《しん》ぜざらん。
初六《しょりく》　臀《そこ》なり、株木《しゅぼく》に困《くるし》み幽谷《ゆうこく》に入《い》る。三歳《さい》までに覿《み》ず。
九二《きゅうじ》　酒食《しゅし》に困《くる》しむ、朱紱《しゅふつ》方《まさ》に来《きた》る。用《もっ》て亨祀《きょうし》するに利《よろ》し。征《ゆ》けば凶《きょう》にして咎无《とがな》し。
六三《りくさん》　石《いし》に困《くる》しむ。蒺藜《しつり》に拠《よ》り其《そ》の宮《きゅう》に入《い》りて其《そ》の妻《つま》を見《み》ず。凶《きょう》なり。

九四　来《きた》ること徐徐《じょじょ》たり。金車《きんしゃ》に困《くる》しむ。吝《や》さしけれども終《おわ》り有《あ》り。
九五　劓《はなきら》れ 刖《あしきら》れ赤紱《せきふつ》に困《くる》しむ。乃《すなわ》ち 徐《おもむろ》 にして説《よろこ》び有《あ》り、用《もっ》て祭祀《さいし》するに利《よろ》し。
上六《じょうりく》　葛藟《かつるい》に臲卼《げつこつ》に困《くる》しむ。曰《ここ》に動《うご》けば悔《く》ゆ。悔《く》ゆること有《あ》らば征《ゆ》きて吉《きつ》ならん。

48　井《せい》䷯（水風井《すいふうせい》）

井《せい》は、邑《ゆう》を改《あらた》めて井《せい》を改《あらた》めず。喪《うしな》ふこと无《な》く得《う》ること无《な》くして、往《ゆ》けるも来《きた》れるも井《せい》を井《せい》とす。汔《ほとん》ど至《いた》りて亦《ま》た未《いま》だ井《せい》に 繘《つるべなわ》 せず。其《そ》の瓶《つるべ》を羸《やぶ》れば凶《きょう》なり。
初六《しょりく》　井《せい》 泥《ひじりこ》 にして食《くら》はれず。旧井《きゅうせい》禽《とり》无《な》し。
九二《きゅうじ》　井谷《せいたに》のごとくにして鮒《かわつ》に射《そそ》ぐ。甕《もたい》 敝《やぶ》れて漏《も》る。
九三　井渫《せいさら》へ食《くら》はずして我《わ》が心の惻《いた》みを為《な》す。用《もっ》て汲《く》むべし。王明《おうあき》らかならば並《とも》に其《そ》の福《ふく》を受《う》けん。
六四《りくし》　井《せい》 甃《いしだたみ》 す。咎《とが》无《な》けん。
九五　井《せい》 冽《いさぎよ》 き寒泉《かんせん》なり、食《くら》ふ。
上六《じょうりく》　井《せい》 収《くみと》りて 幕《おおうこと》 勿《な》し。孚《まこと》有《あ》れば元《おおい》に吉《きつ》なり。

49 革《かく》䷰（沢火革《たくかかく》）

革《かく》は、已日《おわりぬるひ》乃《すなわ》ち孚《まこと》とす。元《おおい》に亨《とお》る。貞《ただ》しきに利《よろ》し。悔亡《くいほろ》ぶ。

初九《しょきゅう》　鞏《かた》むるに黄牛《こうぎゅう》の革《かわ》を用《もち》ふ。

六二《りくじ》　已《おわ》ぬる日《ひ》乃《すなわ》ち之《これ》を革《あらた》むれば征《ゆ》きて吉《きつ》にして、咎《とが》无《な》し。

九三　征《ゆ》けば凶《きょう》なり。貞《ただし》けれども厲《あやう》し。革言《かくげん》三たび就《な》れば孚《まこと》とすること有《あ》り。

九四　悔亡《くいほろ》ぶ、孚《まこと》有《あ》りて命《めい》を改むれば吉《きつ》なり。

九五　大人虎変《たいじんこへん》す。未《いま》だ占《うらな》はざるより孚《まこと》とすること有《あ》り。

上六《じょうりく》　君子《くんし》豹変《ひょうへん》す。小人《しょうじん》は面《おもて》を革《あらた》む。征《ゆ》けば凶《きょう》なり。貞《ただ》しきに居《お》れば吉《きつ》なり。

50 鼎《てい》䷱（火風鼎《かふうてい》）

鼎《てい》は、元《おおい》に吉《きつ》、亨《とお》る。

初六《しょりく》　鼎《かなえ》、趾《あし》を顛《さかしま》にす。否《あしき》を出《いだ》すに利《よろ》し。妾《しょう》を得《え》て以《もっ》て其の子あり。咎《とが》无《な》し。

九二《きゅうじ》　鼎《かなえ》に実《み》有《あ》り。我《わ》が仇《あた》疾《やまい》有《あ》り。我《われ》に即《つ》くこと能《あた》はず。吉《きつ》なり。

九三　鼎《かなえ》の耳《みみ》革《あらた》まりて其《そ》の行塞《こうふさ》がる。雉《きじ》の膏《あぶら》も食《くら》はれず。方《まさ》に雨《あめ》ふりして悔《くい》を虧《か》けん。終《おわ》りに吉《きつ》なり。
九四　鼎《かなえ》、足《あし》を折《お》り、公《こう》の餗《こながき》を覆《こぼ》す。其《そ》の形《かたち》渥《あく》、凶《きょう》なり。
六五《りくご》　鼎《かなえ》、黄《き》なる耳《みみ》に金《きん》の鉉《つる》なり。貞《たし》かなるに利《よろ》し。
上九《じょうきゅう》　鼎《かなえ》、玉《ぎょく》の鉉《つる》なり。大吉《だいきつ》にして利《よろ》しからざること无《な》し。

51　震《しん》䷲　（震為雷《しんいらい》）

震《しん》は、亨《とお》る。震《うごき》来《きた》りて虩虩《げきげき》たれば笑言《しょうげん》啞啞《あくあく》たり。震《ふる》ひて百里《ひゃくり》を驚《おどろ》かせども匕鬯《ひちょう》を喪《うしな》はず。
初九《しょきゅう》　震《うごき》来《きた》りて虩虩《げきげき》たれば後《のち》に笑言《しょうげん》啞啞《あくあく》たり。吉《きつ》なり。
六二《りくじ》　震《うごき》来《きた》りて厲《あやう》し。億貝《おくかい》を喪《うしな》つて、九陵《りょう》に躋《のぼ》る。逐《お》ふこと勿《な》くして、七日《なのか》にして得《う》。
六三《りくさん》　震《ふる》ひて蘇蘇《そそ》たり。震《ふる》ひて行《ゆ》かば眚《わざわい》无《な》けん。
九四　震《うご》くこと遂《つい》に泥《なず》めり。
六五《りくご》　震《うご》くこと往《ゆ》くも来《きた》るも厲《あやう》し。億《おく》喪《うしな》ふこと无《な》くして事《こと》有り。
上六《じょうりく》　震《ふる》つて索索《さくさく》たり。視《み》ること矍矍《かくかく》たり。征《ゆ》けば凶《きょう》なり。震《うご》くこと其《そ》の躬《み》に于《お》いてせずして其《そ》の隣《となり》に于《おい》てせば咎无《とがな》けん。婚媾《こんこう》、言《ものいい》有《あ》り。

52 艮《ごん》 ䷳ （艮為山《ごんいさん》）

其《そ》の背《せなか》に艮《とど》まりて其《そ》の身《み》を獲《え》ず。其《そ》の庭《にわ》に行《ゆ》きて、其《そ》の人《ひと》を見《み》ず。咎无《とがな》し。

初六《しょりく》　其《そ》の趾《あし》に艮《とどま》る。咎无《とがな》し。永《なが》く貞《たし》かなるに利《よろ》し。

六二《りくじ》　其《そ》の腓《こむら》に艮《とどま》る。拯《すく》はずして其《そ》れ随《したが》ふ、其《そ》の心《こころ》快《こころよ》からず。

九三　其《そ》の限《こし》に艮《とどま》る。其の夤《せじし》を列《さ》く。厲《あやう》くして心《こころ》を薫《ふす》ぶ。

六四《りくし》　其《そ》の身《み》に艮《とどま》る。咎无《とがな》し。

六五《りくご》　其《そ》の輔《つら》に艮《とどま》る。言《こと》序《ついで》有《あ》りて悔亡《くいほろ》ぶ。

上九《じょうきゅう》　艮《とどま》るに敦《あつ》くし吉《きつ》なり。

53 漸《ぜん》 ䷴ （風山漸《ふうざんぜん》）

漸《ぜん》は、女帰《じょとつ》ぐ、吉《きつ》なり。貞《ただ》しきに利《よろ》し。

初六《しょりく》　鴻《こう》、干《みぎわ》に漸《すす》む。小子《しょうし》厲《あやう》し。言《ものいい》有《あ》れども、咎无《とがな》し。

六二《りくじ》　鴻《こう》、磐《いわお》に漸《すす》む。飲食衎衎《いんしょくかんかん》たり。吉《きつ》なり。
九三　鴻《こう》、陸《くが》に漸《すす》む。夫《おっと》征《ゆ》けば復《かえ》らず。婦孕《つまはら》めば育《やしな》はず。凶《きょう》なり。寇《あだ》を禦《ふせ》ぐに利《よろ》し。
六四《りくし》　鴻《こう》、木《き》に漸《すす》む。或《あるい》は其《そ》の桷《えだ》を得《え》ば咎无《とがな》し。
九五　鴻《こう》、陵《おか》に漸《すす》む。婦《つま》三歳《さい》までに孕《はら》まざれども終《つい》に之《これ》に勝《か》つこと莫《な》し。吉《きつ》なり。
上九《じょうきゅう》　鴻《こう》、陸《くもち》に漸《すす》む。其《そ》の羽用《はねもつ》て儀《ぎ》と為《な》すべし。吉《きつ》なり。

54　帰妹《きまい》䷵（雷沢帰妹《らいたくきまい》）

帰妹《きまい》は、征《ゆ》けば凶《きょう》にして利《よろ》しき攸《ところ》无《な》し。
初九《しょきゅう》　帰妹《きまい》、娣《てい》を以《もつ》てす。跛《あしなえ》能《よ》く履《ふ》む。征《ゆ》きて吉《きつ》なり。
九二《きゅうじ》　眇《すがめ》能《よ》く視《み》る。幽人《ゆうじん》の貞《ただ》しきに利《よろ》し。
六三《りくさん》　帰妹須《きまいまち》を以《もつ》てす。反《かえ》り帰《かえ》つて娣《てい》を以《もつ》てす。
九四　帰妹期《きまいき》を愆《あやま》りて帰《かえ》ることを遅《ま》つ、時有《ときあ》らん。
六五《りくご》　帝乙《ていいつ》、帰妹《きまい》、其の君の袂《たもと》は其の娣《てい》の袂《たもと》の良きに如《し》かず。月望《つきぼう》に幾《ちか》し。吉《きつ》なり。
上六《じょうりく》　女《じょ》、筐《かたみ》を承《う》けて実无《みな》し。士《し》、羊《ひつじ》を刲《さ》いて血无《ちな》し。利《よろ》しき攸《ところ》无《な》し。

55 豊《ほう》䷶（雷火豊《らいかほう》）

豊《ほう》は、亨《とお》る。王之《おうこれ》に仮《いた》る。憂《うれ》うること勿《なか》れ。日中《にっちゅう》に宜《よろ》し。

初九《しょきゅう》　其《そ》の配主《はいしゅ》に遇《あ》ふ。旬《ひと》しと雖《いえど》も咎无《とがな》し。往《ゆ》きて尚《たっと》きこと有《あ》り。

六二《りくじ》　其《そ》の蔀《しとみ》を豊《おおい》にす。日中《にっちゅう》に斗《と》を見《み》る、往《ゆ》きて疑《うたが》ひ疾《にく》まるることを得《う》。孚《まこと》有《あ》りて発若《はつじゃく》すれば吉《きつ》なり。

九三　其《そ》の沛《とばり》を豊《おおい》にす。日中《にっちゅう》に沫《まい》を見《み》る。其《そ》の右《みぎ》の肱《ひじ》を折《お》る。咎无《とがな》し。

九四　其《そ》の蔀《しとみ》を豊《おおい》にす。日中《にっちゅう》に斗《と》を見《み》る。其《そ》の夷主《いしゅ》に遇《あ》へば、吉《きつ》なり。

六五《りくご》　章《しょう》を来《きた》さば慶誉《けいよ》有《あ》りて吉《きつ》ならん。

上六《じょうりく》　其《そ》の屋《おく》を豊《おおい》にす。其《そ》の家《いえ》に蔀《しとみ》す。其《そ》の戸《と》を闚《うかが》へば闃《げき》として其《そ》れ人无《ひとな》し。三歳《さい》までに覿《み》ず、凶《きょう》なり。

56 旅《りょ》䷷（火山旅《かざんりょ》）

旅《りょ》に、小《すこ》しく亨《とお》る。旅貞《りょただ》しければ吉《きつ》なり。

初六《しょりく》　旅《りょ》、瑣瑣《ささ》たり、斯《こ》れ其《そ》れ災《わざわい》を取《と》る所《ところ》なり。

六二《りくじ》　旅《りょ》、次《やどり》に即《つ》き其《そ》の資《たから》を懐《いだ》き童僕《どうぼく》の貞《かた》きを得《う》。

九三　旅《りょ》、其《そ》の次《やどり》を焚《や》き其《そ》の童僕《どうぼく》を喪《うしな》ふ。貞《ただ》しけれども厲《あやう》し。

九四　旅《りょ》、于《ここ》に処《お》りて其《そ》の資斧《しふ》を得《え》たり。我《わ》が心《こころ》快《こころよ》からず。

六五《りくご》　雉《きじ》を射《い》る、一矢《し》亡《う》せぬ。終《つい》に誉命《よめい》を以《もっ》てす。

上九《じょうきゅう》　鳥《とり》其《そ》の巣《す》を焚《や》く。旅人《りょじん》先《さき》には笑《わら》ひ、後《のち》には号《な》き咷《さけ》ぶ。牛《うし》を易《たやす》きに喪《うしな》ふ。凶《きょう》なり。

57　巽《そん》䷸（巽為風《そんいふう》）

巽《そん》は、小《すこ》しく亨《とお》る。往《ゆ》く攸《ところ》有《あ》るに利《よろ》し。大人《たいじん》を見《み》るに利《よろ》し。

初六《しょりく》　進《すす》み退《しりぞ》く、武人《ぶじん》の貞《さだ》かなるに利《よろ》し。

九二《きゅうじ》　巽《い》りて牀《ゆか》の下《した》に在《あ》り。史巫《しふ》を用《もち》ひて紛若《ふんじゃく》たらば吉《きつ》にして咎《とが》无《な》し。

九三　頻《しき》りに巽《い》る。吝《や》さし。

六四《りくし》　悔亡《くいほろ》ぶ。田《かり》に三品《ひん》を獲《え》たり。

九五　貞《ただ》しくして吉《きつ》なり。悔亡《くいほろ》びて利《よろ》しからざること无《な》し。初《はじ》め无《な》くして終《おわ》り有《あ》り。庚《こう》に先《さき》だって三日にし、庚《こう》に後《おく》るること三日にせよ。吉《きつ》なり。
上九《じょうきゅう》　巽《い》りて牀《ゆか》の下《した》に在《あ》り。其《そ》の資斧《たからおの》を喪《うしな》ふ。貞《ただ》しけれども凶《きょう》なり。

58　兌《だ》䷹（兌為沢《だいたく》）

兌《よろこ》んで、亨《とお》る。貞《ただ》しきに利《よろ》し。
初九《しょきゅう》　和《わ》して兌《よろこ》ぶ。吉《きつ》なり。
九二《きゅうじ》　孚《まこと》に兌《よろこ》べば吉《きつ》にして悔亡《くいほろ》ぶ。
六三《りくさん》　来《きた》りて兌《よろこ》ばれんとす。凶《きょう》なり。
九四　兌《よろこ》ぶことを商《はか》りて未《いま》だ寧《やす》からず。介《かい》として疾《にく》む、喜《よろこ》び有り。
九五　剝《おとす》を孚《まこと》とすれば、厲《あやう》きこと有《あ》り。
上六《じょうりく》　引きて兌《よろこ》ぶ。

59　渙《かん》䷺（風水渙《ふうすいかん》）

渙《かん》は、亨《とお》る。王《おう》、有廟《ゆうびょう》に仮《いた》る。大川《たいせん》を渉《わた》るに利《よろ》し。貞《ただ》しきに利《よろ》し。

初六《しよりく》　用《もつ》て拯《すく》ふ。馬《うま》壮《さかん》なり、吉《きつ》なり。
九二《きゆうじ》　渙《ち》るときに其《そ》の机《おしまづき》に奔《はし》る。悔亡《くいほろ》ぶ。
六三《りくさん》　其《そ》の躬《み》を渙《ちら》す。悔无《くいな》し。
六四《りくし》　其《そ》の群《むれ》を渙《ちら》して元《おお》いに吉《きつ》なり。渙《ちら》して丘《おか》有るは夷《つね》の思《おも》ふ所《ところ》に匪《あら》ず。
九五　渙《ちら》すこと其《そ》の大号《たいごう》を汗《あせ》のごとし。王《おう》居を渙《ちら》さば咎无《とがな》けん。
上九《じようきゆう》　渙《ちら》すこと其の血《ち》去《さ》り逖《おそ》れ出《い》づ。咎无《とがな》し。

60　節《せつ》䷻（水沢節《すいたくせつ》）

節《せつ》は、亨《とお》る。節《せつ》に苦しむ、貞《かたく》すべからず。
初九《しよきゆう》　戸庭《こてい》を出《い》でず、咎无《とがな》し。
九二《きゆうじ》　門庭《もんてい》を出《い》でず。凶《きよう》なり。
六三《りくさん》　節若《せつじやく》せず。則《すなわ》ち嗟若《さじやく》たり。咎《とが》めんこと无《な》し。
六四《りくし》　節《せつ》に安《やす》んず。亨《とお》る。
九五　節《せつ》に甘《あま》んず、吉《きつ》なり。往《ゆ》きて尚《たつと》ぶこと有り。

上六《じょうりく》　節《せつ》に苦《くる》しむ、貞《ただ》しけれども凶《きょう》なり。悔亡《くいほろ》ぶ。

61　中孚《ちゅうふ》䷼（風沢中孚《ふうたくちゅうふ》）

中孚《ちゅうふ》は、豚魚《とんぎょ》までにすれば吉《きつ》なり。大川《たいせん》を渉《わた》るに利《よろ》し。貞《ただ》しきに利《よろ》し。

初九《しょきゅう》　虞《はか》りて吉《きつ》なり。他有《たあ》れば燕《やす》からず。

九二《きゅうじ》　鳴《な》ける鶴《つる》、陰《かげ》に在《あ》り。其《そ》の子之《ここれ》に和《わ》す。我《われ》に好爵《こうしゃく》有《あ》り。吾《われ》、爾《なんじ》と之《これ》に靡《かか》る。

六三《りくさん》　敵《てき》を得《う》。或《あるい》は鼓《う》ち或《あるい》は罷《や》み或《あるい》は泣《な》き或《あるい》は歌《うた》ふ。

六四《りくし》　月《つき》、望《もち》に幾《ちか》し。馬《うま》の匹《つがい》亡《ほろ》ぶ。咎无《とがな》し。

九五　孚《まこと》有《あ》りて攣如《れんじょ》たり。咎无《とがな》し。

上九《じょうきゅう》　翰音《かんおん》、天《てん》に登《のぼ》る。貞《ただ》しけれども凶《きょう》なり。

62　小過《しょうか》䷽（雷山小過《らいざんしょうか》）

小過《しょうか》は、亨《とお》る。貞《ただ》しきに利《よろ》し。小事《しょうじ》に可《か》なり。大事《だいじ》に可《か》ならず。飛鳥之《ひちょうこれ》が音《おん》を遺《のこ》す。上《のぼ》るに宜《よろ》しからず下《くだ》るに利《よろ》しくして大吉《だいきつ》なり。

初六《しょりく》　飛鳥以《ひちょうもっ》て凶《きょう》なり。

六二《りくじ》　其《そ》の祖《そ》を過《す》ぎて其《そ》の妣《ひ》に遇《あ》ふ。其《そ》の君《きみ》に及《およ》ばずして其《そ》の臣《しん》に遇《あ》ふ。咎无《とがな》し。

九三　過《す》ぎて之《これ》を防《ふせ》がず。従《したが》つて或《あるい》は之《これ》を戕《そこな》ふ。凶《きょう》なり。

九四　咎无《とがな》し。過《す》ぎずして之《これ》に遇《あ》ふ。往《ゆ》けば厲《あや》ふし、必《かなら》ず戒《いまし》めよ。用《もっ》て永《なが》く貞《かた》くすること勿《なか》れ。

六五《りくご》　密雲して雨ふらず。我が西郊よりす。公、弋（いぐるみ）して彼の穴に在るを取る。

上六《じょうりく》　遇《あ》はずして之《これ》に過《す》ぐ。飛鳥之《ひちょうこれ》を離《はな》る、凶《きょう》なり。是《これ》を災眚《さいせい》と謂《い》ふ。

63　既済《きせい》䷾　（水火既済《すいかきせい》）

既済《きせい》は、亨《とお》ること小《しょう》なり。貞《ただ》しきに利《よろ》し。初《はじ》めは吉《きつ》なり、終《おわ》りは乱《みだ》る。

初九《しょきゅう》　其《そ》の輪《わ》を曳《ひ》き、其《そ》の尾《お》を濡《うる》ほす。咎无《とがな》し。

六二《りくじ》　婦《ふ》、其《そ》の茀《かざし》を喪《うしな》ふ。逐《お》ふこと勿《なか》れ。七日にして得《う》。

九三　高宗《こうそう》、鬼方《きほう》を伐《う》ち、三年にして之《これ》に克《か》てり。小人《しょうじん》は用《もち》ふること勿《なか》れ。

六四《りくし》　繻《うる》ほふに衣袽《いじょ》有《あ》り。終日《しゅうじつ》戒《いま》しむ。
九五　東隣《とうりん》に牛《うし》を殺《ころ》すは、西隣《せいりん》の禴祭《やくさい》して実《じつ》に其の福《ふく》を受《うく》るに如《し》かず。
上六《じょうりく》　其《そ》の首《かしら》を濡《うる》ほす、厲《あや》ふし。

64　未済《びせい》䷿　（火水未済《かすいびせい》）

未済《びせい》は、亨《とお》る。小狐《しょうこ》汔《ほとん》ど済《わた》りて其《そ》の尾《お》を濡《うるお》す。利《よろ》しき攸《ところ》无《な》し。
初六《しょりく》　其《そ》の尾《お》を濡《うるお》す。吝《や》さし。
九二《きゅうじ》　其《そ》の輪《わ》を曳《ひ》く。貞《ただ》しくして吉《きつ》なり。
六三《りくさん》　未《いま》だ済《な》らず。征《ゆ》けば凶《きょう》なり。大川《たいせん》を渉《わた》るに利《よろ》し。
九四　貞《ただ》しければ吉《きつ》にして悔亡《くいほろ》ぶ。震《ふる》ひて鬼方《きほう》を伐《う》つに用《もち》ひ、三年にして大国《たいこく》に賞《しょう》せらるること有《あ》り。
六五《りくご》　貞《ただ》しければ吉《きつ》にして悔无《くいな》し。君子《くんし》の光《ひかり》孚《まこと》有《あ》り、吉《きつ》なり。
上九《じょうきゅう》　孚《まこと》有り、于《ここ》に酒《さけ》を飲《の》む、咎无《とがな》し。其の首《かしら》を濡《うる》ほす。孚《まこと》有りて是を失《うしな》はん。

周易《しゅうえき》　下経《かけい》　終

上象伝《じょうたんでん》

1　大《だい》いなる哉《かな》、乾元《けんげん》、万物《ばんぶつ》資《と》りて始《はじ》む。乃《すなわ》ち天《てん》を統《す》ぶ。雲《くも》行き雨《あめ》施《ほどこ》し品物《ひんぶつ》形を流《し》く。大《おおい》に終始《しゅうし》を明《あきら》かにし、六位《りくい》時《とき》に成《な》る。時に六龍《りくりょう》に乗りて以《もっ》て天《てん》を御《ぎょ》す。乾道《けんどう》変化し、各々《おのおの》性命《せいめい》を正《ただ》しくし、太和《たいわ》を保合《ほうごう》す。乃《すなわ》ち利《と》げて貞《たし》かなり。首《はじめ》として庶物《しょぶつ》に出《い》でて、万国 咸《ことごと》く寧《やす》し。

2　至《いた》れる哉《かな》、坤元《こんげん》、万物《ばんぶつ》資《と》りて生《しょう》ず。乃《すなわ》ち順《したが》って天《てん》に承《う》く。坤《こん》の厚《あつ》き物を載《の》せ、徳は疆《かぎ》り无《な》きに合《あ》ひ、含弘光大《がんこうこうだい》にして、品物《ひんぶつ》咸《ことごと》く亨《とお》る。牝馬《ひんば》は地《ち》の類《たぐい》、地を行くこと疆《かぎ》り无《な》く、柔順《じゅうじゅん》にして利《と》げて貞《ただ》し。君子《くんし》の行《おこな》ふ攸《ところ》なり。先《さき》に迷《まよ》ひて道《みち》を失ひ、後《のち》に順《したが》って常《じょう》を得《う》、西南には朋《とも》を得《う》。乃《すなわ》ち類《たぐい》と与《とも》に行《ゆ》く。東北《とうほく》に朋《とも》を喪《うしな》へども、乃《すなわ》ち終《つい》に慶《よろこ》び有り。貞《ただ》しきに安《やす》んじ、之《こ》の吉は地の疆《かぎ》り无《な》きに応《おう》ずるなり。

3　屯《ちゅん》は剛柔《ごうじゅう》始めて交《まじわ》りて難生《なやみな》る。険中《けんちゅう》に動《うご》く。大《おおい》に亨《とお》りて貞《ただ》し。雷雨《らいう》の動く満《み》ち盈《み》てり。天造草昧《てんぞうそうまい》、侯《こう》を建《た》つるに宜《よろ》しくして寧《やす》しとせず。

4 蒙《もう》は、山の下に険《けわ》しき有り、険《けわ》しくして止《とど》まるは、蒙《もう》なり。蒙の亨《とお》るは亨《とお》ることを以《もっ》て行きて時《とき》に中《ちゅう》すなり。我《われ》、童蒙《どうもう》に求《もと》むるに匪《あら》ず、童蒙我《どうもうわれ》に求《もと》むとは、志《こころざし》応《おう》ずるなり。初筮《しょぜい》すれば告《つ》ぐ。剛中《ごうちゅう》を以《もっ》てなり。再三《さいさん》すれば瀆《けが》す、瀆《けが》すときは則《すなわ》ち告《つ》げず、蒙《もう》を瀆《けが》すなり。蒙《もう》は以《もっ》て養《やしな》ふこと正《ただ》し、聖《せい》の功《こう》なり。

5 需《じゅ》は須《ま》つなり。険《けわ》しきこと前《まえ》に在《あ》り。剛健《ごうけん》にして陥《おちい》らず、其の義困窮《こんきゅう》せず。需《じゅ》孚《まこと》有り光《おお》いに亨《とお》る。貞《ただ》しければ吉なり。天位《てんい》に位《くらい》するに正中《せいちゅう》を以《もっ》てす。大川《たいせん》を渉《わた》るに利《よろ》し、往《ゆ》きて功《こう》有り。

6 訟《しょう》は上剛《たけ》く下険《けわ》し。険しくして健《すこや》かなるは訟《しょう》なり。訟《うった》へ孚《まこと》有りて窒《ふさ》がり惕《おそれ》て中《ちゅう》して吉なり。剛来《ごうきた》りて中《ちゅう》を得《う》ればなり。終《お》ふれば凶《きょう》なり。訟《うった》へ成《な》すべからざればなり。大人《たいじん》を見《み》るに利《よろ》し。中正《ちゅうせい》を尚《たっと》ぶなり。大川《たいせん》を渉《わた》るに利《よろ》しからず、淵《ふち》に入《い》るなり。

7 師《し》は衆《もろもろ》なり、貞《てい》は正《ただ》し、能《よ》く衆《もろもろ》を以《ひき》ゐて正《ただ》し、以《もっ》て王《おう》たるべし。剛中にして応ず、険《けわ》しきに行きて順《したが》ふ。此《これ》を以《もっ》て天下《てんか》に毒《どく》して民之《これ》に従ふ、吉なり、又《また》何の咎《とが》かあらん。

8 比《ひ》は吉なり。比は輔《たす》くるなり。下《した》順《したが》ひ従《したが》ふなり。原筮《げんぜい》し元《おお》き永《なが》く貞《さだ》かにして咎无《とがな》し。剛中を以《もっ》てなり。寧《やす》からざるも方《まさ》に来《きた》ること上下応《しょうかおう》ず。後《おく》れたる夫《ひと》は凶なり。其の道窮《きわ》まるなり。

9　小畜《しょうちく》、柔《じゅう》、位《くらい》を得《え》て上下之《しょうかこれ》に応《おう》ずるを小畜と曰《い》ふ。健《すこや》かにして巽《ゆず》り、剛中《ごうちゅう》にして志《こころざし》行く。乃《すなわ》ち亨《とお》る。密雲雨《みつうんあめ》ふらず尚往《なおゆ》くなり。我が西郊《せいこう》よりす、施《ほどこ》し未《いま》だ行《おこな》はれず。

10　履《り》は、柔《じゅう》、剛《ごう》を履《ふ》むなり。説《よろこ》んで乾《けん》に応《おう》ず、是《ここ》を以《もっ》て虎《とら》の尾《お》を履《ふ》みて人を咥《くら》はず、亨《とお》る。剛《ごう》中正、帝位《ていい》を履《ふ》みて疚《やま》しからず、光明《こうみょう》なり。

11　泰《たい》は、小《しょう》往《ゆ》き大来《だいきた》る、吉《きつ》にして亨《とお》る。則《すなわ》ち是《こ》れ天地交《まじわ》りて万物通《ばんぶつつう》ずるなり。上下《しょうか》交《まじわ》りて、其の志《こころざし》同じなり。内陽《うちよう》にして外陰《そといん》、内《うち》健《すこや》かにして外《そと》順《したが》ひ、内君子《うちくんし》にして外《そと》小人《しょうじん》、君子《くんし》道《みち》長《ちょう》じ、小人《しょうじん》道消《しょう》すなり。

12　否《ひ》は之《これ》人に匪《あら》ざる、君子《くんし》の貞《ただ》しきに利《よろ》しからず、大往《だいゆ》き小《しょう》来《きた》る、則《すなわ》ち是《こ》れ天地交《まじわ》らずして万物通《ばんぶつとお》らざるなり。上下《しょうか》交《まじわ》らずして天下《てんか》に邦《くに》无《な》し。内陰《うちいん》にして外陽《そとよう》、内柔《やわら》かにして外剛《つよ》く、内小人《しょうじん》にして外君子《くんし》、小人《しょうじん》道《みち》長《ちょう》じ、君子《くんし》道消《しょう》ず。

13　同人《どうじん》、柔《じゅう》位《くらい》を得《え》、中《ちゅう》を得《え》て乾《けん》に応《おう》ずるを同人《どうじん》と曰《い》ふ。同人曰《いわ》く、人に同じくするに野《や》に于《おい》てす、亨《とお》る。大川《たいせん》を渉《わた》るに利《よろ》し、乾《けん》の行くなり。文明《ぶんめい》にして以《もっ》て健《すこや》かに中正《ちゅうせい》にして応《おう》ず。君子《くんし》の正しきなり。唯《ただ》、君子《くんし》能《よ》く天下《てんか》の志《こころざし》に通《つう》ずることを為《な》す。

14 大有《たいゆう》は、柔《じゅう》、尊位《そんい》を得《え》、大中《だいちゅう》にして上下之《しょうかこれ》に応《おう》ずるを大有と曰《い》ふ。其の徳剛健《ごうけん》にして文明《ぶんめい》天に応《おう》じて時《とき》に行く、是《ここ》を以《もっ》て元《おおい》にして亨《とお》る。

15 謙《けん》は亨《とお》る。天道《てんどう》は下《くだ》り済《すみ》て光明《こうみょう》なり、地道《ちどう》は卑《ひく》くして上《のぼ》り行《ゆ》く。天道《てんどう》は盈《み》てるを虧《か》きて謙《へりくだ》るにに益《ま》す。地道は盈《み》てるを変《か》へて謙《へりくだ》れるに流《なが》す。鬼神《きしん》は盈《み》てるを害《がい》して謙《へりくだ》れるに福《さいわい》す。人道は盈《み》てるを悪《にく》みて謙《へりくだ》れるを好《この》む。謙《へりくだ》れば尊《とうと》くして光《ひか》り、卑《ひく》くして踰《こ》ゆべからず。君子《くんし》の終《おわ》りなり。

16 豫《よ》は剛応《ごうおう》じて志《こころざし》 行《ここな》はれ順《したが》つて以《もっ》て動くは、豫《よ》なり。豫《よ》順《したが》つて以《もっ》て動く故《ゆえ》に天地も之《かく》の如し。而《しか》るを況《いわん》や侯《きみ》を建《た》て師《いくさ》を行《や》るをや。天地 順《したが》ふを以《もっ》て動く。故《ゆえ》に日月《じつげつ》過《あやま》たずして、四時《しいじ》忒《たが》はず。聖人 順《したが》ふを以《もっ》て動けば、則《すなわ》ち刑罰清くして民服《たみふく》す。豫《よ》の時義《じぎ》、大《おおい》なる哉《かな》。

17 随《ずい》は、剛来《ごうきた》りて柔《じゅう》に下《くだ》り、動きて説《よろこ》ぶは随《ずい》なり。大《おおい》に亨《とお》る。貞《ただ》し。咎无《とがな》くして天下《てんか》随《したが》ふ時、随時《ずいじ》の義《ぎ》大《おおい》なる哉《かな》。

18 蠱《こ》は剛上《ごううえ》にして柔《じゅう》下《くだ》る。巽《したが》つて止《とど》まるは蠱《こ》なり。蠱《こ》は元《おおい》に亨《とお》りて天下《てんか》治《おさ》まるなり。大川《たいせん》を渉《わた》るに利《よろ》し。往《ゆ》きて事有り、甲に先《さき》だつこと三日、甲に後《おく》るること三日、終《おわ》れば則《すなわ》ち始まり有り、天行《てんこう》なり。

19 臨《りん》は剛《ごう》浸《ようや》くにして長《ちょう》ず。説《よろこ》んで順《したが》ひ、剛中《ごうちゅう》にして応《おう》ず、大《おおい》に亨《とお》る。正《ただ》しきを以《もっ》てす、天《てん》の道《みち》なり。八月に至《いた》りて凶《きょう》有り、消《しょう》すること久《ひさ》しからず。

20 大《おおい》に観《み》えて上《かみ》に在《あ》り。順《したが》つて巽《ゆず》り中正《ちゅうせい》にして以《もっ》て天下《てんか》に観《み》ゆ。観《かん》は盥《てあら》つて薦《すす》めず孚《まこと》有りて顒若《ぎょうじゃく》たり、下《しも》観《み》て化《か》すなり。天《てん》の神道《しんどう》を観《み》れば、四時《しいじ》忒《たが》はず。聖人神道《しんどう》を以《もっ》て教へを設《もう》けて、天下服《てんかふく》す。

21 頤《おとがい》の中《うち》に物有るを噬嗑《ぜいこう》と曰《い》ふ。噬《か》み嗑《あわ》せて亨《とお》る。剛柔《ごうじゅう》分《わか》れ動《うご》きて明《あきら》かに雷電《らいでん》合《あ》ひて章《あき》らかに柔中《じゅうちゅう》を得《え》て上《のぼ》り行く、位に当らずと雖《いえど》も獄《ごく》を用《もち》ふるに利《よろ》し。

22 賁《ひ》は亨《とお》る。柔《じゅう》来《きた》りて剛《ごう》を文《かざ》る、故《ゆえ》に亨《とお》る。剛を分《わか》ちて上《のぼ》りて柔《じゅう》を文《かざ》る、故《ゆえ》に小《すこ》しく往《ゆ》く攸《ところ》有るに利《よろ》し。天文《てんもん》なり。文明《ぶんめい》にして以《もっ》て止《とど》まる、人文《じんぶん》なり。天文を観《み》て以《もっ》て時変《じへん》を察《さっ》し、人文を観《み》て、以《もっ》て天下《てんか》を化成《かせい》す。

23 剝《はく》は剝《は》ぐなり、柔《じゅう》剛《ごう》を変《へん》ずるなり。往《ゆ》く攸《ところ》有るに利《よろ》しからず、小人《しょうじん》長《ちょう》ず。順《したが》つて之《これ》に止《とど》まる、象《しょう》を観《み》るなり。君子《くんし》、消息盈虚《しょうそくえいきょ》を尚《たっと》ぶ。天行《てんこう》なり。

24 復《ふく》は亨《とお》る。剛反《かえ》る、動きて順《したが》ふを以《もっ》て行く、是《ここ》を以《もっ》て出入《しゅつにゅう》疾《やまい》无《な》く、朋来《ともきた》りて咎无《とがな》し。其の道に反《かえ》り復《かえ》り、七日にして来《きた》り復《かえ》る。天行《てんこう》なり。往《ゆ》く攸《ところ》有るに利《よろ》し、剛長《ちょう》ずるなり。復《ふく》は其れ天地の心を見るか。

25 无妄《むぼう》、剛外《ごうそと》より来《きた》りて内《うち》に主《しゅ》為《た》り。動《うご》きて健《すこや》かに剛中《ごうちゅう》にして応《おう》ず。大《おおい》に亨《とお》つて以《もっ》て正《ただ》し、天《てん》の命《めい》なり。其れ正《ただ》しきに匪《あら》ざれば眚《わざわい》有りて、往《ゆ》く攸《ところ》有るに利《よろ》しからず。无妄《むぼう》の往《ゆ》く、何《いず》くにか之《ゆ》かん。天命祐《てんめいたす》けず。行《ゆ》かんや。

26 大畜《たいちく》は剛健篤実輝光《ごうけんとくじつきこう》にして日《ひび》に其の徳を新《あら》たにす。剛上《ごうのぼ》りて賢《けん》を尚《たっと》び能《よ》く健《けん》を止《とど》む、大《おおい》に正《ただ》し。家に食《は》まず、吉なり、賢《けん》を養《やしな》ふなり。大川《たいせん》を渉《わた》るに利《よろ》し、天《てん》に応《おう》ずるなり。

27 頤《い》は貞《ただ》しければ吉なり。養《やしな》ふこと正《ただ》しければ則《すなわ》ち吉なり。頤《おとがい》を観《み》るは其の養《やしな》ふ所を観《み》るなり。自《みず》から口実《こうじつ》を求《もと》むとは其の自《みず》から養《やしな》ふことを観《み》るなり。天地は万物《ばんぶつ》を養ひ、聖人は賢《けん》を養つて以《もっ》て万民《ばんみん》に及ぶ。頤《い》の時大《おおい》なる哉《かな》。

28 大過《たいか》は、大《だい》なる者過《す》ぐるなり。棟《むなぎ》橈《たわ》めり、本末弱《ほんまつよわ》し。剛過《ごうす》ぎて中《ちゅう》巽《したが》つて説《よろこ》び行く。往《ゆ》く攸《ところ》有るに利《よろ》しく、乃《すなわ》ち亨《とお》る。大過《たいか》の時、大《おおい》なる哉《かな》。

29 習坎《しゅうかん》は重険《ちょうけん》なり。水《みず》流れて盈《み》たず、険《けわ》しきに行きて其の信《まこと》を失《うしな》はず。維《こ》れ心亨《とお》る。乃《すなわ》ち剛中《ごうちゅう》を以《もっ》てなり。行きて尚《たっと》ぶこと有り、往《ゆ》きて功《こう》有るなり。天《てん》の険《けわ》しきは、升《のぼ》るべからざるなり、地の険しきは山川丘陵《さんせんきゅうりょう》なり。王公険《おうこうけわ》しきを設《もう》けて以《もっ》て其の国を守《まも》る。険《けわ》しきの時《とき》、用《よう》大《おお》いなる哉《かな》。

30　離《り》は麗《つ》くなり。日月《じつげつ》は天《てん》に麗《つ》き、百穀草木《ひゃくこくそうもく》は土《つち》に麗《つ》く。重明《ちょうめい》以《もっ》て正《せい》に麗《つ》く。乃《すなわ》ち天下《てんか》を化成す。柔《じゅう》は中正《ちゅうせい》に麗《つ》けり。故《ゆえ》に亨《とお》る。是《ここ》を以《もっ》て牝牛《ひんぎゅう》を畜《やしな》へば吉なり。

上彖伝《じょうたんでん》　終

下象伝《かたんでん》

31 咸《かん》は感《かん》なり。柔《じゅう》上《うえ》にして剛下《ごうくだ》り、二気感応《かんおう》して以《もっ》て相《あ》ひ与《くみ》し止《とど》まりて説《よろこ》び、男《だん》、女《じょ》に下《くだ》る。是《ここ》を以《もっ》て亨《とお》る。貞《ただ》しきに利《よろ》し。女《じょ》を取《めと》るは吉《きっ》なり。天地感じて万物化生《かせい》す。聖人、人心《じんしん》を感じて天下和平《てんかわへい》す。其の感ずる所を観《み》て天地万物の情《じょう》、見るべし。

32 恒《こう》は久《ひさ》し。剛上《ごううえ》にして柔《じゅう》下《くだ》り、雷風《らいふう》相《あ》ひ与《くみ》し、巽《したが》って動き、剛柔皆《み》な恒《こう》に応《おう》ず。恒亨《とお》りて咎《とが》无《な》し。貞《ただ》しきに利《よろ》し、其の道《みち》に久《ひさ》し。天地《てんち》の道《みち》は恒久《こうきゅう》にして已《や》まざるなり。往《ゆ》く攸《ところ》有るに利《よろ》し。終《おわ》れば則《すなわ》ち始《はじ》まり有り。日月《じつげつ》、天を得《え》て能《よ》く久《ひさ》しく照《てら》し、四時《しいじ》変化して能《よ》く久《ひさ》しく成《な》し、聖人《せいじん》は其の道に久《ひさ》しくして天下化成《かせい》す。其の恒《こう》なる所を観《み》て、天地万物の情《こころ》、見《み》るべし。

33 遯《とん》は亨《とお》る。遯《のが》れて亨《とお》るなり。剛《ごう》位《くらい》に当《あた》って応《おう》じ、時と与《とも》に行くなり。小《しょう》は貞《ただ》しきに利《よろ》しく浸《よう》くにして長《ちょう》ず。遯《とん》の時義《じぎ》大《おおい》なる哉《かな》。

34 大壮《たいそう》は大《だい》なる者壮《さか》んなり。剛《つよ》くして以《もっ》て動《うご》く、故《ゆえ》に壮《さかん》なり。大壮は貞《ただ》しきに利《よろ》しとは、大《だい》なる者正《ただ》し。正大《せいだい》にして天地の情《じょう》見《み》るべし。

35 晋《しん》は進むなり。明《めい》、地の上に出でて順《したが》つて大明《たいめい》に麗《つ》き、柔《じゅう》進みて上《のぼ》り行《ゆ》く。是《ここ》を以《もつ》て康侯《こうこう》用《もつ》て馬を錫《たま》ふこと蕃庶《はんしょ》たり。昼日《ちゅうじつ》三《み》たび接《まじ》はれり。

36 明《めい》、地《ち》の中《うち》に入《い》るは明夷《めいい》なり。内文明《うちぶんめい》にして外《そと》柔順《じゅうじゅん》以《もつ》て大難《だいなん》を蒙《こうむ》る。文王之《ぶんおうこれ》を以《もち》ふ。艱《くるし》んで貞《ただ》しきに利《よろ》し、其の明《めい》を晦《くら》ますなり。内難《うちなや》んで能《よ》く其の志《こころざし》を正《ただ》しくす。箕子《きし》、之《これ》を以《もち》ふ。

37 家人《かじん》は、女《おんな》位《くらい》を内《うち》に正《ただ》しくし、男《おとこ》位《くらい》を外《そと》に正《ただ》しくす。男女正《だんじょただ》しきは天地の大義《たいぎ》なり。家人《かじん》に厳君《げんくん》有り、父母《ふぼ》の謂《いい》なり。父《ちち》は父たり子《こ》は子たり、兄《あに》は兄たり弟《おとうと》は弟たり、夫《おっと》は夫たり婦《つま》は婦たりて、家道《かどう》正し。家を正しくして天下定《さだ》まる。

38 睽《けい》は火動《ひうご》きて上《のぼ》り、沢《さわ》動きて下《くだ》り、二女同じく居《い》て其の志《こころざし》同じく行《おこな》はれず説《よろこ》んで明《めい》に麗《つ》き、柔《じゅう》進んで上《のぼ》り行き、中《ちゅう》を得《え》て剛《ごう》に応《おう》ず。是《ここ》を以《もつ》て小事《しょうじ》吉なり。天地睽《そむい》て其の事同じ。男女睽《そむ》いて其の志《こころざし》通《つう》じ、万物睽《そむ》いて其の事類《るい》す。睽《けい》の時用《じよう》大《おおい》なる哉《かな》。

39 蹇《けん》は難《なや》みなり、険《けわ》しき前《まえ》に在《あ》り。険《けわ》しきを見《み》て能《よ》く止《とど》まる、知《ち》なる哉《かな》。蹇《けん》、西南《せいなん》に利《よろ》し、往《ゆ》きて中《ちゅう》を得《う》。東北《とうほく》に利《よろ》しからず、其の道窮《みちきわ》まる。大人《たいじん》を見るに利《よろ》し、往《ゆ》きて功《こう》有り。

位《くらい》に当《あた》り貞《ただ》しくして吉《きつ》なり、以て邦《くに》を正《ただ》す。蹇《けん》の時用大《じょうだい》なる哉《かな》。

40 解《かい》は険《けわ》しくして以て動《うご》き、動いて険《けわ》しきを免《まぬか》るるは解《かい》なり。解は西南に利《よろ》し、往《ゆ》きて衆《しゅう》を得《う》。其れ来《きた》り復《ふく》して吉《きつ》なり。乃《すなわ》ち中《ちゅう》を得《う》。往《ゆ》く攸《ところ》有らば夙《はや》くして吉なり、往《ゆ》きて功《こう》有り。天地《てんち》解《と》けて雷雨《らいう》作《おこ》り、雷雨作《おこ》りて百果草木《ひゃくかそうぼく》皆《み》な甲折《こうさ》く。解の時大《おおい》なる哉《かな》。

41 損《そん》は下《しも》を損して上《かみ》に益《ま》す、其の道上《のぼ》り行《ゆ》く。損して孚《まこと》有れば元《おおい》に吉《きつ》なり、咎无《とがな》し。貞《さだ》かなるべし。往《ゆ》く攸《ところ》有るに利《よろ》し。曷《なに》をか之《こ》れ用《もち》ひん、二簋《にき》用《もっ》て亨《とお》るべし。二簋応《まさ》に時《とき》有るべし。剛《ごう》を損《そん》して柔《じゅう》を益《ま》す、時《とき》有り。損益盈虚《そんえきえいきょ》時《とき》と偕《とも》に行《おこな》ふ。

42 益《えき》は上《うえ》を損《そん》して下《した》に益《ま》す。民《たみ》説《よろこ》ぶこと疆《かぎ》り无《な》し。上《うえ》より下《した》に下《くだ》る、其の道大《おおい》に光《ひか》れり。往《ゆ》く攸《ところ》有るに利《よろ》し。中正《ちゅうせい》にして慶《よろこ》び有り。大川《たいせん》を渉《わた》るに利《よろ》し、木《き》の道乃《すなわ》ち行《おこな》はる。益《えき》は動いて巽《ゆず》り日《ひび》に進むこと疆《かぎ》り无《な》し。天《てん》施《ほどこ》し地《ち》生《しょう》ず、其の益《えき》すること方无《ほうな》し。凡《およ》そ益の道時《みちとき》と偕《とも》に行《おこな》ふ。

43 夬《かい》は決《けつ》するなり。剛《ごう》、柔《じゅう》を決するなり、健《すこや》かにして説《よろこ》び決《けつ》して和《なごや》かなり。王庭《おうてい》に揚《あ》ぐ。柔《じゅう》五剛《ごごう》に乗《の》ればなり。孚《まこと》に号《よば》はる厲《あやう》きこと有り。其の危《あやう》きは乃《すなわ》ち光《ひか》れるなり。告《つ》ぐること邑《ゆう》よりして戎《じゅう》に即《つ》くことを利《よろ》しとせざれ。尚《たっと》ぶ所《ところ》乃《すなわ》ち窮《きわ》まるなり。往《ゆ》く攸《ところ》有るに利《よろ》し。

剛《ごう》長《ちょう》ずれば乃《すなわ》ち終《おわ》るなり。

44　姤《こう》は遇《あ》ふなり。柔《じゅう》剛《ごう》に遇《あ》ふなり。女《おんな》を取《めと》るに用《もち》ふること勿《なか》れ。与《とも》に長《ちょう》ずべからず。天地《てんち》相《あ》ひ遇《あ》ひて品物《ひんぶつ》咸《ことごと》く章《あきら》けし。剛中正《ちゅうせい》に遇《あ》ひて天下大《おおい》に行《おこな》はる。姤《こう》の時義大《じぎだい》なる哉《かな》。

45　萃《すい》は聚《あつ》まるなり。順《したが》つて以て説《よろこ》び、剛中《ちゅう》にして応《おう》ず。故《ゆえ》に聚《あつ》まるなり。王《おう》有廟《ゆうびょう》に仮《いた》るとは、孝享《こうきょう》を致《いた》すなり、大人《たいじん》を見るに利《よろ》しくして亨《とお》る。聚《あつ》むるに正《ただ》しきを以てす。大牲《たいせい》を用《もち》ふれば吉にして往《ゆ》く攸《ところ》有るに利《よろ》し、天命《てんめい》に順《したが》ふなり。其の聚《あつ》まる所を観《み》て天地万物《ばんぶつ》の情《じょう》見るべし。

46　柔《じゅう》時を以《もつ》て升《のぼ》る。巽《つつしみ》て順《したが》ひ剛《ごう》中《ちゅう》にして応《おう》ず。是《ここ》を以《もつ》て大《おおい》に亨《とお》る。用《もつ》て大人《たいじん》を見《み》る、恤《うれう》ること勿《なか》れ、慶《よろこ》び有り。南征《なんせい》して吉《きつ》なり。志《こころざし》行《おこな》はるなり。

47　困《こん》は剛揜《おお》はるなり。険《けわ》しくして以て説《よろこ》び困《くる》しみて其の亨《とお》る所を失はざるは其れ唯君子《ただくんし》か。貞《ただ》し大人《たいじん》にして吉なり、剛《ごう》中《ちゅう》を以てなり。言《こと》有るとも信ぜらざらん、口《くち》を尚《とうと》べば乃《すなわ》ち窮《きわ》まるなり。

48　水に巽《い》れて水を上《あ》ぐるは井《せい》なり。井《せい》養《やしな》ひて窮《きわ》まらず。邑《ゆう》を改《あらた》めて井《せい》を改めず、乃《すなわ》ち剛《ごう》中《ちゅう》を以てなり。汔《ほとん》ど至《いた》りて亦未《またいま》だ井に繘《つるべなわ》せず、未《いま》だ功有《こうあ》らざるなり。其の瓶《つるべ》を羸《やぶ》る、是《ここ》を以《もっ》て凶《きょう》なり。

49 革《かく》は水火《すいか》相《あ》ひ息《や》め二女同じく居《い》て、其の志《こころざし》相《あ》ひ得《え》ざるを革《かく》と曰《い》ふ。已日《おわんぬるひ》、乃《すなわ》ち孚《まこと》とす、革《あらた》めて之《これ》を信《しん》ず。文明《ぶんめい》にして以て説《よろこ》び大《おおい》に亨《とお》るに正《せい》を以てす。革《あらた》めて当《あた》る其の悔《くい》乃《すなわ》ち亡《ほろ》ぶ。天地革《あらた》まりて四時《しいじ》成《な》る。湯武命《とうぶめい》を革《あらた》め天《てん》に順《したが》つて人に応《おう》ず。革《かく》の時、大《おおい》なる哉《かな》。

50 鼎《てい》は象《しょう》なり。木《き》を以《もっ》て火《ひ》に巽《い》れて、亨《に》て飪《に》るなり。聖人亨《に》て以《もっ》て上帝《じょうてい》を享《まつ》りて大《おおい》に亨《に》て以て聖賢《せいけん》を養《やしな》ふ。巽《つつし》みて耳目《じもく》聡《さと》く明《あきら》かなり。柔《じゅう》進んで上《のぼ》り行《ゆ》き中《ちゅう》を得《え》て剛《ごう》に応《おう》ず。是《ここ》を以《もっ》て元《おおい》に亨《とお》るなり。

51 震《しん》は亨《とお》る。震来《きた》りて虩虩《げきげき》たり。恐れて福《ふく》を致《いた》す。笑ふ言《ことば》は啞啞《あくあく》たり。後《のち》に則《のり》有り。震《ふる》つて百里を驚《おどろ》かす、遠《とお》きを驚かして邇《ちか》きを懼《おど》すなり。出《い》でては以て宗廟《そうびょう》社稷《しゃしょく》を守りて以て祭《まつ》りの主《しゅ》と為《な》るべし。

52 艮《ごん》は止《とど》まるなり。時止《ときとど》まれば則《すなわ》ち止《とど》まり、時行《ゆ》けば則《すなわ》ち行《ゆ》き、動静《どうせい》其の時を失《うしな》はず。其の道《みち》光明《こうみょう》なり。其の止《とど》まりに艮《とど》まるは其の所《ところ》に止《とど》まるなり。上下敵応《じょうげてきおう》して相《あ》ひ与《くみ》せざるなり。是《ここ》を以《もっ》て其の身《み》を獲《え》ず、其の庭《にわ》に行《ゆ》きて、其の人《ひと》を見ず、咎《とが》无《な》きなり。

53 漸《ぜん》は之《こ》れ進むなり。女帰《とつ》ぐに吉なり。進《すす》みて位《くらい》を得《え》、往《ゆ》きて功《こう》有り。進むに正しきを以てす、以て邦《くに》を正《ただ》すべし。其の位剛《ごう》、中《ちゅう》を得《う》るなり。止《とど》まりて巽《したが》ひ、動いて窮《きわ》まらざるなり。

54 帰妹《きまい》は天地《てんち》の大義《たいぎ》なり。天地交《まじわ》らずして万物興《ばんぶつおこ》らず。帰妹《きまい》は人の終始《しゅうし》なり。説《よろこ》びて以《もっ》て動く。帰《とつ》ぐ所の妹《まい》なり。征《ゆ》けば凶《きょう》なり。位《くらい》　当《あた》らず、利《よろ》しき攸无《ところな》し、柔《じゅう》　剛《ごう》に乗《の》るなり。

55 豊《ほう》は大《おおい》なり。明《あきら》かにして以《もっ》て動《うご》く、故《ゆえ》に豊《おおい》なり。王《おう》、之《これ》に仮《いた》る、大《だい》なることを尚《とうと》ぶなり。憂《うれう》ること勿《なか》れ、日中《ひちゅう》に宜《よろ》し、天下《てんか》を照《てら》すに宜し。日中《ひちゅう》なれば則《すなわ》ち昃《かたむ》き、月盈《つきみつ》れば則《すなわ》ち食《は》む。天地の盈虚時《えいきよとき》と消息《しょうそく》す。而《しか》るを況《いわん》や人に於《おい》てをや。況《いわん》や鬼神《きしん》に於《おい》てをや。

56 旅《りょ》は小《すこ》しく亨《とお》る。柔《じゅう》　中《ちゅう》を外《そと》に得《え》て、剛《ごう》に順《したが》ひ、止《とど》まりて明《めい》に麗《つ》く。是《ここ》を以《もっ》て小《すこ》しく亨《とお》る。旅《りょ》、貞《ただ》しければ吉《きつ》なり。旅の時義《じぎ》　大《おおい》なる哉《かな》。

57 重《ちょう》　巽《そん》以て命《めい》を申《かさ》ぬ。剛《ごう》　中正《ちゅうせい》に巽《したが》つて　志《こころざし》　行《おこな》はれ、柔《じゅう》　皆《みな》剛に順《したが》ふ。是《ここ》を以て小《すこ》しく亨《とお》る。往《ゆ》く攸《ところ》有るに利《よろ》し、大人《たいじん》を見るに利《よろ》し。

58 兌《だ》は説《よろこ》ぶなり。中《なか》を剛《つよ》くして外《そと》を柔《やわら》かにし説《よろこ》んで以て貞《ただ》しきに利《よろ》し。是《ここ》を以《もっ》て天《てん》に順《したが》つて人《ひと》に応《おう》ず。説《よろこ》んで以て民《たみ》に先《さき》だち民其の労《ろう》を忘れ、説《よろこ》んで以て難《なん》を犯《おか》し、民其の死を忘る。説《よろこ》びの大《だい》なる、民勧《すす》まん哉《かな》。

59 渙《かん》は亨《とお》る。剛来《きた》りて窮《きわ》まらず、柔《じゅう》位《くらい》を外《そと》に得《え》て上《うえ》に同《どう》じ、王《おう》、有廟《ゆうびょう》に仮《いた》る、王乃《すなわ》ち中《うち》に在《あ》り。大川《たいせん》を渉《わた》るに利《よろ》し、木《き》に乗《の》って功《こう》有るなり。

60 節《せつ》は亨《とお》る。剛柔分《わか》れて剛中《ちゅう》を得《う》。節に苦《くる》しむ、貞《かたく》すべからず、其の道窮《きわ》まる。説《よろこ》びて以て険《けわし》きに行き、位に当りて以て節し、中正《ちゅうせい》にして以て通《とお》る。天地《てんち》は節して四時《しいじ》成《な》る。節して以て度《ど》を制し財《ざい》を傷《やぶ》らず民《たみ》を害《そこな》はず。

61 中孚《ちゅうふ》は、柔《じゅう》内《うち》に在《あ》りて剛《ごう》中《ちゅう》を得《え》、説《よろこ》びて巽《ゆず》る、孚《まこと》とす。乃《すなわ》ち邦《くに》を化《か》す。豚魚《とんぎょ》までに吉《きつ》なり。信《まこと》、遯魚《とんぎょ》に及《およ》ぶなり。大川《たいせん》を渉《わた》るに利《よろ》し。木《き》に乗《の》りて舟虚《むな》し。中孚《ちゅうふ》にして以て貞《ただ》しきに利《よろ》し、乃《すなわ》ち天《てん》に応《おう》ずるなり。

62 小過《しょうか》は小《しょう》なる者過《す》ぎて亨《とお》るなり。過ぎて以て貞《ただ》しきに利《よろ》し。時《とき》と与《とも》に行《おこな》ふなり。柔《じゅう》は中《ちゅう》を得《う》。是《ここ》を以《もっ》て小事吉《しょうじきつ》なり。剛《ごう》は位《くらい》を失《うしな》って中《ちゅう》ならず、是《ここ》を以《もっ》て大事《だいじ》に可《か》ならず。飛鳥《ひちょう》の象《しょう》有《あ》り、飛鳥之《ひちょうこれ》が音《おと》を遺《のこ》す、上《のぼ》るに宜《よろし》からず、下《くだ》るに宜し、大吉なり。上《のぼ》るは逆《ぎゃく》にして下《くだ》るは順《じゅん》なればなり。

63 既済《きせい》は亨《とお》る、小《しょう》なる者亨《ものとお》るなり。貞《ただ》しきに利《よろ》し、剛柔正しくして位当るなり。初《はじ》めは吉なり、柔《じゅう》中《ちゅう》を得《う》るなり。終《おわ》り止《とど》まれば則《すなわ》ち乱《みだ》る、其の道窮《きわ》まるなり。

64 未済《びせい》は亨《とお》る、柔《じゅう》中《ちゅう》を得《う》るなり。小狐《しょうこ》汔《ほと》んど済《わた》る、未《いま》だ中《うち》を出《い》でざるなり。其の尾を濡《うる》ほす、利《よろ》しき攸无《ところな》し、続《つづ》き終《お》へざるなり。位《くらい》に当《あた》らずと雖《いえど》も、剛《ごう》柔《じゅう》応《おう》ずるなり。

下象伝《かたんでん》　終

上象伝《じょうしょうでん》

1 天行《てんこう》は健《すこや》かなり。君子《くんし》以《もっ》て自《みずか》ら強《つと》めて息《や》まず。

潜龍《せんりょう》なり。用《もち》ひること勿《なか》れ。陽下《ようした》に在《あ》り。

見龍田《けんりょうでん》に在《あ》り。徳《とく》の施《ほどこ》し普《あまね》し。

終日《しゅうじつ》 乾乾《けんけん》たり。道《みち》に反《かえ》り復《かえ》る。

或《あるい》は躍《おど》りて淵《ふち》に在《あ》り、進《すす》むこと咎无《とがな》し。

飛龍天《ひりょうてん》に在《あ》り。大人造《たいじんおこ》れり。

亢龍《こうりょう》 悔《くい》有《あ》り、盈《み》ちては久《ひさ》しかるべからず。

用九《ようきゅう》、天徳《てんとく》 首《かしら》と為《な》るべからず。

2 地勢《ちせい》 坤《したが》へり。君子《くんし》以《もっ》て厚徳《こうとく》、物《もの》を載《の》す。

霜《しも》を履《ふ》む、堅氷《けんぴょう》 陰始《いんはじ》めて凝《こ》る。馴《な》れて其《そ》の道《みち》を致《いた》して堅《かた》き氷《こおり》に至《いた》る。

六二《りくじ》の動き直《なお》くして以て方《ほう》なり。習はずして利《よろ》しからざること无《な》し。地道光《ちどうひか》れり。

章《あや》を含む、貞《ただ》しくすべし、以《もっ》て時《とき》を発《はっ》す。或《あるい》は王事《おうじ》に従《したが》ふ、知《ち》、光大《こうだい》なり。
嚢《のう》を括《くく》る、咎无《とがな》し。慎《つつし》みて害《そこな》はず。
黄《き》の裳《しょう》せり、元《おおい》に吉《きつ》なり。文中《ぶんうち》に在《あ》ればなり。
龍《りょう》、野《や》に戦《たたか》ふ。其《そ》の道窮《みちきわま》る。
用六《ようりく》、永《なが》く貞《さだ》かなり。以《もっ》て大《おおい》に終《おわ》る。

3

雲雷《うんらい》は屯《ちゅん》なり。君子《くんし》以《もっ》て経綸《けいりん》す。
磐桓《ばんかん》たりと雖《いえど》も志《こころざし》正《ただ》しきを行《おこな》ふ。貴《とうと》きを以《もっ》て賤《いやし》きに下《くだ》る。大《おおい》に民《たみ》を得《う》。
六二《りくじ》の難《なや》みは剛《ごう》に乗《の》ればなり。十年にして乃《すなわ》ち字《あざな》すは常《つね》に反《かえ》るなり。
鹿《しか》に即《つ》きて虞《おそれ》无《な》し、以《もっ》て禽《えもの》に従《したが》ふなり。君子之《くんしこれ》を舎《すて》て往《ゆ》けば吝《や》さし、窮《きわ》まるなり。
求《もと》めて往《ゆ》く、明《あきら》けし。
其《そ》の膏《めぐみ》に屯《とどこおら》す。施《ほどこ》すこと未《いま》だ光《おおい》ならず。
泣血漣如《きゅうけつれんじょ》たり。何《なん》ぞ長《なが》かるべきや。

4

山《やま》の下《した》に泉《いずみ》を出《いだ》すは蒙《もう》なり。君子以《くんしもっ》て行《こう》を果《はた》し徳《とく》を育《やしな》ふ。
用《もっ》て人《ひと》を刑《つみな》ふに利《よろ》し。以《もっ》て法《ほう》を正《ただ》しくす。

子《こ》、家《いえ》を克《よく》す。剛《ごう》柔《じゅう》接《まじ》はるなり。

女《じょ》を取《めと》るに用《もち》ふること勿《なか》れ。行《おこな》ひ順《したが》はざるなり。

蒙《もう》に困《くるし》むの吝《や》さしきは、独《ひとり》実《じつ》に遠《とお》ざかればなり。

童蒙《どうもう》の吉《きつ》は順《したが》って以《もっ》て巽《ゆず》ればなり。

用《もっ》て寇《あだ》を禦《ふせ》ぐに利《よろ》し。上下《じょうげ》順《したが》へり。

5 雲天《くもてん》に上《のぼ》るは需《じゅ》なり。君子《くんし》以《もっ》て飲食宴楽《いんしょくえんらく》す。
郊《こう》に需《ま》つ、難《なん》を犯《おか》して行かざるなり。用《もっ》て恒《つね》なるに利《よろ》し。咎无《とがな》し。未《いま》だ常《つね》を失《うしな》はず。

沙《すな》に需《ま》つ、衍《ゆた》かにして中《うち》に在《あ》り。小《すこ》しく言《ものいい》在《あ》りと雖《いえど》も吉《きつ》を以《もっ》て終《おわ》る。

泥《どろ》に需《ま》つ、災《わざわい》外《そと》に在《あ》り。我《われ》より寇《あだ》を致《いた》す。敬《つつし》み慎《つつし》まば敗《やぶ》れじ。

血《ち》に需《ま》つ、順《したが》って以《もっ》て聴《き》くなり。

酒食《しゅし》貞《たし》かなれば吉《きつ》なり。中正《ちゅうせい》を以《もっ》てなり。

速《まね》かざるの客《きゃく》来《きた》る、之《これ》を敬《けい》すれば終《つい》に吉《きつ》なり。位《くらい》に当《あた》らずと雖《いえど》も、未《いま》だ大《おおい》に失《うしな》はざるなり。

6 天《てん》と水《みず》と違《たが》ひ行《ゆ》くは訟《しょう》なり。君子《くんし》以《もっ》て事《こと》を作《な》すに始《はじ》めを謀《はか》る。

事《こと》とする所《ところ》を永《なが》くせず、訟《うった》へは長くすべからざるなり。小《すこ》しく言《ものいい》在《あ》りと雖《いえど》も、其《そ》の辯《べん》明《あきら》けし。

訟《うった》へを克《よ》くせず、帰《かえ》つて逋《のが》れ竄《かく》る。下《しも》より上《かみ》に訟《うった》ふ。患《うれ》ひの至《いた》る、掇《と》れるなり。

旧徳《きゅうとく》を食《しょく》とし上《かみ》に従《したが》へば吉《きつ》なり。

復《かえ》つて命《めい》に即《つ》き渝《か》へて貞《ただ》しきに安《やす》んず。失《うしな》はざるなり。

訟《うった》へて元《おおい》に吉《きつ》なり。中正《ちゅうせい》を以《もつ》てなり。

訟《うった》へを以《もつ》て服《ふく》を受《う》く。亦《ま》た敬《うや》まふに足《た》らず。

7　地《ち》の中《うち》に水《みず》在《あ》るは師《し》なり。君子《くんし》以《もつ》て民《たみ》を容《い》れ、衆《もろもろ》を畜《やしな》ふ。

師《いくさ》出《いだ》すに律《りつ》を以《もつ》てす。律《りつ》を失《うしな》へば凶《きょう》なり。

師《いくさ》に在《あ》りて中《ちゅう》なり吉《きつ》なり。天寵《てんちょう》を承《う》く。王《おう》三《み》たび命《めい》を錫《たま》ふ。万邦《ばんぽう》を懐《なつ》くるなり。

師《いくさ》或《あるい》は尸《しかばね》を輿《にな》ふ、大《おおい》に功《こう》无《な》し。

次《やどり》を左《しりぞ》く、咎《とが》无《な》し。未《いま》だ常《つね》を失《うしな》はざるなり。

長子《ちょうし》をして師《いくさ》を帥《ひき》ゐしむ、中行《ちゅうこう》を以《もつ》てなり。弟子《ていし》にもせしむれば尸《しかばね》を輿《にな》ふ。使《せし》むること当《あた》らざればなり。

大君命有《たいくんめいあ》り、以《もっ》て功《こう》を正《ただ》す。小人《しょうじん》は用《もち》ふること勿《なか》れ、必《かなら》ず邦《くに》を乱《みだ》すなり。

8 地《ち》の上《うえ》に水有《みずあ》るは比《ひ》なり。先王以《せんおうもっ》て万国《ばんこく》を建《た》て、諸侯《しょこう》を親《した》しむ。

比《ひ》の初六《しょりく》、他《た》の吉有《きつあ》り。

之《これ》に比《ひ》すること内《うち》よりす、自《みず》から失《うしな》はず。

之《これ》に比《ひ》すること人《ひと》に匪《あら》ず、亦《ま》た傷《そこな》はざらんや。

外賢《そとけん》に比《ひ》して以《もっ》て上《かみ》に従《したが》ふなり。

比《ひ》を顕《あらわ》にするの吉《きつ》は位 正中《くらいせいちゅう》なればなり。逆《さか》らふを舎《す》て順《したが》ふを取《と》る、前禽《ぜんきん》を失《うしな》ふなり。

邑人《ゆうじん》も誡《いまし》めず、上《かみ》の使《つか》ふこと中《ちゅう》なればなり。

之《これ》に比《ひ》すること首《かしら》无《な》し、終《おわ》る所《ところ》无《な》し。

9 風《かぜ》、天《てん》の上《うえ》に行《ゆ》くは小畜《しょうちく》なり。君子以《くんしもっ》て文徳《ぶんとく》を懿《よ》くす。

復《かえ》ること道《みち》よりす、其《そ》の義吉《ぎきつ》なり。

牽《ひ》きて復《かえ》る、中《ちゅう》に在《あ》り。亦《ま》た自《みず》から失《うしな》はず。

夫妻目《ふさいめ》を反《そば》む、室《しつ》を正《ただ》すこと能《あた》はざるなり。

孚《まこと》有《あ》りて、惕《おそ》れ出《い》づ、上 志《かみこころざし》を合《がっ》す。

孚《まこと》有《あ》りて、攣如《れんじょ》たり、独《ひと》り富《と》まず。
既《すで》に雨《あめ》ふり既《すで》に処《お》る、徳《とく》積《つも》り載《の》るなり。君子《くんし》征《ゆ》けば凶《きょう》なり。疑《うたが》ふ所《ところ》有《あ》り。

10　上《うえ》は天《てん》、下《した》は沢《さわ》なるは、履《り》なり。君子《くんし》以《もつ》て上下《じょうげ》を辯《わきま》へ民《たみ》の志《こころざし》を定《さだ》む。
素《そ》より之《これ》を履《ふみ》て往《ゆ》く。独《ひと》り願《ねが》ひを行《おこな》ふなり。
幽人貞《ゆうじんただ》しくして吉《きつ》なり、中自《うちみず》から乱《みだ》らず。
眇《すが》め能《よ》く視《み》る、以《もつ》て明《あきら》かなること有《あ》るに足《た》らず。跛《あしな》へ能《よ》く履《ふ》む以《もつ》て与《とも》に行《ゆ》くに足《た》らず。
人《ひと》を咥《くら》ふの凶《きょう》は、位《くらい》当《あた》らざればなり。武人大君《ぶじんたいくん》を為《つく》るは志《こころざし》剛《つよ》ければなり。
愬愬《さくさく》として終《つい》に吉《きつ》なり、志《こころざし》行《おこな》はるるなり。
履《ふ》むことを夬《さだ》む、貞《ただ》しけれども厲《あや》ふし、位《くらい》正《ただ》しく当《あた》ればなり。
元《おおい》に吉《きつ》、上に在《あ》り。大《おおい》に慶《よろこ》び有《あ》り。

11　天地交《てんちまじ》はるは泰《たい》なり。后《きみ》以《もつ》て天地の道を財成《ざいせい》し、天地の宜しきを輔相《ほしょう》して、以て民《たみ》を左右《さゆう》す。
茅《ちがや》を抜きて征《ゆ》きて吉《きつ》なり。志《こころざし》外《そと》に在《あ》り。
荒《こう》を包みて中行《ちゅうこう》に尚《かな》ふを得《う》、光大《こうだい》を以《もつ》てす。

往《ゆ》きて復《かえ》らざること无《な》し。天地際《てんちまじ》はるなり。
翩翩《へんぺん》として富《と》まず、皆《み》な実《じつ》を失《うしな》ふなり。戒《いまし》めずして以て孚《まこと》あり、中心より願へばなり。
以て祉《さいわ》ひありて元《おおい》に吉《きつ》なり。中《ちゅう》にして以て願《ねが》ひを行《おこな》ふなり。
城《しろ》、隍《ほり》に復《かえ》る。其《そ》の命乱《めいみだ》るるなり。

12 天地交《まじ》はらざるは否《ひ》なり。君子《くんし》以て徳《とく》を倹《けん》して難《なん》を辟《さ》く。栄《さか》やかすに禄を以てすべからず。
茅《ちがや》を抜きて、貞《ただ》しければ吉《きつ》なり、志《こころざし》君《きみ》に在《あ》り。
大人《たいじん》は否《ふさ》がりて亨《とお》る、群《むれ》に乱れず。
羞《はじ》を包《つつ》む、位《くらい》当《あた》らざるなり。
命有《めいあ》り、咎无《とがな》し、志《こころざし》行《おこな》はる。
大人《たいじん》の吉《きつ》は位《くらい》正《ただ》しく当《あた》ればなり。
否《ふさ》がり終れば則ち傾《かたむ》く、何《なん》ぞ長《なが》かるべき。

13 天《てん》と火《ひ》と同人《どうじん》なり。君子以《くんしもっ》て族《ぞく》を類《たぐ》へ物《もの》を辨《わきま》ふ。
門《もん》を出《い》でて人《ひと》に同《おな》じくす。又《また》、誰《たれ》か咎《とが》めん。

人《ひと》に同《おな》じくするに宗《そう》に于《おい》てす、吝《や》さしき道《みち》なり。

戎《つわもの》を莽《くさむら》に伏《ふ》す、敵剛《つよ》ければなり。三歳《さい》までに興《おこ》さず。安《いずく》んぞ行《ゆ》かん。

其《そ》の墉《かき》に乗《の》る。義克《ぎか》たず、其の吉《きつ》は則《すなわ》ち困《くるし》みて則《のつと》りに反《かえ》ればなり。

人に同じくするの先《さき》は中直《ちゅうちょく》を以《もつ》てなり。大《おおい》に師《いくさ》して相《あ》ひ遇《あ》ふ。言《いうこころ》は相《あ》ひ克《か》つなり。

人に同じくするに郊《こう》に于《おい》てす。志《こころざし》未《いま》だ得《え》ざるなり。

14　火《ひ》、天《てん》の上《うえ》に在《あ》るは大有《たいゆう》なり。君子《くんし》以《もつ》て悪《あく》を遏《とど》め善《ぜん》を揚《あ》げて天《てん》の休命《きゅうめい》に順《したが》ふ。

大有の初九は、害に交《まじ》はること无《な》し。

大車以て載《の》す、中《うち》に積《つ》みて敗《やぶ》れざるなり。

公用《こうもつ》て天子《てんし》に亨《とお》れり、小人《しょうじん》は害《がい》す。

其《そ》の彭《さかん》に匪《あら》ず、咎《とが》无《な》し。明辨晳《めいべんせき》たり。

厥《そ》の孚《まこと》交如《こうじょ》たり、信《まこと》以て志《こころざし》を発《はっ》するなり。威如《いじょ》の吉《きつ》は易《あな》どりて備《そな》ふること无《な》からん。

大有の上《うえ》の吉《きつ》は天《てん》より祐《たす》くなり。

15　地《ち》の中《うち》に山《やま》有《あ》るは謙《けん》なり。君子《くんし》以《もつ》て多《おお》きを裒《へら》して寡《すくな》きに益《ま》し物《もの》を称《はか》りて施《ほどこ》しを平《たいら》かにす。

謙《けん》たり謙《けん》たる君子《くんし》卑《ひく》くして以《もっ》て自《みずか》ら牧《やしな》ふ。
謙たること鳴る、貞《ただ》しくして吉《きつ》なり、中心得《う》るなり。
労《ろう》の謙《けん》、君子万民服《くんしばんみんふく》す。
利《よろ》しからざる无《な》し、謙を撝《き》して則《のり》に違《たが》はざるなり。
用《もっ》て侵伐《しんばつ》に利《よろ》し。服《ふく》せざるを征《う》つ。
謙《けん》たること鳴る。志《こころざし》未《いま》だ得《え》ざるなり。用《もっ》て師《いくさ》を行《や》り邑国《ゆうこく》を征《う》つべし。

16 雷地《らいち》を出《い》でて奮《ふる》ふは豫《よ》なり。先王《せんおう》以て楽《がく》を作《つく》りて徳《とく》を崇《たか》くし殷《さか》んに之《これ》を上帝《じょうてい》に薦《すす》めて以て祖考《そこう》を配《はい》す。

初六《しょりく》、豫《たのし》みを鳴《なら》す、志《こころざし》窮《きわ》まりて凶《きょう》なり。
日《ひ》を終《お》へず貞《ただ》しくして吉《きつ》なり、中正《ちゅうせい》を以てなり。
盱《み》あげて豫《たのし》む。悔有《くいあ》り、位《くらい》当《あた》らざればなり。
由《よっ》て豫《たのし》む、大《おお》いに得《う》ること有《あ》り、志《こころざし》大《おおい》に行《おこな》はるなり。
六五《りくご》、貞《かた》く疾《や》めり、剛《ごう》に乗《の》ればなり。恒《つね》にして死《し》なず、中《うち》未《いま》だ亡《ほろ》びざるなり。
豫《たのし》むに冥《くら》くして上《かみ》に在《あ》り。何《なん》ぞ長《なが》かるべきや。

17　沢《たく》の中《うち》に雷《らい》有《あ》るは随《ずい》なり。君子《くんし》以《もっ》て晦《くら》きに嚮《むか》ひて入《い》りて宴息《えんそく》す。

官渝《かんかわ》ること有り。正《ただ》しきに従《したが》へば吉《きつ》なり。門《もん》を出《い》でて交《まじわ》れ、功《こう》有《あ》らん。失《うしな》はざるなり。

小子《しょうし》に係《かかわ》る、兼《か》ね与《くみ》せざるなり。

丈夫《じょうふ》に係《かかわ》る、志《こころざし》下《した》を舎《す》つるなり。

随《したが》つて獲《う》ること有《あ》り、其《そ》の義《ぎ》凶《きょう》なり。孚《まこと》有《あ》り。道《みち》に在《あ》りて明《あきら》かならば功あらん。

嘉《よ》きに孚《まこと》あり吉《きつ》なり、位《くらい》正中《せいちゅう》なり。

之《これ》に拘《かかわ》り係《かかわ》る、上《じょう》窮《きわま》れり。

18　山下《さんか》に風《かぜ》有《あ》るは、蠱《こ》なり。君子《くんし》以《もっ》て民《たみ》を振《す》くひ徳《とく》を育《やし》なふ。

父《ちち》の蠱《こ》に幹《かん》たり、意考《いこう》に承《う》く。

母《はは》の蠱《こ》に幹《かん》たり、中道《ちゅうどう》を得《う》。

父《ちち》の蠱《こ》に幹《かん》たり、終《つい》に咎《とが》无《な》し。

父《ちち》の蠱《こ》に裕《ゆる》くし、往《ゆ》くこと未《いま》だ得《え》ざるなり。

父《ちち》に幹《かん》として用《もっ》て誉《ほまれ》あり、承《う》くるに徳《とく》を以《もっ》てすればなり。

王侯《おうこう》に事《つか》へず、志《こころざし》則《のつと》るべし。

19
沢《さわ》の上《うえ》に地《ち》有《あ》るは臨《りん》なり。君子《くんし》以《もっ》て教《おしえ》の思《おも》ひ窮《きわ》まり无《な》く、民《たみ》を容《い》れ保《たも》つこと彊《かぎ》り无《な》し。
咸《み》な臨《のぞ》む、貞《ただ》しくして吉《きつ》なり。志《こころざし》正《ただ》しきを行《おこな》ふ。
咸《み》な臨《のぞ》む吉《きつ》。利《よろ》しからざる无《な》し。未《いま》だ命《めい》に順《したが》はざるなり。
甘《あまく》なつて臨《のぞ》む、位《くらい》当《あた》らざるなり。既《すで》に之《これ》を憂《うれ》へば咎《とが》長からざるなり。
至《いた》れる臨《のぞ》みなり、咎《とが》无《な》し。位《くらい》当《あた》れり。
大君《たいくん》の宜《よろ》しきは中《ちゅう》を行《おこな》ふの謂《いい》なり。
臨《のぞ》むに敦《あつ》きの吉《きつ》は、志《こころざし》内《うち》に在《あ》ればなり。

20
風地《かぜち》の上《うえ》に行《ゆ》くは観《かん》なり。先王《せんおう》以《もっ》て方《ほう》を省《かえり》みて、民《たみ》を観《み》、教《おしえ》を設《もう》く。
初六《しょりく》、童《わらべ》観《み》る、小人《しょうじん》の道《みち》なり。
闚《うかが》ひ観《み》る、女《じょ》は貞《ただ》し、亦《ま》た醜《みにく》かるべし。
我《わ》が生《いき》を観《み》て進《すす》み退《しりぞ》く、未《いま》だ道《みち》を失《うしな》はず。
国《くに》の光《ひかり》を観《み》る、賓《ひん》たらんことを尚《ねが》ふなり。
我《わ》が生《いき》を観《み》るは、民《たみ》を観《み》るなり。
其《そ》の生《いき》を観《み》る、志《こころざし》未《いま》だ平《たいら》かならず。

21

雷電《らいでん》は噬嗑《ぜいこう》なり、先王《せんおう》以《もつ》て罰《ばつ》を明《あきら》かにし法《ほう》を勅《ととの》ふ。

校《かせ》を履《はき》て趾《あし》を滅《やぶ》る、行《ゆ》かざるなり。

膚《はだえ》を噬《かみ》て鼻《はな》を滅《やぶ》る、剛《ごう》に乗《の》ればなり。

毒《どく》に遇《あ》ふ、位《くらい》当《あた》らざればなり。

艱《なや》んで貞《ただ》しかるに利《よろ》しければ吉《きつ》なり、未《いま》だ光《おおい》ならざるなり。

貞《たし》かにして厲《あやぶ》めば咎《とが》无《な》し、当《あた》ることを得《う》。

校《こう》を何《にない》て耳《みみ》を滅《やぶ》る、聡《さと》きこと明《あきら》かならず。

22

山《やま》の下《した》に火《ひ》有《あ》るは賁《ひ》なり。君子《くんし》以《もつ》て庶政《しょせい》を明《あきら》かにして敢《あえ》て獄《ごく》を折《さだむ》ること无《な》し。

車《くるま》を舎《す》てて徒《かち》よりす、義《ぎ》乗《の》らざるなり。

其《そ》の須《ひげ》を賁《かざ》る、上《かみ》と興《おこ》るなり。

永《なが》く貞《さだ》かなるの吉《きつ》は、終《つい》に之《これ》を陵《しの》ぐこと莫《な》し。

六四《りくし》、位《くらい》に当《あた》って疑《うたが》はし。寇《あだ》するに匪《あら》ず婚媾《こんこう》せんとなり、終《つい》に尤《とが》め无《な》し。

六五《りくご》の吉《きつ》は喜《よろこ》び有《あ》り。

白《しろ》き賁《かざ》りなり、咎《とが》无《な》し。上《じょう》、志《こころざし》を得《う》るなり。

23

山《やま》、地《ち》に附《つ》くは剝《はく》なり。上《かみ》以《もっ》て下《しも》に厚《あつ》くして宅《たく》を安《やす》んず。

牀《しょう》を剝《はく》すこと以《もっ》て足《あし》よりす、以《もっ》て下《した》を滅《ほろぼ》すなり。

牀《しょう》を剝《はく》して以《もっ》て辨《べん》にす、未《いま》だ与《くみ》有《あ》らず。

之《これ》を剝《はく》すときに咎《とが》无《な》し、上下《じょうげ》を失《うしな》へばなり。

牀《しょう》を剝《はく》して以《もっ》て膚《はだえ》にす、切《せつ》に災《わざわい》に近《ちか》づくなり。

宮人《きゅうじん》を以《ひきい》て寵《ちょう》せらる、終《つい》に尤《とが》无《な》し。

君子《くんし》は輿《よ》を得《う》、民《たみ》の載《の》する所なり。小人《しょうじん》は廬《ろ》を剝《はく》す、終《つい》に用《もち》ふべからざるなり。

24

雷《らい》、地《ち》の中《うち》に在《あ》るは復《ふく》なり。先王《せんおう》以《もっ》て至日《しじつ》に関《かん》を閉《と》ぢ、商旅《しょうりょ》行《ゆ》かず、后《きみ》方《ほう》を省《かえり》みず。

遠《とお》からずの復《ふく》は身《み》を脩《おさ》むるを以《もっ》てなり。

復《かえ》ることを休《よく》するの吉《きつ》は以《もっ》て仁《じん》に下《くだ》ればなり。

頻《しき》りに復《かえ》るの厲《あやう》きは、義《ぎ》咎《とが》无《な》し。

中《うち》に行《ゆ》きて独《ひと》り復《かえ》る、以《もっ》て道《みち》に従《したが》ふなり。

復《かえ》るに敦《あつ》し、悔《くい》无《な》し。中《うち》に以《もっ》て自《みず》から考《な》す。

復《かえ》るに迷《まよ》ふの凶《きょう》は、君《きみ》の道《みち》に反《そむ》けばなり。

25 天《てん》の下《した》に雷《らい》行《ゆ》く、物《もの》に无妄《むぼう》を与《あた》ふ。先王《せんおう》以《もつ》て茂《さか》んに時《とき》に対《たい》して万物《ばんぶつ》を育《やしな》ふ。

无妄《むぼう》の往《ゆ》く、志《こころざし》を得《う》るなり。

耕《たがや》し獲《と》らず、未《いま》だ富《とみ》とせざるなり。

行人牛《こうじんうし》を得《う》、邑人《ゆうじん》の災《わざわい》なり。

貞《かた》くして咎《とが》无《な》かるべし、固《かた》く之《これ》を有《たも》つ。

无妄《むぼう》の薬《くすり》、試《こころ》むべからず。

无妄《むぼう》の行《ゆ》くは、窮《きわま》るの災《わざわい》なり。

26 天《てん》、山《やま》の中《うち》に在《あ》るは、大畜《たいちく》なり。君子《くんし》以《もつ》て多《おお》く前言往行《ぜんげんおうこう》を識《し》つて、以《もつ》て其《そ》の徳《とく》を畜《やしな》ふ。

厲《あやう》きこと有《あ》り、已《や》むに利《よろ》し、災《わざわい》を犯《おか》さず。

輿《よ》、輹《ふく》を説《と》く、中《なか》にして尤《とが》无《な》し。

往《ゆ》く攸《ところ》有《あ》るに利《よろ》し、上志《じょうこころざし》を合《あわ》すればなり。

六四《りくし》、元《おおい》に吉《きつ》なり、喜《よろこ》び有《あ》り。

六五《りくご》の吉《きつ》、慶《よろこ》び有《あ》り。

何《なん》ぞ天《てん》の衢《ちまた》、道《みち》大《おおい》に行《おこな》はる。

27　山《やま》の下《した》に雷《らい》有《あ》るは頤《い》なり。君子《くんし》以《もっ》て言語《げんご》を慎《つつし》み飲食《いんしょく》を節《せつ》にす。
我《われ》を観《み》て頤《おとがい》を朶《た》る、亦《また》貴《とうと》ぶに足《た》らず。
六二《りくじ》、征《ゆ》けば凶《きょう》、行《ゆ》きて類《るい》を失《うしな》ふなり。
十年《ねん》用《もち》ゐること勿《なか》れ、道《みち》大《おお》いに悖《もと》るなり。
顛《さかしま》に頤《やしな》はるるの吉《きつ》は上《かみ》の施《ほどこ》し光《ひか》れるなり。
貞《ただ》しきに居《お》るの吉《きつ》は、順《したが》つて以《もっ》て上《かみ》に従《したが》へばなり。
由《よ》つて頤《やしなわ》る、厲《あやう》くして吉《きつ》、大《おお》いに慶《よろこ》び有《あ》り。

28　沢《さわ》の木《き》を滅《めっ》すは大過《たいか》なり。君子《くんし》以《もっ》て独《ひと》り立《た》ちて懼《おそ》れず、世《よ》を遯《のが》れて悶《もだう》ること无《な》し。
藉《し》くに白茅《はくぼう》を用《もち》ふ、柔《じゅう》下《した》に在《あ》り。
老夫女妻《ろうふじよさい》、過《す》ぎて以《もっ》て相《あ》ひ与《くみ》す。
棟《むなぎ》橈《たわ》むの凶《きょう》は以《もっ》て輔《たすく》ること有《あ》るべからず。
棟隆《むなぎたかき》の吉《きつ》は下《した》に橈《たわ》まざればなり。
枯《か》れたる楊《やなぎ》に華《はな》を生《しょう》ず、何《なん》ぞ久《ひさ》しかるべけんや。老婦士夫《ろうふしふ》も亦《また》醜《みにく》かるべし。
過《す》ぎて渉《わた》るの凶《きょう》は、咎《とが》むべからず。

29　水洊《みずしき》りに至《いた》るは習坎《しゅうかん》なり。君子《くんし》以《もっ》て徳行《とくこう》を常《つね》にし教事《きょうじ》を習《か》さぬ。

習坎《しゅうかん》、坎《かん》に入《い》る、道《みち》を失《うしな》ひて凶《きょう》なり。

求《もと》めて小《すこ》しく得《う》、未《いま》だ中《うち》を出《い》でず。

来《きた》るも之《ゆ》くも坎坎《かんかん》たり、終《つい》に功《こう》无《な》し。

樽酒簋貳《そんしゅきじ》、剛柔《ごうじゅう》際《まじ》はるなり。

坎盈《かんみ》たず、中《うち》未《いま》だ大《だい》ならず。

上六《じょうりく》、道《みち》を失《うしな》ふ、凶《きょう》、三歳《さい》なり。

30　明《めい》、両《ふた》たび作《おこ》るは離《り》なり。大人《たいじん》以《もっ》て継《つ》ぎ、明《あきら》かにして四方《しほう》を照《てら》す。

履《ふ》むこと錯《さく》たる敬《つつし》み、以《もっ》て咎《とが》めを辟《さ》く。

黄《き》に離《つ》けり、元《おおい》に吉《きつ》なり、中道《ちゅうどう》を得《う》。

日昃《にっしょく》の離《り》、何《なん》ぞ久《ひさ》しかるべきや。

突如《とつじょ》として其《そ》れ来如《らいじょ》たり、容《い》る所《ところ》无《な》し。

六五《りくご》の吉《きつ》は王公《おうこう》に離《つ》けばなり。

王用《おうもっ》て出《い》で征《ゆ》きて以《もっ》て邦《くに》を正《ただ》すなり。

上象伝《じょうしょうでん》

終

下象伝《かしょうでん》

31　山《やま》の上《うえ》に沢《さわ》有《あ》るは咸《かん》なり。君子《くんし》以《もっ》て虚《むな》しくして人《ひと》を受《う》く。

其《そ》の拇《おおゆび》に咸《かん》ず、志《こころざし》外《ほか》に在《あ》り。

凶《きょう》と雖《いえど》も居《お》れば吉《きつ》なり、順《したが》へば害《がい》あらず。

其《そ》の股《もも》に咸《かん》ず、亦《また》処《お》らざるなり。志《こころざし》人《ひと》に随《したが》ふに在《あ》り、執《と》る所《ところ》下《ひく》し。

貞《ただ》しければ吉《きつ》にして悔亡《くいほろ》ぶ、未《いま》だ感《かん》に害《がい》あらざるなり。憧憧《しょうしょう》として往《ゆ》き来《きた》る。未《いま》だ光大《こうだい》ならざるなり。

其《そ》の脢《おおゆび》に咸《かん》ず、志《こころざし》末《すえ》なり。

其《そ》の輔頬舌《ほきょうぜつ》に咸《かん》ず、口説《こうぜつ》を滕《あ》ぐるなり。

32　雷風《らいふう》は恒《こう》なり、君子《くんし》以《もっ》て立《た》ちて方《ほう》を易《か》へず。

浚《ふか》く恒《こう》にするの凶《きょう》は、始《はじ》めにして求《もと》むること深《ふか》ければなり。

九二《きゅうじ》、悔亡《くいほろ》ぶ、能《よ》く中《ちゅう》に久《ひさ》しければなり。

其《そ》の徳《とく》を恒にせず、容《い》るる所《ところ》无《な》し。

其《そ》の位《くらい》に非《あら》ざるに久《ひさ》し、安《いずく》んぞ禽《きん》を得《え》ん。

婦人貞《ふじんさだ》かにして吉《きつ》、一に従《したが》つて終《おわ》るなり。夫子《ふうし》は義《ぎ》を制《せい》す。婦《ふ》に従《したが》ふは凶《きょう》なり。

振《ふる》ふこと恒《つね》に、上《かみ》に在《あ》りて大《おおい》に功《こう》无《な》し。

33

天《てん》の下《した》に山《やま》有《あ》るは遯《とん》なり。君子《くんし》以《もつ》て小人《しょうじん》を遠《とお》ざく、悪《あらく》せずして厳《おごそ》かにす。

遯《のが》るるに尾《しりえ》の厲《あやう》けれども往《ゆ》かずして何《なん》の災《わざわい》あらん。

執《と》るに黄牛《こうぎゅう》を用《もち》ふ。志《こころざし》を固《かた》くするなり。

遯《のが》るるに係《かかわ》るの厲《あやう》きの疾《やまい》有《あ》りて憊《つかる》るなり。臣妾《しんしょう》を畜《やしな》へば吉《きつ》なり。大事《だいじ》に可《か》ならず。

君子《くんし》は好《この》めども遯《のが》る、小人《しょうじん》は否《しか》らず。

遯《のが》るるに嘉《よ》し、貞《ただ》しければ吉《きつ》なり。以《もつ》て志《こころざし》を正《ただ》しくす。

遯《のが》るるに肥《ゆた》かなり。利《よろ》しからざること无《な》し、疑《うたが》ふ所《ところ》无《な》し。

34

雷《らい》、天《てん》の上《うえ》に在《あ》るは大壮《たいそう》なり。君子《くんし》以《もつ》て礼《れい》に非《あらざ》れば履《ふ》まず。

趾《し》に壮《さか》んなり、其《そ》れ孚《まこと》に窮《きゅう》せん。

九二《きゅうじ》、貞《ただ》しければ吉《きつ》なり、中《ちゅう》を以《もつ》てなり。

小人《しょうじん》は壮《そう》を用《もち》ひ、君子《くんし》は罔《なみ》す。

藩《まがき》決《ひら》けて羸《くる》しまず、尚往《なおゆ》くなり。

羊《ひつじ》を易《たやすき》に喪《うしな》ふ、位《くらい》当《あた》らざればなり。

退《しりぞ》くこと能《あた》はず、遂《と》ぐること能《あた》はず、詳《つまびら》かならざるなり。艱《なや》まば則《すなわ》ち吉《きつ》ならん、咎長《とがなが》からざるなり。

35 明《めい》、地《ち》の上《うえ》に出《い》づるは晋《しん》なり、君子以《くんしもっ》て自《みず》から明徳《めいとく》を昭《あきら》かにす。
晋如《しんじょ》として摧如《さいじょ》たり。独《ひと》り正《ただ》しきを行《おこな》ふ。裕《ゆた》かにせよ、咎无《とがな》し。未《いま》だ命《めい》を受《う》けず。

茲《こ》の介《おおい》なる福《ふく》を受《う》く、中正《ちゅうせい》を以《もっ》てなり。

衆《もろもろ》、允《まこと》とするの志《こころざし》は上《のぼ》り行《ゆ》けばなり。

鼫鼠《せきそ》、貞《ただ》しければ厲《あやう》し、位《くらい》当《あた》らざればなり。

失得《しっとく》恤《うれう》ること勿《な》ければ往《ゆ》きて慶《よろこ》び有《あ》り。

維《こ》れ用《もっ》て邑《ゆう》を伐《う》つ、道未《みちいま》だ光《おおい》ならざるなり。

36 明《めい》、地《ち》の中《うち》に入《い》るは明夷《めいい》なり。君子以《くんしもっ》て衆《しゅう》に莅《のぞ》むに、晦《くら》きを用《もっ》て明《あきら》かなり。
君子《くんし》于《ゆき》に行《ゆ》く、義食《ぎくら》はざるなり。

六二《りくじ》の吉《きつ》は順《したが》つて以《もつ》て則《のつと》りあればなり。
南《みなみ》に狩《かり》するの志《こころざし》は乃《すなわ》ち大《おおい》に得《う》るなり。
左《ひだり》の腹《はら》に入《い》る、心意《しんい》を獲《う》るなり。
箕子《きし》の貞《ただ》しき明《めい》、息《や》むべからず。
初《はじ》めは天《てん》に登《のぼ》る、四国《しこく》を照《てら》すなり。後《のち》は地《ち》に入《い》る、則《のり》を失《うしな》ふなり。

37 風《かぜ》、火《ひ》より出《いず》るは家人《かじん》なり。君子《くんし》以《もつ》て言《い》ふことに物有《ものあ》りて、行《こう》に恒有《つねあ》り。
閑《ふせ》ぎて家《いえ》を有《たも》つ、志《こころざし》未《いま》だ変《へん》ぜざるなり。
六二《りくじ》の吉《きつ》は順《したが》つて以《もつ》て巽《ゆず》ればなり。
家人嗃嗃《かじんこうこう》たり、未《いま》だ失《うしな》はざるなり。婦子嘻嘻《ふしきき》たり、家《いえ》の節《せつ》を失《うしな》ふなり。
家《いえ》を富《と》ます、大吉《だいきつ》なり。順《したが》つて位《くらい》に在《あ》り。
王《おう》、家《いえ》を有《たも》つに仮《いた》る、交ゝ《こもごも》相《あ》ひ愛《あい》すなり。
威如《いじょ》の吉《きつ》は、身《み》に反《はん》するの謂《いい》なり。

38 上《うえ》は火《ひ》、下《した》は沢《さわ》は睽《けい》なり、君子《くんし》以《もつ》て同じうして異《こと》なり。
悪人《あくにん》を見《み》る、以《もつ》て咎《とが》めを辟《さ》くなり。

主《しゅ》に巷《ちまた》に遇《あ》ふ、未《いま》だ道《みち》を失《うしな》はざるなり。

輿《こし》に曳《ひ》かる、位《くらい》当《あた》らざればなり。初《はじ》め无《な》くして終《おわ》り有《あ》り、剛《ごう》に遇《あ》ふなり。

交《こもごも》孚《まこと》ありて咎《とが》无《な》し、志《こころざし》行《おこな》はるなり。

厥《そ》の宗《そう》、膚《はだえ》を噬《か》む、往《ゆ》きて慶《よろこ》び有《あ》り。

雨《あめ》に遇《あ》ふの吉《きつ》は群疑《ぐんぎ》亡《うしな》ふなり。

39

山《やま》の上《うえ》に水《みず》有《あ》るは蹇《けん》なり、君子《くんし》以て身に反《はん》して徳《とく》を脩《おさ》む。

往《ゆ》けば蹇《けん》、来《きた》れば誉《ほ》めらる、宜《よろ》しく待つべし。

王臣蹇蹇《おうしんけんけん》、終《つい》に尤《とが》め无《な》し。

往《ゆ》けば蹇《けん》、来《きた》れば反《かえ》るに、内之《うちこれ》を喜《よろこ》ぶ。

往《ゆ》けば蹇《けん》、来《きた》れば連《つら》なる、位《くらい》に当《あた》って実《じつ》なり。

大《おおい》に蹇《なや》めり、朋来《ともきた》る、中《ちゅう》の節《せつ》を以てなり。

往《ゆ》けば蹇《なや》む、来《きた》れば碩《おおい》なり。志《こころざし》内《うち》に在《あ》り。大人《たいじん》を見《み》るに利《よろ》し、以て貴《とうと》きに従《したが》ふなり。

40

雷《らい》雨《う》作《おこ》るは解《かい》なり、君子《くんし》以て過《あやま》ちを赦《ゆる》し罪《つみ》を宥《なだ》む。

剛《ごう》柔《じゅう》の際《まじ》はり、義《ぎ》咎《とが》无《な》し。

九二《きゅうじ》、貞《ただ》しければ吉《きつ》なり、中道《ちゅうどう》を得《う》。
負《お》ひて且《か》つ乗《の》る、亦醜《またみにく》かるべし、我《われ》より戎《じゅう》を致《いた》す、又誰《またたれ》をか咎《とが》めん。
而《なんじ》の拇《おおゆび》を解《と》く、未《いま》だ位《くらい》に当《あた》らざるなり。
君子《くんし》解《と》くこと有《あ》り、小人《しょうじん》退《しりぞ》くなり。
公、用《もっ》て隼《はやぶさ》を射る、以て悖《もと》れるを解《と》けり。

41

　山の下に沢《さわ》有るは損《そん》なり。君子以て忿《いか》りを懲《こら》し欲《むさ》ぼりを窒《ふさ》ぐ。
事を已《や》めて遄《すみや》かに往《ゆ》く、尚《かみ》志《こころざし》を合《あわ》す。
九二《きゅうじ》、貞《かた》きに利《よろ》し、中《ちゅう》以て志と為《な》すなり。
一人《いちにん》行く、三《さん》なれば則《すなわ》ち疑《うたが》ひしなり。
其《そ》の疾《やまい》を損《へら》す、亦《また》喜ぶべし。
六五《りくご》は元《おおい》に吉《きつ》なり、上《かみ》より祐《たす》くなり。
損《へら》さずして之《これ》に益《ま》す、大《おお》いに志《こころざし》を得《う》。

42

　風雷《ふうらい》は益《えき》なり、君子《くんし》以て善《ぜん》を見ては則ち遷《うつ》り、過《あやま》ち有れば則ち改む。
元《おおい》に吉《きつ》にして咎无《とがな》し、下《しも》、厚事《こうじ》をせざればなり。

或《あるい》は之《これ》に益《ま》す、外《ほか》より来《きた》るなり。

益《ま》すに凶事《きょうじ》を用《もっ》てす、固《かた》く之《これ》を有《たも》てとなり。

公《こう》に告《つ》げて従《したが》はる、益《ま》すの志《こころざし》を以《もっ》てなり。

孚《まこと》有りて恵む心あり、之《これ》を問ふこと勿《なか》れ。我が徳を恵みとす。大《おおい》に志を得《う》。

之《これ》に益《ま》すこと莫《な》し、偏辞《へんじ》なり。或《あるい》は之《これ》を撃《う》つ、外《ほか》より来《きた》るなり。

43
沢《さわ》、天《てん》に上《のぼ》るは夬《かい》なり。君子《くんし》以て禄《ろく》を施して下《しも》に及《およ》ぼす、徳に居れば則ち忌《い》む。

勝《か》たずして往く、咎《とが》なり。

戎《じゅう》有りとも恤《うれ》ひ勿《な》からん、中道を得《う》ればなり。

君子夬夬《かいかい》として終《つい》に咎无《とがな》し。

其の行くこと次且《ししょ》たり、位当《あた》らざればなり。言《げん》を聞くとも信ぜじ、聡《さと》きこと明《あきら》かならず。

中行《ちゅうこう》 咎无《とがな》し、中《ちゅう》 未《いま》だ光《おおい》ならず。

号《さけ》ぶこと无《な》きの凶《きょう》、終《つい》に長かるべからず。

44
天《てん》の下《した》に風《かぜ》有るは姤《こう》なり。后《きみ》以て命《めい》を施《ほどこ》して四方《しほう》に誥《つ》ぐ。
金柅《きんじ》に繋《つな》ぐ、柔道《じゅうどう》 牽《すす》めばなり。

包《つと》に魚《うお》有り、義《ぎ》、賓《ひん》に及ぼさず。
其の行《ゆ》くこと次且《ししょ》たり、行きて未《いま》だ牽《すす》まざるなり。
魚无《な》きの凶、民《たみ》を遠《とお》ざくなり。
九五、章《あや》を含む、中正《ちゅうせい》なり。隕《おつ》ること有り、天よりせん、志《こころざし》、命《めい》を舍《す》てざるなり。
其の角《つの》に姤《あ》ふ、上窮《じょうきわま》りて吝《や》さし。

45 沢《さわ》、地に上《のぼ》るは萃《すい》なり。君子《くんし》以て戎器《じゅうき》を除《おさ》めて不虞《ふぐ》を戒《いま》しむ。
乃《すなわ》ち乱《みだ》れ乃ち萃《あつま》る、其の志《こころざし》乱るなり。
引《ひ》けり、吉《きつ》にして咎无《とがな》し、中《ちゅう》未《いま》だ変《へん》ぜず。
往《ゆ》きて咎无《とがな》けん、上《かみ》巽《したが》へばなり。
大吉《だいきつ》にして咎无《とがな》し、位当《あた》らざればなり。
萃《あつま》るとき位《くらい》有り、志《こころざし》未《いま》だ光《おおい》ならざるなり。
齎咨涕洟《せいしていい》す、未《いま》だ上《かみ》に安んぜざるなり。

46 地の中《うち》に木を生《しょう》ずるは升《しょう》なり。君子《くんし》以て徳を順《じゅん》にし小《しょう》を積みて以て高大《こうだい》にす。
允《まこと》に升《のぼ》つて大吉《だいきつ》なり、上《かみ》志《こころざし》を合《がっ》す。

九二の孚《まこと》、喜び有り。

虚邑《きょゆう》に升《のぼ》る、疑ふ所无《な》し。

王用《おうもっ》て岐山《きざん》に亨《まつ》れり、順事《じゅんじ》なり。

貞《ただ》しければ吉《きつ》にして階《かい》に升《のぼ》り大《おおい》に志《こころざし》を得《う》。

冥《くら》くして升《のぼ》る、上《かみ》に在《あ》り、消《き》えて富《と》まず。

47 沢《さわ》に水无《な》きは困《こん》なり。君子《くんし》以て命《めい》を致《いた》し志《こころざし》を遂《と》ぐ。
幽谷《ゆうこく》に入《い》る。幽《かす》かにして明《あきら》かならず。

酒食《しゅし》に困《くる》しむ、中《ちゅう》にして慶《よろこ》び有り。

蒺藜《しつり》に拠《よ》る、剛《ごう》に乗《の》るなり。其の宮《きゅう》に入《い》りて其の妻を見ず、不祥《ふしょう》なり。

来《きた》ること徐徐《じょじょ》たり、志下《しも》に在《あ》り。位に当らずと雖《いえど》も、与《く》み有り。

劓《はな》きられ刖《あし》きられて志未《いま》だ得《え》ざるなり。乃《すなわ》ち徐《おもむろ》にして説《よろこ》び有り、中《ちゅう》にして直《ちょく》を以てなり。用《もっ》て祭祀《さいし》するに利《よろ》し、福《ふく》を受く。

葛藟《かつるい》に困《くる》しむ、未《いま》だ当《あた》らざるなり。動けば悔《く》ゆ。悔《くゆ》ること有らば吉《きっ》ならん。行《ゆ》くなり。

48 木《き》の上に水《みず》有るは井《せい》なり。君子以て民《たみ》を労ひ勧《ねぎら》め相《すす》く。

井泥《せいひじりこ》にして食《くら》はれず下《しも》なればなり。旧井《きゅうせい》禽《とり》无《な》し、時《とき》に舍《す》つるなり。
井《せい》、谷のごとく鮒《かわつ》に射《そそ》ぐ、与《くみ》无《な》ければなり。
井《せい》、渫《さら》へて食《くら》はず、行けるを惻《いた》めり、王の明《あきら》かなるを求めて福《ふく》を受くなり。
井《せい》甃《いしだたみ》す咎《とが》无《な》し、井を脩《おさ》むればなり。
寒泉《かんせん》の食《くら》ふ、中正なり。
元《おおい》に吉なり、上《かみ》に在《あ》りて、大《おおい》に成れり。

49 沢《さわ》の中《うち》に火有るは革《かく》なり。君子《くんし》以て歴《こよみ》を治《おさ》めて時を明《あきら》かにす。
鞏《かたむ》るに黄牛《こうぎゅう》を用《もち》ふ、以て為《す》ること有るべからず。
己《つちのと》の日之《これ》を革《あらた》む。行きて嘉《よ》きこと有り。
革言《かくげん》三たび就《な》る、又《また》何《いずく》にか之《ゆ》かん。
命《めい》を改むるの吉《きつ》は志を信ずればなり。
大人虎変《たいじんこへん》す、其の文《ぶん》炳《かがや》けり。
君子《くんし》は豹変《ひょうへん》す、其の文蔚《うつ》たり。小人《しょうじん》も面《おもて》を革《あらた》む、順《したが》つて以て君《きみ》に従ふなり。

50 木の上に火有るは鼎《てい》なり。君子《くんし》以て位を正しくし命《めい》を凝《こら》す。

鼎《てい》、趾《あし》を顚《さかしま》にす、未《いま》だ悖《そむ》かざるなり。否《わろ》きを出《いだ》すに利《よろ》し、以て貴《とうと》きに従《したが》ふなり。

鼎《てい》に実《じつ》有り、之《ゆ》く所を慎《つつ》しむなり。我が仇《あだ》疾《やまい》有り、終《つい》に尤《とがめ》无《な》し。

鼎《てい》の耳革《あらた》まる、其の義を失ふなり。

公《こう》の餗《そく》を覆《くつがえ》す、信《まこと》に如何《いかん》せん。

鼎《てい》、黄《き》なる耳、中《ちゅう》以て実《じつ》と為《な》すなり。

玉《ぎょく》の鉉上《げんかみ》に在《あ》り、剛《ごう》柔《じゅう》節《せつ》あり。

51

洊《しき》りに雷《らい》なるは震《しん》なり、君子《くんし》以て恐懼脩省《きょうくしゅうせい》す。

震《おどろ》き来《きた》りて虩虩《げきげき》たり、恐れて福《ふく》を致《いた》すなり。笑言《しょうげん》啞啞《あくあく》たり、後《のち》に則《のり》有り。

震《おどろ》き来《きた》りて厲《あやう》し、剛《ごう》に乗《の》ればなり。

震《おどろ》きて蘇蘇《そそ》たり、位《くらい》当《あた》らざればなり。

震《おどろ》くこと遂《つい》に泥《なず》めり、未《いま》だ光《おおい》ならず。

震《おどろ》くこと往《ゆ》くも来《きた》るも厲《あやう》し、危《あやう》くして行《ゆ》くなり。其の事、中《うち》に在《あ》り、喪《うしな》ふこと无《な》きを大《だい》なりとす。

震《おどろ》きて索索《さくさく》たり、中未《うちいま》だ得《え》ざるなり、凶《きょう》なりと雖《いえど》も咎无《とがな》し、隣《となり》の戒《いまし》めを畏《おそ》ればなり。

52 兼《か》ねたる山は艮《ごん》なり。君子《くんし》以て思ふこと其の位を出《い》でず。
其《そ》の趾《あし》に艮《とどま》る、未《いま》だ正しきを失《うしな》はず。

拯《すく》はずして其れ随《したが》ふ、未《いま》だ退《しりぞ》いて聴《き》かざればなり。

其の限《こし》に艮《とどま》る、危《あやう》くして心を薫《くす》ぶなり。

其の身に艮《とどま》る、諸《これ》を躬《み》に止《とどむ》るなり。

其の輔《ほね》に艮《とどま》る、中《ちゅう》を以て正《せい》なり。

艮《とどま》るに敦《あつ》きの吉は、終《おわ》りに厚《あつ》きを以てなり。

53 山の上に木有るは漸《ぜん》なり。君子《くんし》以て賢徳《けんとく》に居《い》て俗《ぞく》を善《よ》くす。
小子《しょうし》の厲《あやう》き、義《ぎ》咎《とが》无《な》し。

飲食衎衎《かんかん》たり、素飽《そほう》せざればなり。

夫《おっと》往《ゆ》けば復《かえ》らず、群《むれ》を離れて醜《みに》くし。婦孕《ふはら》めば育《やしな》はず、其の道《みち》を失《うしな》ふなり。用《もっ》て寇《あだ》を禦《ふせ》ぐに利《よろ》し。順《したが》つて相《あ》ひ保《たも》つなり。

或は其の桷《たるき》を得《う》、順《したが》つて以て巽《ゆず》ればなり。

終《つい》に之《これ》に勝つこと莫《な》し、吉《きつ》なり。願ふ所を得《う》るなり。

其の羽、用《もつ》て儀《ぎ》と為《な》すべし、吉なり。乱《みだ》るべからず。

54

沢《さわ》の上に雷《らい》有るは帰妹《きまい》なり。君子《くんし》以て終りを永《なが》くし敝《やぶ》れを知る。

帰妹娣《きまいてい》を以てす、恒《つね》を以《もつ》てなり。跛《あしなえ》能《よ》く履《ふむ》は吉なり。相《あ》ひ承《う》くればなり。

幽人《ゆうじん》の貞《ただ》しきに利《よろ》し、未《いま》だ常《つね》を変《へん》ぜず。

帰妹《きまい》、須《ま》つを以《もつ》てす、未《いま》だ当《あた》らざればなり。

期《き》を愆《あや》まるの志《こころざし》は、待《ま》つこと有りて行《ゆ》くなり。

帝乙帰妹《ていいつきまい》其の娣《てい》の袂《たもと》の良きに如《し》かず、其の位《くらい》、中《ちゅう》に在《あ》り。貴《とうと》きを以て行《ゆ》けばなり。

上六《じょうりく》、実无《じつな》し。虚筐《きょきょう》を承《う》く。

55

雷電皆至《らいでんみないた》るは豊《ほう》なり、君子《くんし》以て獄《ごく》を折《お》り刑《けい》を致《さだ》む。

旬《ひと》しと雖《いえど》も咎无《とがな》し、旬《ひと》しきを過《す》ぐれば災《わざわい》あり。

孚《まこと》有りて発若《はつじやく》す、信《まこと》以て志《こころざし》を発《はつ》す。

其《そ》の沛《はい》を豊《おおい》にす、大事《だいじ》に可《か》ならず、其の右《みぎ》の肱《ひじ》を折る、終《つい》に用《もち》ふべからず。

其の蔀《しとみ》を豊《おおい》にす、位《くらい》当《あた》らざればなり。日中に斗《と》を見る、幽《かす》かにして明《あき》らかならざればなり。其の夷主《いしゅ》に遇《あ》へば吉なり、行《ゆ》くなり。

六五《りくご》の吉《きつ》は、慶《よろこ》び有り。

其《そ》の屋《おく》を豊《おお》いにす、天際《てんさい》に翔《かけ》るなり。其《そ》の戸《こ》を闚《うかが》へば、闃《げき》として其《そ》れ人無《な》し、自《みず》から蔵《かく》るなり。

56 山の上に火有るは旅《りょ》なり。君子《くんし》以て明《あきら》かに刑《けい》を用《もち》ふることを慎《つつし》みて獄《ごく》を留《とど》めず。

旅《りょ》、瑣瑣《ささ》たり、志窮《きわま》りて災《わざわい》あり。

童僕《どうぼく》の貞《かたき》を得《え》て、終《つい》に尤《とが》め无《な》し。

旅《りょ》、其の次《やど》りを焚《や》く、亦《また》以て傷《いた》まし。旅を以て下《しも》に与《くみ》す、其の義喪《うしな》ふなり。

旅《りょ》、于《ここ》に処《お》る、未《いま》だ位《くらい》を得《え》ざるなり、其の資《たから》の斧《おの》を得て心未《いま》だ快《こころよ》からず。

終《つい》に誉命《よめい》を以《もっ》てす、上《かみ》に逮《およ》ぶなり。

旅《りょ》を以て上《かみ》に在《あ》り、其の義《ぎ》焚《や》くるなり。牛《うし》を易《えき》に喪《うしな》ふ、終《つい》に之を聞くこと莫《な》し。

57 随《したが》ふ風《かぜ》は巽《そん》なり。君子《くんし》以て命《めい》を申《かさ》ね事《こと》を行《おこな》ふ。

進《すす》み退《しりぞ》く志《こころざし》疑《うたが》ふなり、武人《ぶじん》の貞《たし》かなるに利《よろ》し、志治《おさ》まるなり。

紛若《ふんじゃく》の吉《きつ》は、中《ちゅう》を得《う》ればなり。

頻《しき》りに巽《ゆず》るの吝《や》さしきは志窮《きつ》まるなり。

田《かり》に三品《ぴん》を獲《う》、功有るなり。
九五《きゅうご》の吉《きつ》は位正中《せいちゅう》なればなり。
巽《したが》いて牀《しょう》の下《した》に在《あ》り、上窮《うえきわ》まるなり。其の資《たか》ら斧《おの》を喪《うしな》ふ。正《ただ》しからんや、凶なり。

58
麗《つ》ける沢《さわ》は兌《だ》なり。君子《くんし》以て朋友《ほうゆう》講習す。
和《わ》して兌《よろこ》ぶの吉《きつ》は、行《おこない》未《いま》だ疑《うたが》はしからざるなり。
孚《まこと》に兌《よろこ》ぶの吉《きつ》は志《こころざし》を信《まこと》にすればなり。
来《きた》りて兌《よろこ》ばれんとするの凶《きょう》は、位《くらい》当《あた》らざればなり。
九四《きゅうし》の喜《よろこ》びは慶《よろこ》び有り。
于《ここ》に剝《はく》すを孚《まこと》とす、位正《ただ》しく当《あた》ればなり。
上六《じょうりく》、引きて兌《よろこ》ぶ、未《いま》だ光《おおい》ならず。

59
風《かぜ》、水の上に行くは渙《かん》なり。先王《せんおう》以て帝《てい》を享《まつ》り廟《びょう》を立つ。
初六《しょりく》の吉《きつ》は順《したが》へばなり。
渙《はな》るときに其の机《き》に奔《はし》る。願《ねが》ひを得《う》るなり。
其の躬《み》を渙《ちら》す、志《こころざし》外《ほか》に在《あ》り。

其の群《ぐん》を渙《ちら》す、元《おおい》に吉《きつ》なり、光大《こうだい》なり。
王居《お》る、咎无《とがな》けん、正位《せいい》なり。
渙《ちら》すこと其の血害《がい》を遠《とお》ざくるなり。

60
沢《さわ》の上に水有るは節《せつ》なり。君子《くんし》以て数度《すうど》を制し徳行《とくこう》を議《はか》る。
戸庭《こてい》を出《い》でず、通塞《つうそく》を知りてなり。
門庭《もんてい》を出《い》でず、凶《きょう》なり。時《とき》を失《うしな》ふこと極《きわま》れり。
節《せつ》せざるの嗟《なげ》き、又誰《たれ》をか咎《とが》めん。
節《せつ》に安《やす》んずるの亨《とお》るは上《かみ》の道《みち》を承《う》くればなり。
節《せつ》に甘《あま》んずるの吉《きつ》は位に居《おり》て中《ちゅう》なればなり。
節《せつ》に苦《くる》しむ、貞《ただ》しけれども凶《きょう》なり、其の道窮《きわ》まるなり。

61
沢《さわ》の上《うえ》に風《かぜ》有るは、中孚《ちゅうふ》なり。君子《くんし》以て獄《ごく》を議《はか》り死《し》を緩《ゆる》くす。
初九《しょきゅう》、虞《やすん》じて吉《きつ》なり、志未《いま》だ変《へん》ぜざるなり。
其の子之《これ》に和《わ》す、中心《ちゅうしん》願へばなり。
或《あるい》は鼓《う》ち或は罷《や》む、位《くらい》当《あた》らざればなり。

馬《うま》の匹《たぐ》ひ亡《うしな》ふ、類《るい》を絶《た》ちて上《のぼ》るなり。

孚《まこと》有りて攣如《れんじょ》たり、位《くらい》正しく当《あた》ればなり。

翰音《かんおん》天に登《のぼ》る、何《なん》ぞ長かるべきや。

62　山《やま》の上《うえ》に雷《らい》有るは小過《しょうか》なり。君子《くんし》以て行《こう》恭《うやうや》しきに過《す》ぎ、喪《そう》哀《かな》しみに過ぎ、用《よう》倹《つま》しきに過ぐ。
飛鳥《ひちょう》以て凶《きょう》なり、如何《いかん》ともすべからず。

其《そ》の君《きみ》に及ばず、臣《しん》過《す》ぐべからざればなり。

従《したが》つて或《あるい》は之《これ》を戕《そこな》ふ、凶《きょう》なり。如何《いかん》せんや。

過《す》ぎずして之に遇《あ》ふ、位当らざればなり。往けば厲《あやう》し、必ず戒《いまし》むは、終《つい》に長かるべからざるなり。

密雲《みつうん》して雨《あめ》ふらず、已《はなは》だ上《のぼ》れり。

遇《あ》はずして之《これ》に過《す》ぐ、已《はなは》だ亢《たかぶ》れり。

63　水、火の上に在《あ》るは既済《きせい》なり、君子《くんし》以て患《うれ》ひを思ひて豫《あらか》じめ之《これ》を防《ふせ》ぐ。
其の輪《わ》を曳《ひ》く、義《ぎ》咎《とが》无《な》し。

七日にして得《う》、中道《ちゅうどう》を以てなり。
三年にして之《これ》に克《か》てり、憊《つか》るるなり。
日《ひ》を終《お》へ戒《いま》しむ、疑ふ所《ところ》有り。
東隣《とうりん》に牛《うし》を殺す、西隣《せいりん》の時《とき》なるに如《し》かず。実《じつ》に其の福《ふく》を受《う》く、吉《きつ》大《おおい》に来《きた》るなり。
其の首《かしら》を濡《うるお》す厲《あやう》し、何《なん》ぞ久《ひさ》しかるべきや。

64
火《ひ》、水の上に在《あ》るは未済《びせい》なり。君子《くんし》以て慎《つつ》しみて物を辨《わきま》へて方《ほう》に居《お》く。
其の尾《お》を濡《うるお》す、亦《また》知らざる極《きわみ》なり。
九二《きゅうじ》、貞《ただ》しくして吉なり、中《ちゅう》以て正しきを行《おこな》ふ。
未《いま》だ済《な》らず征《ゆ》けば凶《きょう》なり、位当《あた》らざればなり。
貞《ただ》しければ吉《きつ》にして悔亡《くいほろ》ぶ、志行《おこな》はるなり。
君子《くんし》の光《ひかり》、其れ暉《かがや》く、吉《きつ》なり。
酒《さけ》を飲みて首《かしら》を濡《うるお》す、亦節《またせつ》を知らざるなり。

下象伝《かしょうでん》　終

文言伝《ぶんげんでん》

元《げん》は善《ぜん》の長《ちょう》なり。亨《こう》は嘉《か》の会《かい》なり。利《り》は義の和《わ》なり。貞《てい》は事《こと》の幹《みき》なり。君子《くんし》は仁《じん》を体《たい》とす、以て人《ひと》に長《ちょう》たるに足《た》れり、会《かい》を嘉《よ》くす、以て礼《れい》に合《あ》ふに足《た》れり、物を利《とげ》しむ、以て義を和《わ》するに足《た》れり。貞《ただ》しく固《かた》し、以て事《こと》に幹《かん》たるに足《た》れり。君子《くんし》は此の四徳を行ふ者、故《ゆえ》に乾《けん》は元《はじまり》・亨《とおり》・利《とげ》・貞《たしかなり》と曰《い》ふ。

初九《しょきゅう》に曰《いわ》く、潜龍《せんりょう》なり、用《もち》ひること勿《なか》れとは、何《なん》の謂《いい》ぞや。子《し》の曰《いわ》く、龍徳《りょうとく》にして隠《かく》れたる者なり。世《よ》に易《か》へられず、名《な》を成《な》さず。世を遯《のが》れて悶《もだ》ゆること无《な》く、是《ぜ》とせられずして悶《もだ》ゆること无《な》く、楽《たの》しめば則《すなわ》ち之《これ》を行《おこな》ひ、憂《うれう》れば則ち之を違《さ》る。確乎《かくこ》として其れ抜《ぬ》くべからざるは潜龍《せんりょう》なり。

九二《きゅうじ》に曰く見龍田《けんりようでん》に在《あ》り、大人《たいじん》を見るに利《よろ》しとは何の謂《いい》ぞや。子《し》の曰く、龍徳《りょうとく》にして正中《せいちゅう》なる者なり。庸言《ようげん》の信《まこと》、庸行《ようこう》の謹《つつ》しみ、邪《じゃ》を閑《ふせ》ぎて其の誠《まこと》を存《そん》し世《よ》を善《よ》くして伐《ほこ》らず、徳博《とくひろ》くして化《か》す。易《えき》に曰《いわ》く見龍田《けんりようでん》に在《あ》り大人《たいじん》を見るに利《よろ》しとは、君徳《くんとく》なり。

九三《きゅうさん》に曰《いわ》く、君子《くんし》終日《しゅうじつ》乾乾《けんけん》とし、夕《ゆうべ》まで惕若《てきじゃく》たれば厲《あやう》けれども咎无《とがな》しとは何の謂《いい》ぞや。子《し》の曰く、君子《くんし》徳に進《すす》み業《ぎょう》を脩《おさ》む、忠信《ちゅうしん》は徳に進む所以《ゆえん》なり。辞《じ》を脩《おさめ》て其の誠《まこと》を立つ、業に居《お》る所以なり。至《いた》りを知りて之に至る、与《とも》に幾《きざ》すべし。終《おわ》りを知りて之《これ》に終《おわ》る、与《とも》に義《ぎ》を存《そん》すべし。是《こ》の故《ゆえ》に上位《じょうい》に居《い》て驕《おご》らず下位《かい》に在《あ》りて憂《うれ》へず、故《ゆえ》に乾乾《けんけん》として其の時に因《よ》りて惕《おそ》る、危《あやう》しと雖《いえど》も咎无《とがな》し。

九四《きゅうし》に曰《いわ》く、或《あるい》は躍《おど》りて淵《ふち》に在《あ》り咎无《とがな》しとは何《なん》の謂《いい》ぞや。子《し》の曰《いわ》く、上下常无《じょうげつねな》し、邪《じゃ》を為《す》るに非《あら》ず。進退恒无《しんたいつねな》し、群《むれ》を離《はなる》るに非《あら》ず。君子《くんし》徳《とく》に進《すす》み業《ぎょう》を脩《おさ》め時《とき》に及《およ》ばんことを欲《ほっ》す。故《ゆえ》に咎无《とがな》し。

九五《きゅうご》に曰《いわ》く、飛龍天《ひりょうてん》に在《あ》り、大人《たいじん》を見るに利《よろ》しとは何《なん》の謂《いい》ぞや。子《し》の曰《いわ》く、同声相《どうせいあ》ひ応《おう》じ同気《どうき》相ひ求《もと》め、水《みず》は湿《うるお》へるに流れ火《ひ》は燥《かわ》けるに就《つ》き雲《くも》は龍《りょう》に従《したが》ひ風《かぜ》は虎《こ》に従ふ、聖人作《せいじんおこ》りて万物《ばんぶつ》観《み》る。天《てん》に本《もと》づく者は上《かみ》を親《した》しみ、地《ち》に本《もと》づく者は下《しも》を親《した》しむは、則ち各《おのおの》其の類《るい》に従ふなり。

上九《じょうきゅう》に曰《いわ》く、亢龍《こうりょう》なり、悔《くい》有りとは何《なん》の謂《いい》ぞや。子《し》の曰《いわ》く、貴《とうと》くして位《くらい》无《な》く、高《たか》くして民无《たみな》く賢人《けんじん》下位《かい》に在《あ》りて輔《たす》くること无《な》し。是《ここ》を以《もっ》て動《うご》いて悔《くい》有り。

潜龍《せんりょう》なり用《もち》ひること勿《なか》れ、下《しも》なればなり。見龍田《けんりょうでん》に在《あ》るは時舎《ときす》つなり。終日《しゅうじつ》　乾乾《けんけん》は事《こと》を行《おこな》ふなり。或《あるい》は躍《おど》りて淵《ふち》に在《あ》るは自《みず》から試《こころ》むなり。飛龍天《ひりょうてん》に在《あ》り上《かみ》にして治《おさ》むなり。亢龍《こうりょう》　悔《くい》有るは窮《きわ》まるの　災《わざわい》なり。乾元《けんげん》　用九《ようきゅう》、天下治《てんかおさ》まるなり。

潜龍《せんりょう》　用《もち》ひること勿《なか》れは、陽気潜《ようきひそ》み蔵《かく》る。見龍田《けんりょうでん》に在《あ》り、天下文明《てんかぶんめい》なり。終日《しゅうじつ》　乾乾《けんけん》とし時《とき》と偕《とも》に行《おこな》ふ、或《あるい》は躍《おど》りて淵《ふち》に在《あ》りは、乾道《けんどう》　乃《すなわ》ち革《あらた》まる。飛龍《ひりょう》天に在《あ》りは乃《すなわ》ち天徳《てんとく》に位《くらい》す。亢龍《こうりょう》　悔《くい》有り、時《とき》と偕《とも》に極《きわ》まる。乾元《けんげん》　用九《ようきゅう》、乃《すなわ》ち天則《てんそく》を見《み》る。

乾元《けんげん》は始《はじ》まりて亨《とお》る者《もの》なり。利貞《りてい》は性情《せいじょう》なり。乾始《けんはじ》まりて能《よ》く美利《びり》を以て天下《てんか》に利《かが》あり、利ある所《ところ》を言《い》はず、大《だい》なる哉《かな》。大《だい》なる哉乾《かなけん》や。剛健《ごうけん》　中正《ちゅうせい》　純粋《じゅんすい》にして精《くわ》し。六爻発揮《りくこうはっき》して旁《つぶさ》に情《じょう》を通《つ》す。時《とき》に六龍《りくりょう》に乗《の》りて以て天《てん》を御《ぎょ》す。雲《くも》行《ゆ》き雨《あめ》　施《ほどこ》して天下《てんか》　平《たい》らかなり。

君子《くんし》成徳《せいとく》を以《もっ》て行《こう》と為《な》す。日《ひび》に見《み》るべきの行《こう》なり。潜《せん》の言為《げんた》るや、隠《かく》れて未《いま》だ見《あら》はれず、行《おこな》つて未《いま》だ成《な》らず。是《ここ》を以て君子《くんし》用《もち》ひざるなり。君子《くんし》学《まな》んで以《もっ》て之《これ》を聚《あつ》め、問《と》ひて以て之《これ》を辨《わきま》へ寛《ひろ》くして以て之《これ》に居《お》り仁《じん》以て之《これ》を行《おこな》ふ。易《えき》に曰《いわ》く、見龍田《けんりょうでん》に在《あ》り大人《たいじん》を見るに利《よろ》しとは君徳《くんとく》なり。九三《きゅうさん》は重剛《ちょうごう》にして中《ちゅう》ならず、上《かみ》、天《てん》に在《あ》らず、下《しも》、田《でん》に在《あ》らず。故《ゆえ》に乾乾《けんけん》として其の時《とき》に因《よ》つて惕《おそ》る、危《あやう》しと雖《いえど》も咎《とが》无《な》し。九四《きゅうし》は重剛《ちょうごう》にして中《ちゅう》ならず。上《かみ》、天《てん》に在《あ》らず、下田《しもでん》に在《あ》らず、中《ちゅう》、人《ひと》に在《あ》らず。故《ゆえ》に之《これ》を或《あるい》はとす。之を或《あるい》はとする者は之《これ》を疑《うたが》ふなり。故《ゆえ》に咎《とが》无《な》し。夫《そ》れ大人《たいじん》は天地《てんち》と其《そ》の徳《とく》を合《あわ》せ、日月《じつげつ》と其の明《めい》を合《あわ》せ、四時《しいじ》と其の序《じょ》を合《あわ》せ、鬼神《きしん》と其の吉凶《きつきょう》を合《あわ》せ、天《てん》に先《さき》だちて天違《てんたが》はず天に後《おく》れて天の時《とき》を奉《う》く。天《てん》すら且《か》つ違《たが》はず。而《しか》るを況《いわん》や人《ひと》に於《おい》てをや、況《いわん》や鬼神《きしん》に於てをや。亢《こう》の言《げん》たるや、進むことを知って退《しりぞ》くことを知らず。存《そん》することを知って亡《ほろ》ぶることを知らず、得《う》ることを知って喪《うしな》ふことを知らず。其れ唯《ただ》聖人か。進退存亡を知って其の正《ただ》しきを失《うしな》はざる者は、其れ唯《ただ》聖人か。

坤《こん》は至柔《しじゅう》にして動くや剛《たけ》く至静《しせい》にして徳《とく》方なり。後《おく》るれば主《しゅ》を得て常《つね》有り。万物《ばんぶつ》を含《ふく》みて化光《かおお》いなり。坤道《こんどう》は其れ順《じゅん》なるか。天《てん》に承《う》けて時《とき》に行く。善《ぜん》を積《つ》めるの家には必ず余《あま》りの慶《よろこ》び有り。不善《ふぜん》を積めるの家には必ず余《あま》りの殃《わざわ》ひ有り。臣《しん》其の君《きみ》を弑《しい》し、子《こ》其の父を弑《しい》すこと一朝《ちょう》一夕《せき》の故《ゆえ》に非《あら》ず。其の由《よ》つて来《きた》る所の者、漸《ぜん》なり。辯《わきま》ふることの早《はや》く辯《わきま》へざるに由《よ》つてなり。易《えき》に曰《いわ》く、霜《しも》を履《ふ》みて堅《かた》き冰《こおり》至《いた》らんとは蓋《けだ》し順《つつし》みを言《い》へり。直《なお》きは其の正《ただ》しきなり。方《かた》なるは其の義《ぎ》なり。君子《くんし》敬《けい》以て内《うち》を直《なお》くし義《ぎ》以て外《そと》を方《かた》にす。敬義《けいぎ》立《た》ちて徳孤《とくこ》ならず。直方大《ちょくほうだい》、習《なら》はずして利《よろ》しからざること无《な》ければ則《すなわ》ち其の行《おこな》ふ所《ところ》を疑《うたが》はず。陰《いん》美《うつく》しきこと有りと雖《いえど》も之《これ》を含みて以て王事《おうじ》に従《したが》ひ、敢《あえ》て成《な》さず、地《ち》の道なり、妻《つま》の道なり、臣《しん》の道なり。地《ち》の道は成《な》すこと无《な》くして代《かわ》りて終《お》ふること有り。天地変化《てんちへんか》して草木蕃《そうもくしげ》り、天地閉《と》ぢて賢人隠《けんじんかく》る。易《えき》に曰《いわ》く、嚢《ふくろ》を括《くく》る咎《とが》も无《な》く誉《ほま》れも无《な》しとは、蓋《けだ》し謹《つつ》しみを言へり。君子《くんし》黄中《こうちゅう》にして理《り》に通《つう》じ、正位《せいい》なれども体《たい》に居《お》る。美《うつく》しきこと其の中《うち》に在《あ》りて四支《しし》に暢《の》べ事業《じぎょう》に発《はっ》す。美《うつく》しきの至《いた》りなり。陰《いん》、陽《よう》に疑《うたが》はしければ必《かなら》ず戦《たたか》ふ。其の陽无《ような》きに嫌《うたが》はんと為《な》すなり。故《ゆえ》に龍《りょう》と称《しょう》す。猶未《なおいま》だ其《そ》の類《るい》を離れざるなり。故に血《ち》と称《しょう》す。夫《そ》れ玄《くろ》く黄《き》なる者《もの》は天地の雑《まじわ》れるなり。天《てん》は玄《くろ》くして地《ち》は黄《き》なり。

文言伝《ぶんげんでん》　終

上繋辞伝《じょうけいじでん》

天尊《とうと》く地卑《いやし》くして、乾坤定《けんこんさだ》まる。卑高《ひこう》以て陳《つら》ねて貴賤《きせん》位《くらい》す。動静常《どうせいつね》有りて剛《ごう》柔《じゅう》断《さだ》まる。方《ほう》は類《るい》を以て聚《あつ》まり、物《もの》は群《むれ》を以て分《わか》れて吉凶生《きっきょうな》る。天に在《あ》りては象《しょう》を成《な》し、地に在《あ》りては形《かたち》を成《な》して変化見《あら》はる。是《こ》の故《ゆえ》に剛《ごう》柔《じゅう》相《あ》ひ摩《せま》り八卦《か》相《あ》ひ盪《うごか》す。之《これ》を鼓《う》つに雷霆《らいてい》を以てし之を潤《うるお》すに風雨《ふうう》を以てし、日月運行《じつげつうんこう》し一《ひと》たびは寒《かん》、一たびは暑《しょ》。乾道《けんどう》は男《おとこ》を成《な》し、坤道《こんどう》は女《おんな》を成《な》す。乾《けん》は大始《だいし》を知《つかさど》り、坤《こん》は成《な》す物《もの》を作《さく》し、乾《けん》は易《やす》きを以て知《つかさど》り、坤《こん》は簡《はぶく》を以て能《よ》くす。易《やす》ければ則《すなわ》ち知り易《やす》し、簡《はぶ》けば則ち従《したが》ひ易《やす》し。知《し》り易《やす》ければ則ち親《した》しみ有り、従《したが》ひ易《やす》ければ則ち功《こう》有り、親しみ有れば則ち久《ひさ》しかるべし。功《こう》有れば則ち大《だい》なるべし。久《ひさ》しかるべきは則ち賢人《けんじん》の徳《とく》、大《だい》なるべきは則ち賢人の業《ぎょう》。易《やす》く簡《はぶき》て天下の理得《りえ》たり、天下の理得て、位《くらい》を其の中《うち》に成《な》す。

右第一章

聖人卦《か》を設《もう》け象《しょう》を観《み》、辞《じ》を繋《か》けて吉凶《きつきょう》を明《あきら》かにせり。剛柔《ごうじゅう》相《あ》ひ推《お》して変化《へんか》を生《しょう》ず。是《こ》の故《ゆえ》に吉凶は失得《しっとく》の象《しょう》なり。悔吝《かいりん》は憂虞《ゆうぐ》の象《しょう》なり。変化《へんか》は進退《しんたい》の象なり。剛柔《ごうじゅう》は昼夜《ちゅうや》の象なり。六爻《りくこう》の動きは三極《さんきょく》の道《みち》なり。是《こ》の故《ゆえ》に君子《くんし》の居《お》りて安《やす》んずる所の者は易《えき》の序《つい》でなり。楽《たの》しんで玩《もてあそ》ぶ所の者は爻《こう》の辞《じ》なり。是《こ》の故《ゆえ》に君子《くんし》は居《お》れば則《すなわ》ち其の象を観《み》て其の辞《じ》を玩《もてあそ》び、動《うご》けば則ち其の変《へん》を観《み》て其の占《せん》を玩《もてあそ》ぶ。是《ここ》を以《もっ》て天《てん》より之《これ》を祐《たす》く。吉《きっ》にして利《よろ》しからざる无《な》し。

右第二章

彖《たん》は象《しょう》を言《い》ふ者なり。爻《こう》は変《へん》を言ふ者なり。吉凶《きつきょう》は其の失得《しっとく》を言ふなり。悔吝《かいりん》は其の小疵《しょうし》を言ふなり。咎无《とがな》しとは善《よ》く過《あやま》ちを補《おぎな》ふなり。是《こ》の故《ゆえ》に貴賤《きせん》を列《つら》ぬる者は位《くらい》に存《そん》す。小大《しょうだい》を斉《さだ》むる者は卦《か》に存《そん》す。吉凶《きつきょう》を辯《うつた》ふる者は辞《じ》に存す。悔吝《かいりん》を憂《うれ》ふる者は介《かい》に存す。震《ふる》つて咎无《とがな》き者は悔《かい》に存す。是《こ》の故《ゆえ》に卦に小大有り、辞《じ》に険易《けんい》有り。辞なる者は各《おのおの》其の之《ゆ》く所を指《さ》す。

右第三章

易《えき》は天地《てんち》と準《なぞら》ふ。故《ゆえ》に能《よ》く天地の道《みち》を彌綸《びりん》す。仰《あお》いで以《もっ》て天文《てんもん》を観《み》、俯《うつむ》いて以て地理《ちり》を察《み》る。是《こ》の故《ゆえ》に幽明《ゆうめい》の故《ゆえ》を知り、始めに原《たず》ねて終《おわ》りに反《かえ》る。故《ゆえ》に死生《しせい》の説《せつ》を知り、精気物《せいきもの》を為《な》し、遊魂変《ゆうこんへん》を為《な》す。是《こ》の故《ゆえ》に鬼神《きしん》の情状《じょうじょう》を知る。天地《てんち》と相《あ》ひ似《に》たり。故に違《たが》はず。知《ち》、万物に周《あまね》くして、道《みち》、天下を済《すく》ふ。故に過《あやま》たず。旁《あまね》く行きて流《なが》れず、天《てん》を楽《たの》しんで命《めい》を知《し》る。故《ゆえ》に憂《うれ》へず土《ど》を安《やす》んじて仁《じん》に敦《あつ》し。故に能《よ》く愛《あい》す。天地《てんち》の化《か》を範囲《はんい》して過《すご》さしめず、万物《ばんぶつ》を曲成《きょくせい》して遺《のこ》さず昼夜《ちゅうや》の道《みち》を通《つら》ねて知る。故《ゆえ》に神《しん》は方《ほう》无《な》くして易《えき》は体《たい》无《な》し。

右第四章

一《ひと》たびは陰《いん》一たびは陽《よう》、之《これ》を道《みち》と謂《い》ふ。之《これ》を継《つ》ぐ者《もの》は善《ぜん》なり。之《これ》を成《な》す者は性《せい》なり。仁者《じんしゃ》は之《これ》を見て之を仁《じん》と謂《い》ひ、知者《ちしゃ》は之を見て之を知《ち》と謂《い》ふ。百姓《ひゃくせい》は日《ひび》に用《もち》ひて知《し》らず。故《ゆえ》に君子《くんし》の道鮮《すくな》し。諸《これ》を仁《じん》に顕《あらわ》し、諸《これ》を用《よう》に蔵《おさ》む、万物《ばんぶつ》を鼓《こ》して聖人《せいじん》と憂《うれ》ひを同《おな》じくせず。盛徳大業《せいとくたいぎょう》至《いた》れる哉《かな》。富《と》みて有《あ》る之《これ》を大業《たいぎょう》と謂《い》ひ、日《ひび》に新《あら》たなる之を盛徳《せいとく》と謂《い》ふ。生生《せいせい》する之《これ》を易《えき》と謂《い》ふ、象《しょう》を成《な》す之《これ》を乾《けん》と謂《い》ひ、法《ほう》を效《いた》す之を坤《こん》と謂《い》ふ。数《すう》を極《きわ》め来《らい》を知《し》る之を占《せん》と謂《い》ひ、変《へん》を通《つう》ずる之を事《じ》と謂ふ。陰陽《いんよう》測《はか》られざる之《これ》を神《しん》と謂《い》ふ。

右第五章

夫《そ》れ易《えき》は広し、大《だい》なり。以て遠《とお》きを言《い》ひては則《すなわ》ち禦《ふせ》がず。以て邇《ちか》きを言ひては則ち静《しず》かにして正《ただ》し。以て天地の間を言ひては則ち備《そな》はれり。夫れ乾《けん》は其の静《しず》かなるや専《もっぱ》らに、其の動《うご》くや直《なお》し。是《ここ》を以《もっ》て大《だい》にして生《しょう》ず。夫れ坤《こん》は其の静かなるや翕《あつ》まり、其の動くや闢《ひら》く、是《ここ》を以《もっ》て広くして生《しょう》ず。広大《こうだい》は天地に配《はい》し、変通《へんつう》は四時《しいじ》に配し、陰陽《いんよう》の義《ぎ》は日月《じつげつ》に配し、易簡《いかん》の善《ぜん》は至徳《しとく》に配す。

右第六章

子《し》の曰《いわ》く、易《えき》は其れ至《いた》れるか。夫《そ》れ易は聖人徳《とく》を崇《たか》くして業《ぎょう》を広《ひろ》くする所以《ゆえん》なり。知《ち》崇《たか》く礼《れい》卑《ひく》し。崇《たか》きは天《てん》に效《なら》ひ卑《ひく》きは地《ち》に法《のっと》る。天地位《くらい》を設《もう》けて易《えき》其の中《うち》に行《おこな》はる。成性存存《せいせいそんそん》は、道義《どうぎ》の門《もん》。

右第七章

聖人《せいじん》以て天下の賾《まじれること》を見ること有りて、諸《これ》を其の形容《けいよう》に擬《なぞら》へ其の物宜《ぶつぎ》に象《かたど》れり。是《こ》の故《ゆえ》に之《これ》を象《しょう》と謂《い》ふ。聖人以て天下《てんか》の動《うご》けることを見ること有りて其の会通《かいつう》を観《み》て以て其の典礼《てんれい》を行《おこな》ひ辞《じ》を繋《つな》げて以て其の吉凶《きつきょう》を断《さだ》めり。是《こ》の故《ゆえ》に之《これ》を爻《こう》と謂《い》ふ。天下《てんか》の至賾《しさく》を言ひて悪《にく》むべからず。天下の至動《しどう》を言ひて乱《みだ》るべからず。之《これ》を擬《なぞら》へて而《しか》して後言《のちい》ひ、之を議《はか》りて而《しか》して後動《のちうご》き、擬《なぞら》へ議《はか》つて以て其の変化《へんか》を成《な》す。

鳴《な》くなる鶴《つる》は陰《かげ》に在《あ》り、其の子之《ここれ》に和《わ》す。我《われ》に好爵《こうしやく》有《あ》り、吾《わ》れ爾《なんじ》と之《これ》に靡《ともにす》る。子《し》の曰《いわ》く、君子《くんし》其の室《しつ》に居《お》りて其の言《こと》を出《いだ》す。善《よ》ければ則《すなわ》ち千里《せんり》の外之《そとこれ》に応《おう》ず。況《いわん》や其の邇《ちか》き者をや。其の室《しつ》に居《い》て其の言《げん》を出《いだ》す。善《よ》からざれば則ち千里《せんり》の外之《そとこれ》に違《たが》ふ。況《いわん》や其の邇《ちか》き者をや。言《ことば》身《み》に出《い》でて民《たみ》に加《くわ》はり行《おこない》は邇《ちか》きに発《はつ》して遠《とお》きに見《あら》はる。言行《げんこう》は君子《くんし》の枢機《すうき》、枢機の発《はつ》は、栄辱《えいじょく》の主《しゅ》なり。言行《げんこう》は君子《くんし》の天地を動《うご》かす所以《ゆえん》なり。慎《つつ》しまざるべけんや。

人《ひと》に同《おな》じくするに先《さき》には号《な》き咷《さ》けんで後《のち》には笑《わら》ふ。子曰《しいわ》く、君子《くんし》の道《みち》或《あるい》は出《い》で或は処《お》り或は黙《もだ》し或は語《かた》る。二人《ににん》心を同《おな》じくして其の利《と》きこと金《きん》を断《た》つ。同心《どうしん》の言《ことば》は其の臭《にお》ひ蘭《らん》の如《ごと》し。

初六《しょりく》、藉《し》くに白茅《はくぼう》を用《もち》ふ、咎无《とがな》し。子《し》の曰《いわ》く苟《かりそ》めに諸《これ》地《ち》に錯《お》きて可《か》なり。之《これ》に藉《し》くに茅《かや》を用《もち》ふ、何《なん》の咎《とが》か之《これ》有《あ》らん。慎《つつ》しみの至《いた》りなり。夫《そ》れ茅《かや》の物為《ものた》る、薄《うす》くして用《もち》ふること重《おも》かるべし。斯《こ》の術《じゅつ》を慎《つつ》しみてや以《もっ》て往《ゆ》きて其《そ》れ失《うしな》ふ所《ところ》无《な》からん。

労《ろう》して謙《へりくだ》るは君子《くんし》終《おわ》り有《あ》りて吉《きつ》なり。子《し》の曰《いわ》く、労《ろう》して伐《ほこ》らず功《こう》有りて徳《とく》とせず厚《あつ》きの至《いた》りなり。其の功《こう》を以て人《ひと》に下《くだ》る者を語《かた》るなり。徳《とく》は盛《さかん》なるを言《い》ひ、礼《れい》は恭《うやうや》しきを言《い》ふ。謙《けん》なる者は恭《うやうや》しきを致《いた》して以て其の位《くらい》を存《そん》する者《もの》なり。

亢龍《こうりょう》悔《くい》有り、子《し》の曰《いわ》く、貴《たっと》くして位《くらい》无《な》く高《たか》くして民无《たみな》く、賢人下位《けんじんかい》に在《あ》りて輔《たす》くること无《な》し。是《ここ》を以《もっ》て動《うご》いて悔有《くいあ》り。

戸庭《こてい》を出《い》でず咎无《とがな》し。子《し》の曰《いわ》く、乱《らん》の生《な》る所《ところ》や則《すなわ》ち言語《げんご》以《もっ》て階《かい》と為《な》る、君密《きみみつ》ならざれば則《すなわ》ち臣《しん》を失《うしな》ふ。臣密《しんみつ》ならざれば則ち身を失《うしな》ふ、幾事密《きじみつ》ならざれば則ち害成《がいな》る。是《ここ》を以《もっ》て君子慎密《くんししんみつ》にして出《い》でざるなり。

子《し》の曰《いわ》く、易《えき》を作《つく》る者は、其れ盗《とう》を知《し》るか、易《えき》に曰《いわ》く、負《お》ひて且《か》つ乗《の》る、寇《あだ》の至《いた》ることを致《いた》すと。負《お》ふとは小人《しょうじん》の事《こと》なり。乗《の》るとは君子《くんし》の器《うつわ》なり。小人《しょうじん》にして君子の器《き》に乗《の》る、盗之《とうこれ》を奪《うば》はんことを思《おも》ふ。上慢《かみまん》たり下《しも》暴《そこな》ふ。盗之《とうこれ》を伐《う》たんことを思ふ。蔵《くら》を慢《あなど》るは盗《とう》に誨《おし》ふ、容《かたち》を冶《よそお》ふは淫《いん》を誨《おし》ふ。易《えき》に曰《いわ》く負《お》ひて且《か》つ乗《の》る、寇《あだ》の至《いた》ることを致《いた》すと。盗《とう》の招《まね》きなり。

右第八章

天《てん》一、地《ち》二、天三、地四、天五、地六、天七、地八、天九、地十。天数五《てんすういつつ》、地数五《ちすういつつ》。五位《い》相《あ》ひ得《え》て各《おのおの》合ふこと有り。天数二十有《ゆう》五、地数三十、凡《すべ》て天地の数五十有《ゆう》五、此れ変化を成して鬼神《きしん》を行《おこな》ふ所以《ゆえん》なり。大衍《たいえん》の数《すう》五十、其の用四十有九、分《わか》ちて二と為《な》す。以て両《ふたつ》に象《かたど》る。一《ひとつ》を掛《か》く、以て三に象《かたど》る。之を揲《かぞ》ふるに四《よつつ》を以てす。以て四時《しいじ》に象《かたど》る。奇《あま》りを扐《ろく》に帰《き》す、以て閏《うるう》に象る。五歳再び閏、故《ゆえ》に再扐《さいろく》して而《しか》して後《のち》掛《か》く。乾《けん》の策《さく》、二百一十有六。坤《こん》の策《さく》百四十有四。凡《すべ》て三百有六十、期の日に当る。二篇の策、万有一千五百二十、万物の数に当《あた》る。是《こ》の故《ゆえ》に四営《しえい》して易《えき》を成し、十有八変にして卦《か》を成す。八卦にして小成し、引きて之《の》を伸べ、類《るい》に触《ふ》れて之を長《ちょう》ずれば、天下の能事畢《のうじおわ》る。道《みち》を顕《あら》はし徳行《とくこう》を神《しん》にす。是《こ》の故《ゆえ》に与《とも》に酬酢《しゅうさく》すべく、与《とも》に神《しん》を祐《たす》くべし。子《し》の曰く、変化の道を知る者は、其れ神の為る所を知らんか、と。

右第九章

易《えき》に聖人の道《みち》有ること四《よっつ》。以て言ふ者は其の辞《じ》を尚《たつと》び、以て動く者は其の変を尚び、以て器を制《せい》する者は其の象《しょう》を尚び、以て卜筮《ぼくぜい》する者は其の占《うらな》ひを尚ぶ。是《ここ》を以て君子将《まさ》に為《す》ること有らんとするや、将《まさ》に行《おこな》ふこと有らんとするや、問ひて以て言ふ。其の命《めい》を受くるや、響《ひび》きの如し。遠近幽深《ゆうしん》有ること无《な》し。遂《つい》に来物《らいぶつ》を知る。天下の至精《しせい》に非《あら》ずんば其れ孰《た》れか能《よ》く此《ここ》に与《あずか》らん。参伍《さんご》して以て変じて其の数《すう》を錯綜《さくそう》し、其の変を通《つう》じて遂《つい》に天地の文《あや》を成《な》し、其の数《すう》を極《きわ》めて遂《つい》に天下の象《しょう》を定《さだ》む。天下の至変《しへん》に非《あら》ずんば其れ孰《たれ》か能《よ》く此《ここ》に与《あずか》らん。易《えき》は思ふこと无《な》し、為《す》ること无《な》し。寂然《せきぜん》として動かず感じて、遂《つい》に天下の故《こと》に通《つう》ずる、天下の至神《ししん》に非《あら》ずんば其れ孰《た》れか能《よ》く此《ここ》に与《あずか》らん。夫《そ》れ易《えき》は聖人の深《ふか》きを極《きわ》めて幾《かす》かなるを研《あきら》かにする所以《ゆえん》なり。唯《ただ》深き、故に能《よ》く天下の志《こころざし》を通《つう》ず、唯幾《かす》かなり、故に能く天下の務《つとめ》を成《な》す。唯《ただ》神なり、故に疾《はや》くせずして速《すみや》かに行かずして至《いた》る。子《し》の曰《いわ》く、易に聖人の道有ること四《よっつ》とは、此の謂《いい》なり。

右第十章

子《し》の曰《いわ》く、夫《そ》れ易《えき》は何為《なんす》る者ぞ。夫《そ》れ易は物を開き務《つと》めを成《な》し天下の道を冒《おお》ふこと、斯《かく》の如くにして已《や》む者なり。是《こ》の故《ゆえ》に聖人は以て天下の 志《こころざし》に通《つう》じ、以て天下の業《ぎょう》を定《さだ》め、以て天下の疑《うたが》ひを断《さだ》む。是《こ》の故に蓍《し》の徳は円《まど》かにして神《しん》に、卦の徳は方《かた》にして以て知《ち》なり。六爻《りくこう》の義は易《かわ》りて以て貢《つ》ぐ。聖人此《これ》を以て心を洗《あら》ひ退《しりぞ》きて密《みつ》に蔵《かく》れ、吉凶民と患《うれ》ひを同じくして、神《しん》以て来《らい》を知《し》り、知《ち》以て往《おう》を蔵《かく》せり。其れ孰《た》れか能《よ》く此《これ》に与《あずか》らんや。古《いにしえ》の聡明睿知《そうめいえいち》、神武《しんぶ》にして殺《ころ》さざる者か。是《ここ》を以て天の道《みち》を明《あきら》かにして民《たみ》の故《こと》を察《あきら》かにし、是《ここ》に神物《しんぶつ》を興《おこ》して以て民用《みんよう》に前《さきだ》ち、聖人此《これ》を以て斎戒《さいかい》して以て其の徳を神明《しんめい》にするか。是《こ》の故《ゆえ》に戸《と》を闔《とじ》る之《これ》を坤《こん》と謂《い》ひ、戸を闢《ひら》く之を乾《けん》と謂ふ。一《ひと》たびは闔《と》じ一たびは闢《ひら》く、之を変《へん》と謂ひ、往来窮《おうらいきわ》まらざる之を通《つう》と謂《い》ふ。見《あら》はるる乃《すなわ》ち之《これ》を象《しょう》と謂《い》ひ、形《かたち》ある乃ち之を器《き》と謂ふ。制《せい》して之を用ひる之を法《ほう》と謂ふ。用《よう》を利《よろし》くし、出入《しゅつにゅう》して民《たみ》咸《み》な之を用《もち》ふる、之を神《しん》と謂ふ。是《こ》の故《ゆえ》に易《えき》に太極《たいきょく》有り、是《こ》れ両儀《りょうぎ》を生《しょう》じ、両儀四象《ししょう》を生《しょう》じ、四象八卦《か》を生《しょう》ず。八卦吉凶《きつきょう》を定《さだ》め、吉凶大業《たいぎょう》を生ず。是《こ》の故《ゆえ》に法象は天地より大《だい》なる莫《な》し、変通は四時《しいじ》より大《だい》なる莫《な》し。象《しょう》を縣《か》けて著明《ちょめい》なるは日月《じつげつ》より大《だい》なるは莫《な》し。崇高《すうこう》は富貴より大《だい》なる莫し、物を備《そな》へ用《よう》を致《いた》し立てて器を成《な》して天下の利《り》を為《な》すは聖人より大なる莫《な》し。賾《まじわ》れるを探《さぐ》り隠《かく》れるを索《もと》め深《ふか》きを鉤《と》り遠《とお》きを致して以て天下の吉凶を定め、天下の亹亹《びび》を成《な》す者は、蓍亀《しき》より大《だい》なるは莫《な》し。是《こ》の故《ゆえ》に天神物《しんぶつ》を生じて、聖人之に則《のつと》り、天地変化して聖人之に效《なら》ひ、天《てん》、象《しょう》を垂《た》れ吉凶を見《あらわ》して、聖人之に象《かたど》り、河《か》、図《と》を出《いだ》し、洛《らく》、書《しょ》を出して聖人之に則《のつと》れり。易《えき》に四象《しょう》有り以て示《しめ》す所なり。辞《じ》を繫《か》くるは告《つ》ぐる所以《ゆえん》なり。之を定むるに吉凶を以てす。断《さだ》むる所以なり。

右第十一章

易《えき》に曰《いわ》く、天より之を祐《たす》く、吉《きつ》にして利《よろ》しからざること无《な》し。子《し》の曰く、祐《ゆう》は助《たす》くるなり、天の助くる所の者は順《じゅん》なり、人の助くる所の者は信《しん》なり、信を履《ふみ》て順を思ひ、又以て賢《けん》を尚《たつと》ぶなり。是《ここ》を以て天より之を祐《たす》く、吉にして利《よろ》しからざること无《な》し。子《し》の曰《いわ》く、書《しょ》は言《げん》を尽《つく》さず、言は意《い》を尽さず、然《しか》れば則ち聖人の意《い》其れ見《み》るべからざるか。子《し》の曰く、聖人は象《しょう》を立てて以て意《い》を尽《つく》し、卦《か》を設《もう》けて以て情偽《じょうぎ》を尽し、辞《じ》を繫《つな》ぎて以て其の言《げん》を尽し、変《へん》じて之《これ》を通《つう》じ以て利《り》を尽し、之に鼓《つづみ》うち、之《これ》を舞《ま》はして以て神《しん》を尽《つく》せり。乾坤《けんこん》は其れ易《えき》の縕《うん》か。乾坤は列《れつ》を成して易其の中《うち》に立つ。乾坤毀《やぶ》るれば則ち以て易を見ること无《な》し。易《えき》見るべからざれば則ち乾坤或《あるい》は息《や》むに幾《ちか》し。是《こ》の故《ゆえ》に形よりして上《うえ》なる者は之を道《みち》と謂《い》ひ、形よりして下《した》なる者は之を器《き》と謂《い》ふ。化《か》して之を裁《さい》する、之《これ》を変《へん》と謂《い》ふ。推《お》して之《これ》を行《おこな》ふ、之を通《つう》と謂ふ。挙《あげ》て而《しか》して之を天下の民《たみ》に措《お》く、之を事業《じぎょう》と謂ふ。是《こ》の故《ゆえ》に夫《そ》れ象《しょう》は聖人以て天下の賾《かく》れることを見ること有りて、諸《こ》れ其《そ》の形容に擬《なぞら》へ、其の物宜《よろ》しきに象《かたど》れり。是《こ》の故に之を象《しょう》と謂《い》ふ。聖人以て天下の動けることを見ること、其の会通《かいつう》を観《み》て以て其の典礼《てんれい》を行《おこな》ひ辞《じ》を繋《つな》ぎて以て其の吉凶を断《さだ》めり。是《こ》の故《ゆえ》に之《これ》を爻《こう》と謂ふ。天下の賾《かくれ》ることを極《きわ》むる者は卦《か》に存《そん》し、天下の動けることを鼓《つづみ》うつ者は辞《じ》に存《そん》す。化《か》して之を裁《さい》することは変《へん》に存《そん》し、推《お》して之を行《おこな》ふことは通《つう》に存す。神《しん》にして之を明《あき》らかにすることは其の人に存し、黙《もく》して之を成し、言はずして信《しん》なることは徳行に存す。

右第十二章

上繫辞伝《じょうけいじでん》　終

下繋辞伝《かけいじでん》

八卦列《かれつ》を成《な》して象《しょう》其の中《うち》に在り。因《よ》って之《これ》を重《かさ》ねて爻《こう》其の中《うち》に在り。剛柔《ごうじゅう》相《あ》ひ推《お》して変《へん》其の中《うち》に在り。辞《じ》を繋《つな》ぎて之に命《めい》じて動《うご》くこと其の中《うち》に在り。吉凶悔吝《きつきょうかいりん》は動《うご》くより生《うま》る者《もの》なり。剛柔《ごうじゅう》は本《もと》を立《た》つる者なり、変通《へんつう》は時に趣《おもむ》く者なり、吉凶は貞《さだま》りて勝《か》つ者なり、天地の道は貞《さだ》まりて観《み》する者なり、日月《じつげつ》の道は貞《さだま》りて明《あきら》かなる者なり。天下《てんか》の動《うご》くは貞《さだま》りて一《いつ》なる者なり。夫《そ》れ乾《けん》は確然《かくぜん》として人に易《やす》きことを示《しめ》す。夫《そ》れ坤《こん》は隤然《たいぜん》として人に簡《はぶ》くことを示す。爻《こう》なる者は此《こ》れを效《なら》はす者なり。象《しょう》なる者は此《こ》れを像《かたど》る者なり。爻象《こうしょう》は内《うち》に動きて吉凶外に見《あら》はる。功業《こうぎょう》は変《へん》に見《あら》はれ聖人の情《じょう》は辞《じ》に見《あら》はる。天地の大徳を生《せい》と曰《い》ひ、聖人の大宝《たいほう》を位《くらい》と曰ふ。何《なに》を以《もっ》て位を守らん。曰く、人《ひと》何を以て人を聚《あつ》めん。曰く、財《ざい》は財を理《おさ》めて辞《じ》を正しくし、民の非《ひ》を為《な》すを禁《きん》ずるを義《ぎ》と曰《い》ふ。

右第一章

古《いにしえ》包犧氏《ほうぎし》の天下《てんか》に王《おう》たるや、仰《あお》いでは則《すなわ》ち象《しょう》を天に観《み》、俯《うつむ》いては法《ほう》を地に観《み》、鳥獣《ちょうじゅう》の文《ぶん》と地の宜《よろ》しきを観《み》、近《ちか》く諸《これ》を身《み》に取《と》り、遠く諸《これ》を物《もの》に取り、是《ここ》に於《おい》て始めて八卦《か》を作りて以て神明《しんめい》の徳《とく》を通《つう》じ、以て万物《ばんぶつ》の情《じょう》を類《るい》せり。縄《なわ》を結《むす》ぶことを作《さく》して網罟《もうこ》を為《つく》りて以て佃《かり》し、以て漁《りょう》す。蓋《けだ》し諸《これ》を離《り》に取れり。包犧《ほうぎ》氏没《ぼつ》して神農《しんのう》氏作《おこ》り、木《き》を斲《き》つて耜《し》と為《な》し、木を揉《たわ》めて耒《らい》と為《な》し、耒耨《らいどう》の利《かが》、以て天下に教《おし》ふ。蓋《けだ》し諸《これ》を益《えき》に取り、日中《にっちゅう》に市《し》を為《な》して天下の民《たみ》を致《いた》し、天下の貨《か》を聚《あつ》め、交易《こうえき》して退《しりぞ》き、各《おのおの》其の所を得《え》、蓋《けだ》し諸《これ》を噬嗑《ぜいこう》に取れり。神農氏《しんのうし》没して、黄帝《こうてい》堯《ぎょう》舜《しゅん》氏作《おこ》り其の変《へん》を通《つう》じて民《たみ》をして倦《う》まざらしめ、神《しん》にして之を化《か》して民《たみ》をして之《これ》を宜《よろ》しくせしむ。易《えき》は窮《きわ》まれば則《すなわ》ち変《へん》ず、変ずれば則ち通《つう》ず、通ずれば則《すなわ》ち久《ひさ》し。是《ここ》を以て天《てん》より之を祐《たす》け、吉《きつ》にして利《よろ》しからざること无《な》し。黄帝《こうてい》堯《ぎょう》舜《しゅん》衣裳《いしょう》を垂《た》れて天下治《おさ》まる。蓋《けだ》し諸《これ》を乾坤《けんこん》に取《と》れり。木《き》を刳《く》りて舟《ふね》と為《な》し、木《き》を剡《きざ》んで楫《かじ》と為す。舟楫《しゅうしゅう》の利《かが》、以て通《かよ》はざるを済《わた》す。遠きを致《いた》して以て天下を利《かが》す、蓋《けだ》し諸《これ》を渙《かん》に取れり。牛に服《つ》け馬に乗《の》り重《おも》きを引き遠《とお》きに致《いた》して以て天下に利《かが》す。蓋《けだ》し諸《これ》を随《ずい》に取れり。門《もん》を重《かさ》ね柝《たく》を撃《う》ちて以て暴客《ぼうきゃく》を待つ。蓋し諸《これ》を豫《よ》に取れり。木を断《た》ちて杵《きね》と為《な》し地を掘《ほ》りて臼《うす》と為《な》す。臼杵《きゅうしょ》の利《かが》、万民《ばんみん》以て済《すく》ふ。蓋《けだ》し諸《これ》を小過《しょうか》に取れり。木を弦《つる》して弧《ゆみ》と為し、木を剡《けず》て矢《や》と為す。弧矢《こし》の利、以て天下を威《おど》す。蓋《けだ》し諸《これ》を睽《けい》に取れり。上古《じょうこ》は穴《あな》に居て野《の》に処《お》る。後世《こうせい》の聖人之《これ》を易《か》ふるに宮室《きゅうしつ》を以てす。棟《むなぎ》を上《うえ》にし宇《のき》を下にして、以て風雨《ふうう》を待つ。蓋し諸《これ》を大壮《たいそう》に取れり。古《いにし》への葬《ほうむ》る者は厚《あつ》く之に衣《き》するに薪《たきぎ》を以てして之を中野《ちゅうや》に葬《ほうむ》り、封《ほう》ぜず、樹《じゅ》せず、喪《そう》、期数《きすう》无《な》し。後世《こうせい》の聖人之を易《か》ふるに棺槨《かんかく》を以てす。蓋し諸《これ》を大過《たいか》に取れり。上古《じょうこ》は縄《なわ》を結《むす》びて治《おさ》まる。後世の聖人は之を易《か》ふるに書契《しょけい》を以てし、百官《ひゃくかん》以て治《おさ》まり万民《ばんみん》以て察《あきら》かなり、蓋《けだ》し諸《これ》を夬《かい》に取る。

右第二章

是《こ》の故《ゆえ》に易《えき》は象《しょう》なり。象《しょう》なる者は像《ぞう》なり。彖《たん》は材なり。爻《こう》なる者は天下の動くに效《なら》ふ者なり。是《こ》の故に吉凶《きつきょう》生《な》りて悔吝著《かいりんあら》はる。

右第三章

陽卦《ようか》は陰《いん》多く、陰卦《いんか》は陽《よう》多し。其の故《ゆえ》は何《なん》ぞや。陽卦は奇《き》なり、陰卦は偶《ぐう》なり。其の徳行何ぞや。陽は一君《くん》にして二民《みん》、君子の道なり。陰は二君にして一民、小人《しょうじん》の道なり。

右第四章

易《えき》に曰《いわ》く、憧憧《しょうしょう》として往《ゆ》き来《きた》らば朋《とも》のみ爾《なんじ》の思ひに従《したが》はん。子《し》の曰《いわ》く、天下《てんか》何をか思ひ何をか慮《おもんぱか》らん。天下帰《てんかき》を同じくして塗《みち》を殊《こと》にし、致《む》ねを一《いつ》にして慮《おもんぱか》りを百にす。天下何をか思ひ何をか慮らん。日往《ひゆ》けば則《すなわ》ち月来《つききた》り、月《つき》往けば則ち日来《ひきた》り、日月相《じつげつあ》ひ推《お》して明生《めいうま》る。寒往《かんゆ》けば則ち暑来《しょきた》り、暑《しょ》往けば則ち寒来《かんきた》る。寒暑相《かんしょあ》ひ推《お》して歳成《としな》る。往《ゆ》く者は屈《かが》みなり。来《きた》る者は信《の》ぶなり。屈信《くっしん》相ひ感じて利生《かがうま》る。尺蠖《せきかく》の屈《かが》むは以て信《の》びんことを求むなり。龍蛇《りょうだ》の蟄《こも》るは以て身《み》を存《そん》すなり。義《ぎ》を精《くわ》しくして神《しん》に入《い》るは以て用《よう》を致《いた》す。用を利《よろ》しくして身を安《やす》んずるは以て徳《とく》を崇《たか》くす。此《これ》を過《す》ぎて以て往《ゆ》き未《いま》だ之《こ》れ或《あるい》は知らざるなり。神《しん》を窮《きわ》め化《か》を知るは徳の盛《さかん》なるなり。易《えき》に曰《いわ》く、石《いし》に困《くる》しみ蒺藜《しつり》に拠《よ》り其の宮に入《い》りて其の妻《つま》を見ず、凶なり。子《し》の曰《いわ》く、困《くる》しむ所に非ずして困《くる》しめば名《な》必ず辱《はずかし》めらる。拠《よ》る所に非《あら》ずして拠《よ》れば身《み》必ず危《あや》ふし。既《すで》に辱しめられ且《か》つ危《あや》ふければ、死期将《しきまさ》に至《いた》らんとす、妻《つま》其れ見ることを得《う》べけんや。易《えき》に曰く、公用《こうもつ》て隼《はやぶさ》を高墉《こうよう》の上に射《い》て之を獲《え》たり、利《よろ》しからざること无《な》し。子《し》の曰く、隼《はやぶさ》は禽《きん》なり、弓矢は器《き》なり、之《これ》を射《い》る者は人《ひと》なり。君子《くんし》器《き》を身に蔵《かく》して時《とき》を待ちて動《うご》く、何《なん》の利《よろ》しからざること之《これ》有らん。動きて括《むすぼ》はれず、是《ここ》を以て出《い》でて獲《う》ること有り、器《き》を成《な》して動く者を語《かた》るなり。子《し》の曰《いわ》く、小人《しょうじん》は不仁《ふじん》を恥《はじ》ず、不義《ふぎ》を畏《おそ》れず利《り》を見《み》ざれば勧《すす》まず、威《おど》さざれば懲《こ》りず、小《すこ》しく懲《こ》らして大《おおい》に誡《いま》しむ、此《こ》れ小人の福《ふく》なり。易《えき》に曰《いわ》く、校《あしかせ》を履《は》いて趾《あし》を滅《やぶ》る咎无《とがな》しとは、此れ之《こ》の謂《いい》なり。善積《ぜんつ》まざれば以て名《な》を成《な》すに足《た》らず、悪積《あくつ》まざれば以て身《み》を滅《ほろぼ》すに足らず。小人《しょうじん》は小善《しょうぜん》を以て益无《えきな》しと為《な》して為《な》さざるなり。小悪《しょうあく》を以て傷《そこな》ひ无《な》しと為《な》して去《さ》らざるなり。故《ゆえ》に悪積《あくつ》んで掩《おお》ふべからず、罪大《つみだい》にして解《と》くべからず。易《えき》に曰《いわ》く、校《くびかせ》を何《にな》ひて耳《みみ》を滅《やぶ》る、凶《きょう》なり。子《し》の曰く、危《あやう》しといふ者は其の位《くらい》に安《やす》んずる者なり。亡《ほろ》びんといふ者は其の存《そん》する者を保《たも》つ者なり。乱《みだ》れんといふ者は其《そ》の治《おさ》まるを有《たも》つ者なり。是《こ》の故《ゆえ》に君子《くんし》は安《やす》くして危《あや》ふきを忘れず、存《そん》して亡《ほろ》びるを忘れず、治《おさ》まりて乱《みだ》るるを忘れず、是《ここ》を以て身安《みやす》くして国家《こっか》保《たも》つべし。易《えき》に曰《いわ》く、其れ亡《ほろ》びなん其れ亡びなん、苞桑《ほうそう》に繋《つな》がる、と。子《し》の曰く、徳薄《うす》くして位《くらい》尊く知《ち》小《すくな》くして謀《はか》ること大《おおい》に、力小《すくな》くして任重《にんおも》ければ及ばざること鮮《すくな》し。易《えき》に曰く、鼎足《かなえ》を折《お》り公の餗《そく》を覆《くつがえ》す、其れ形《つみ》なひ渥《ひた》さる凶なり。言《いうこころ》は其の任《にん》に勝《た》へざるなり。子《し》の曰く、幾《き》を知るは其れ神《しん》か。君子《くんし》は上《かみ》に交《まじわ》りて諂《へつら》はず下《しも》に交《まじ》りて瀆《けが》れず、其れ幾《き》を知れるか。幾《き》は動《うご》くことの微《かす》かにして吉の先《ま》づ見《あら》はるる者なり。君子《くんし》は幾《き》を見《み》て作《な》す、日を終《おわ》ることを俟《ま》たず、と。易《えき》に曰《いわ》く、石《いし》に介《かい》たり、日を終《お》へず貞《ただ》しくして吉《きつ》なり。介《かい》、石《いし》の如し、寧《なん》ぞ日を終《おわ》ることを用《もち》ひん、断《さだ》めて識《し》るべし。君子《くんし》は微《かす》かなるを知り彰《あら》はなるを知り柔《やわら》かなるを知り剛《かた》きを知る。万夫《ばんぷ》の望《のぞ》みなり。子《し》の曰く、顔氏《がんし》が子《こ》其れ殆《ほとん》ど庶幾《ちか》からんか。不善《ふぜん》有れば未《いま》だ嘗《かつ》て知らずんばあらず。之《これ》を知れば未《いま》だ嘗《かつ》て復《ま》た行《おこな》はず、と。易《えき》に曰く、遠《とお》からずして復《かえ》りて悔《くい》に祇《いた》ること无《な》し、元《おおい》に吉なり。天地絪縕《てんちいんうん》として万物化醇《ばんぶつかじゅん》し、男女精《せい》を構《あわ》せて、万物化生《かせい》す。易《えき》に曰《いわ》く、三人行《ゆ》きては則《すなわ》ち一人を損《そん》し、一人行きては則ち其の友《とも》を得《う》。言《いうこころ》は一を致《いた》せとなり。子《し》の曰《いわ》く、君子《くんし》は其の身《み》を安《やす》んじて而《しか》して後《のち》に動《うご》き其の心を易《やす》くし而《しか》して後語《のちかた》り其の交《まじわ》りを定《さだ》めて而《しか》して後《のち》に求《もと》む。君子此の三つの者《もの》を脩《おさ》む、故《ゆえ》に全《まった》し。危《あやう》くして以て動《うご》けば則ち民与《たみくみ》せざるなり。懼《おそ》れて以て語《かた》れば則ち民応《たみおう》ぜざるなり。交《まじわ》り无《な》くして求むれば則ち民与《たみくみ》せざるなり。之《これ》に与《くみ》する莫《な》ければ則ち之《これ》を傷《そこな》ふ者至る。易《えき》に曰く、之《これ》を益《えき》すこと莫《な》くして或《あるい》は之を撃《う》つ。心を立《た》つること恒《つね》勿《な》し、凶なり。

右第五章

子《し》の曰《いわ》く、乾坤《けんこん》は其れ易《えき》の門《もん》か。乾《けん》は陽物《ようぶつ》なり、坤《こん》は陰物《いんぶつ》なり。陰陽《いんよう》徳を合《あわ》せて剛柔《ごうじゅう》体《たい》有り。以て天地の撰《せん》を体《たい》し、以て神明《しんめい》の徳を通《つう》ず。其の名《な》を称《しょう》せるや雑《まじ》りて越《こ》えず、其の類《るい》を稽《かんが》ふるに於《おい》てするに其れ衰世《すいせい》の意《い》か。夫《そ》れ易《えき》は往《ゆ》けるを彰《あら》はして来《きた》れるを察《つまび》らかにし顕《あらわ》れたるを微《かす》かにして幽《かす》かなるを闡《ひら》き、開《ひら》いて名《な》に当《あた》り物《もの》を辨《わきま》へ言《げん》を正しくし辞《じ》を断《さだ》むること則《そなわ》ち備れり。其の名を称《しょう》せるや小《すこ》しく、其の類《るい》を取れるや大《おおい》に、其の旨《むね》遠く、其の辞文《じあや》あり。其の言曲《まが》りて中《あた》り、其の事肆《つら》ねて隠《かく》れり。貳《うたがい》に因《よ》つて以て民《たみ》の行《おこない》を済《すく》ひ、以て失得《しっとく》の報《むくい》を明《あか》せり。

右第六章

易《えき》の興《おこ》るや、其れ中古《ちゅうこ》に於《お》けるか。易《えき》を作る者は其れ憂患《ゆうかん》有るか。是《こ》の故《ゆえ》に履《り》は徳の基《もとい》なり、謙《けん》は徳の柄《え》なり。復《ふく》は徳の本《もと》なり。恒《こう》は徳の固《かた》きなり。損《そん》は徳の脩《おさむ》るなり。益《えき》は徳の裕《ゆた》かなり。困《こん》は徳の辨《わきまえ》なり。井《せい》は徳の地なり。巽《そん》は徳の制《せい》なり。履《り》は和《わ》して至《いた》り、謙は尊くして光り、復《ふく》は小《しょう》にして物《もの》を辨《わきま》へ、恒《こう》は雑《まじ》りて厭《いと》はず、損《そん》は難《かた》きを先にして易《やす》きを後《あと》にす。益《えき》は長裕《ちょうゆう》にして設《もう》けず、困《こん》は窮《きわ》まりて通《とお》る。井《せい》は其の所に居て遷《うつ》る。巽《そん》は称《はか》りて隠《かく》す。履《り》は以て行《こう》を和《わ》し、謙《けん》は以て礼を制し、復《ふく》は以て自《みず》から知り、恒《こう》は以て徳を一《いつ》にし、損《そん》は以て害《がい》に遠《とお》ざかり、益《えき》は以て利《り》を興《おこ》し、困《こん》は以て怨《うら》みを寡《すくな》くし、井《せい》は以て義《ぎ》を辨《わきま》へ、巽《そん》は以て権《けん》を行《おこな》ふ。

右第七章

易《えき》の書《しょ》たるや、遠《とお》ざくべからず。道《みち》たるや屢《しばしば》遷《うつ》る。変動《へんどう》して居《お》らず、六虚《りくきょ》に周流《しゅうりゅう》して上下常无《じょうげつね な》く、剛柔《ごう じゅう》相《あ》ひ易《かわ》りて典要《てんよう》を為《な》すべからず、唯変《ただへん》の適《ゆ》く所のままにす。出入《しゅつにゅう》以て外《そと》を度《ど》し内《うち》に懼《おそ》れを知らしむ。又憂患《ゆうかん》と故《ゆえ》とを明《あきら》かにし、師保《しほ》有ること无《な》けれども臨《のぞ》める父母《ふぼ》の如《ごと》し。初《はじ》め其の辞《じ》に率《したが》って其の方《ほう》を揆《はか》れば既《すで》に典常《てんつね》有り。苟《いやし》くも其の人に非《あら》ざれば、道虚《みちむな》しく行《おこな》はれず。

右第八章

易《えき》の書《しょ》たるや始めを原《たず》ね終りを要《もと》めて以て質《しつ》を為《な》すなり。六爻《りくこう》相《あ》ひ雑《まじ》はるは、唯《ただ》其の時物《じぶつ》なり。其の初《まじ》めは知り難《がた》く、其の上《うえ》は知り易《やす》し。本末《ほんまつ》なればなり。初めは辞之《じこれ》に擬《なぞら》へて卒《つい》に之を成《な》して終《お》ふ。若《も》し夫《そ》れ物を雑《まじ》へ徳《とく》を撰《えら》び是《ぜ》と非《ひ》とを辨《わきま》ふることは則《すなわ》ち其の中《なか》の爻《こう》に非《あらざ》れば備《そな》はらず。噫《ああ》、亦存亡吉《またそんぼうきつ》凶《きょう》を要《もと》むれば、則《すなわ》ち居《い》ながらにして知りぬべし。知《ち》は其の彖《たん》の辞《じ》を観《み》れば則ち思《おも》ひ半《なか》ばに過《す》ぐ。二と四と功《こう》を同じくして位《くらい》を異《こと》にし其の善《ぜん》同じからず。二は誉《ほま》れ多し、四は懼れ多きは近《ちか》ければなり。柔《じゅう》の道為《た》る遠きに利《よろ》しからざる者《もの》にして其の要咎无《ようとがな》し。其れ柔《じゅう》中《ちゅう》を用《もち》ふればなり。三と五と功《こう》を同じくして位《くらい》を異《こと》にす。三は凶《きょう》多く五は功《こう》多し。貴賤《きせん》の等《とう》なり。其れ柔《じゅう》なれば危《あやう》くし、其れ剛《ごう》なれば勝《た》ふるか。

右第九章

易《えき》の書《しょ》たるや広大悉《ことごと》く備《そな》はれり。天道《てんどう》有り、人道《じんどう》有り、地道《ちどう》有り。三才《さい》を兼《か》ねて之《これ》を両《ふたつ》にす。故に六《むっ》つ。六は他《た》に非《あら》ず。三才の道なり。道に変動有り。故に爻《こう》と曰《い》ふ。爻に等《しな》有り、故に物《もの》と曰《い》ふ。物相《あ》ひ雑《まじ》はる、故に文《ぶん》と曰ふ。文当《あた》らず、故に吉凶生《う》まる。

右第十章

易《えき》の興《おこ》るや其れ殷《いん》の末世《まつせい》、周《しゅう》の盛徳《せいとく》に当《あた》るか。文王《ぶんおう》と紂《ちゅう》との事《こと》に当るか。是《こ》の故《ゆえ》に其の辞危《じあや》ぶむ。危《あや》ぶむ者は平《たい》らかならしめ、易《たやす》き者は傾《かたむ》かしむ。其の道甚《はなは》だ大《だい》にして百物《ひやくぶつ》廃《す》てず。懼《おそ》れて以て終《お》へ始《はじ》む。其の要咎无《ようとがな》し。此れ之《これ》を易《えき》の道と謂《い》ふなり。

右第十一章

夫《そ》れ乾《けん》は天下《てんか》の至健《しけん》なり。徳行恒《とくこうつね》に易《やす》くして以て険《けわ》しきを知る。夫《そ》れ坤《こん》は天下の至順《しじゅん》なり。徳行恒《とくこうつね》に簡《すくなく》て以て阻《さかしき》を知る。能《よ》く諸《これ》を心に説《よろこ》び能《よ》く諸侯の慮《おもいはか》りに研《つまびら》かにして、天下の吉凶を定《さだ》め、天下の亹亹《びび》を成《な》す者なり。是《こ》の故《ゆえ》に変化云為《へんかうんい》、吉事に祥《しょう》有り。事《こと》に象《かたちど》つて器《き》を知り事を占《うらな》つて来《らい》を知る。天地《てんち》位《くらい》を設けて聖人能《のう》を成《な》し、人に謀《はか》り鬼《き》に謀り百姓《ひやくせい》も能《のう》に与《あず》かる。八卦《かか》は象《しょう》を以て告《つ》げ、彖《たん》は情《じょう》を以て言ふ。剛柔《ごうじゅう》雑《まじ》はり居《い》て吉凶《きつきょう》見るべし。変動《へんどう》は利《り》を以て言ひ吉凶は情を以て遷《うつ》る。是《こ》の故《ゆえ》に愛悪《あいお》相《あ》ひ攻《せ》めて吉凶生《きつきようおこ》り、遠近《えんきん》相《あ》ひ取《と》りて悔吝生《かいりんおこ》り、情偽《じょうぎ》相《あ》ひ感じて利害生《うま》る。凡《およ》そ易《えき》の情《じょう》、近くして相ひ得《え》ざれば則《すなわ》ち凶に、或《あるい》は之《これ》を害《がい》し悔《く》いて且《か》つ吝《や》さし。将《まさ》に叛《そむ》かんとする者は、其の辞慙《じは》ぢ、中心疑ふ者は其の辞枝《し》あり、吉人《きつじん》の辞《じ》は寡《すくな》く、躁人《そうじん》の辞は多し。善《ぜん》を誣《しう》るの人は其の辞游《じう》き、其の守りを失ふ者は其の辞屈《じかが》む。

右第十二章

下繫辞伝《かけいじでん》　終

説卦伝《せつかでん》

昔《むかし》、聖人《せいじん》の易《えき》を作れるや、神明《しんめい》を幽賛《ゆうさん》して蓍《し》を生《しょう》じ、天を参《みつ》にし地を両《ふたつ》にして数《すう》を倚《よ》せ変《へん》を陰陽《いんよう》に観《み》て卦《か》を立て剛《ごう》柔《じゅう》を発揮《はつき》して爻《こう》を生《しょう》じ、道徳に和順《わじゅん》して義《ぎ》に理《り》あり、理を窮《きわ》め性《せい》を尽《つく》して以て命《めい》に至《いた》れり。

右第一章

昔《むかし》、聖人の易《えき》を作れるや、将《まさ》に以《もっ》て性命《せいめい》の理《り》に順《したが》はんとす。是《ここ》を以て天《てん》の道《みち》を立てて陰《いん》と陽《よう》と曰《い》ひ、地《ち》の道を立てて柔《じゅう》と剛《ごう》と曰《い》ひ、人《ひと》の道を立てて仁《じん》と義《ぎ》と曰《い》ふ。三才《さんさい》を兼《か》ねて之を両《ふた》つにす。故《ゆえ》に易《えき》は六画《りくかく》にして卦《か》を成《な》す。陰《いん》を分《わか》ち陽《よう》を分《わか》つて迭《たがい》に柔《じゅう》剛《ごう》を用《もち》ふ。故《ゆえ》に易《えき》は六位《りくい》にして章《しょう》を成《な》す。

右第二章

天地《てんち》位《くらい》を定《さだ》め、山沢《さんたく》気を通《かよ》はし、雷風《らいふう》相《あ》ひ薄《せま》り、水火《すいか》相《あ》ひ射《いと》はず、八卦《か》相ひ錯《まじ》はる。往《おう》を数《かぞ》ふる者は順《じゅん》、来《らい》を知る者は逆《ぎゃく》。是《こ》の故《ゆえ》に易《えき》は逆数《ぎゃくすう》なり。

右第三章

雷《らい》以て之《これ》を動かし、風《かぜ》以て之を散《ち》らし、雨《あめ》以て之を潤《うるお》し、日《ひ》以て之を晅《かわ》かし、艮《ごん》以て之を止《とど》め、兌《だ》以て之を説《よろこ》ばし、乾《けん》以て之に君《きみ》とし、坤《こん》以て之を蔵《おさ》む。

右第四章

帝《てい》、震《しん》に出《い》で、巽《そん》に斉《ととの》ひ、離《り》に相《あ》ひ見《み》、役《やく》を坤《こん》に致《いた》し、兌《だ》に説言《えつげん》し、乾《けん》に戦《たたか》ひ、坎《かん》に労《ろう》し、艮《ごん》に成言《せいげん》す。万物《ばんぶつ》、震《しん》に出《い》づ、震《しん》は東方《とうほう》なり。巽《そん》に斉《ととの》ふ、巽《そん》は東南《とうなん》なり、斉《ととの》ふとは万物《ばんぶつ》の潔斉《けつさい》を言ふなり。離《り》とは明《めい》なり、万物は皆《みな》相《あ》ひ見《み》る、南方《なんぽう》の卦《か》なり。聖人《せいじん》は南面《なんめん》して天下《てんか》を聴《き》き、明《めい》に嚮《むか》ひて治《おさ》む。蓋《けだ》し諸《これ》を此《ここ》に取れり。坤《こん》とは地《ち》なり。万物は皆《みな》養《やしな》ひを致《いた》す。故《ゆえ》に曰《いわ》く役《やく》を坤《こん》に致《いた》すと。兌《だ》は正秋《せいしゅう》なり、万物の説《よろこ》ぶ所なり。故《ゆえ》に曰《いわ》く兌《だ》に説言《えつげん》すと。乾《けん》に戦《たたか》ふ。乾《けん》は西北《せいほく》の卦《か》なり。陰陽《いんよう》相《あ》ひ薄《せま》るを言ふ。坎《かん》は水《みず》なり。正北方《せいほっぽう》の卦《か》なり。

労《ろう》の卦《か》なり、万物の帰《かえ》る所《ところ》なり。故《ゆえ》に坎《かん》に労《ろう》すと曰《い》ふ。艮《ごん》は東北《とうほく》の卦《か》なり。万物の終りを成《な》す所にして、始《はじ》めを成《な》す所なり。故《ゆえ》に艮《ごん》に成言《せいげん》すと曰《い》ふ。

右第五章

神《しん》は万物に妙《みょう》にして言《げん》を為《な》す者なり。万物を動かす者は雷《らい》より疾《はや》きは莫《な》く、万物を橈《たわ》ます者は風《かぜ》より疾きは莫《な》く、万物を燥《かわ》かす者は火《ひ》より熯《かわ》かすは莫《な》く、万物を説《よろこ》ばす者は沢《さわ》より説《よろこ》ばすは莫《な》く、万物を潤《うる》ほす者は水《みず》より潤《うる》ほすは莫《な》く、万物を終《お》へ万物を始《はじ》むる者は艮《ごん》より盛《さかん》なるは莫《な》し。故《ゆえ》に水火《すいか》相《あ》ひ逮《およ》ぼし、雷風《らいふう》は相ひ悖《もと》らず、山沢《さんたく》は気《き》を通《つう》じ然《しか》して後《のちょ》能く変化《へんか》して既《すで》に万物を成《な》すなり。

右第六章

乾《けん》は健《すこや》かなり。坤《こん》は順《したが》ふなり。震《しん》は動くなり。巽《そん》は入《い》るなり。坎《かん》は陥《おちい》るなり。離《り》は麗《つ》くなり。艮《ごん》は止《とど》まるなり。兌《だ》は説《よろこ》ぶなり。

右第七章

乾《けん》を馬《うま》と為《な》し、坤《こん》を牛《うし》と為し、震《しん》を龍《りよう》と為し、巽《そん》を雞《にわとり》と為し、坎《かん》を豕《いのこ》と為し、離《り》を雉《きじ》と為し、艮《ごん》を狗《いぬ》と為し、兌《だ》を羊《ひつじ》と為《な》す。

右第八章

乾《けん》を首《くび》と為《な》し、坤《こん》を腹《はら》と為し、震《しん》を足《あし》と為し、巽《そん》を股《また》と為《な》し、坎《かん》を耳《みみ》と為し、離《り》を目《め》と為し、艮《ごん》を手《て》と為し、兌《だ》を口《くち》と為《な》す。

右第九章

乾《けん》は天《てん》なり。故《ゆえ》に父《ちち》と称《しよう》す。坤《こん》は地《ち》なり。故《ゆえ》に母《はは》と称《しよう》す。震《しん》は一《ひと》たび索《もと》めて男《おとこ》を得《う》、故に之《これ》を長男《ちようなん》と謂《い》ふ。巽《そん》は一《ひと》たび索《もと》めて女《おんな》を得《う》、故《ゆえ》に之《これ》を長女《ちようじよ》と謂《い》ふ。坎《かん》は再《ふたた》び索《もと》めて男《おとこ》を得《う》。故に之《これ》を中男《ちゆうなん》と謂《い》ふ。離《り》は再《ふたた》び索《もと》めて女《おんな》を得《う》。故《ゆえ》に之《これ》を中女《ちゆうじよ》と謂ふ。艮《ごん》は三《み》たび索《もと》めて男を得《う》。故に之を少男《しようなん》と謂《い》ふ。兌《だ》は三《み》たび索《もと》めて女《おんな》を得《う》。故に之を少女《しようじよ》と謂ふ。

右第十章

乾《けん》を天《てん》と為《な》し圜《えん》と為し君《きみ》と為し父《ちち》と為し玉《ぎよく》と為《な》し金《きん》と為し寒《かん》と為し冰《こおり》と為し大《おおい》に赤《あか》しと為し良馬《りようば》と為し老馬《ろうば》と為し瘠馬《せきば》と為し駁馬《はくば》と為し木果《もくか》と為す。坤《こん》を地《ち》と為《な》し母《はは》と為し布《ぬの》と為し釜《かま》と為し吝《やさし》かり嗇《おし》むと為し均《ひと》しと為し子母牛《こつきうし》と為《な》し大《おおい》なる輿《こし》と為し文《あや》と為し衆《しゅう》と為《な》し柄《え》と為し其《そ》れ地《ち》に於《おい》てや黒《くろ》しと為《な》す。震《しん》を 雷《かみなり》 と為《な》し龍《りよう》と為し玄《くろ》く黄《き》なりと為し 旉《はなぶさ》 と為し大《おおい》なる塗《と》と為し長子《ちようし》と為し決《きま》り躁《さわ》ぐと為し蒼筤竹《そうろうちく》と為し萑葦《かんい》と為し、其《そ》れ馬《うま》に於てや善《よ》く鳴《な》くと為し馵足《かけあし》と為し足を作《おこ》すと為し的顙《てきそう》と為し其れ稼《か》に於てや反生《ひつち》と為し其の究《きわ》まりを健《すこや》かと為し蕃《しげ》く鮮《あきら》けしと為す。巽《そん》を木と為《な》し風《かぜ》と為し長女《ちようじよ》と為し縄直《なわなお》しと為し工《こう》と為し白《しろ》しと為し長《なが》しと為し高《たか》しと為し進《すす》み退《しりぞ》くと為し果《はた》さずと為し臭《しゅう》と為し、其れ人に於てや髪《かみ》 寡《すくな》しと為し広《ひろ》き顙《ひたい》と為し白眼《はくがん》多しと為し利《かが》に近《ちか》づきて市《あきな》ふこと三倍と為し其の究《きわ》まりを躁《さわ》げる卦《か》と為《な》す。坎《かん》を水《みず》と為し溝瀆《みぞほり》と為し隠《かく》れ伏《ふ》すと為し矯《た》め輮《た》むると為し弓輪《きゆうりん》と為す。其《そ》れ人《ひと》に於《おい》てや憂《うれ》ひを加《くわ》ふと為し心《こころ》の病《やま》ひとし耳《みみ》の痛《いた》みとし血《ち》の卦《か》と為し赤《あか》しと為す。其れ馬《うま》に於《おい》てや美《うつく》しき脊《せ》と為し亟《はや》き心と為し首《くび》を下《さげ》ると為し薄《うす》き蹄《ひずめ》と為し曳《ひ》くと為す。其れ輿《こし》に於てや 眚《わざわい》 多しと為し通《とお》ると為し月《つき》と為し盗《とう》と為す。其れ木《き》に於《おい》てや堅《かた》くして心多《しんおお》しと為《な》す。離《り》を火《ひ》と為し、日《ひ》と為し電《いなずま》と為し中女《ちゅうじょ》と為し甲冑《かっちゅう》と為し戈兵《かへい》と為す。其れ人《ひと》に於《お》けるや大《おおい》なる腹《はら》と為し乾《かわ》ける卦《か》と為し鱉《べつ》と為し蟹《かに》と為し蠃《ら》と為し蚌《ぼう》と為し亀《かめ》と為す。其れ木《き》に於《おい》てや科《うつろ》にして槁《か》れたりと為す。艮《ごん》を山《やま》と為し徑路《けいろ》と為し小石《こいし》と為し門闕《もんけつ》と為し果蓏《から》と為し閽寺《こんじ》と為し指《ゆび》と為し狗《いぬ》と為し鼠《ねずみ》と為し黔《くろ》き喙《くちばし》の属《ぞく》と為す。其《そ》れ木《き》に於《おい》てや堅《かた》くして節多《ふしおお》しと為す。兌《だ》を沢《さわ》と為し少女《しょうじょ》と為し巫《ふ》と為し口舌《こうぜつ》と為し毀《そこな》ひ折《お》ると為し附《つ》き決《きめ》ると為《な》す。其れ地《ち》於てや剛鹵《ごうろ》と為し妾《しょう》と為し羊《ひつじ》と為す。

右第十一章

説卦伝《せっかでん》　終

序卦伝《じょかでん》

天地《てんち》有りて然《しか》して後《のち》に万物生《ばんぶつうま》る。天地の間《かん》に盈《みつ》る者《もの》は唯《ただ》万物、故《ゆえ》に之《これ》に受《うく》るに屯《ちゅん》を以《もつ》てす。屯《ちゅん》は盈《みつ》るなり。屯は物《もの》の始めて生《うま》るなり。物生《うま》れて必ず蒙《くら》し。故に之《これ》に受《うく》るに蒙《もう》を以てす。蒙は蒙《くら》しなり。物の稚《おさな》きなり。物の稚《おさな》きは養《やしな》はずんばあるべからず。故《ゆえ》に之を受《う》くるに需《じゅ》を以てす。需は飲食《いんしょく》の道《みち》なり。飲食必ず訟《うった》へ有り。故に之に受《う》くるに訟《しょう》を以てす。訟《うった》へ必ず衆《もろもろ》起《おこ》ること有り。故《ゆえ》に之《これ》に受くるに師《し》を以てす。師は衆《もろもろ》なり。衆必ず比《ひ》する所《ところ》有り。故《ゆえ》に之に受くるに比《ひ》を以てす。比《ひ》は比するなり。比《ひ》は必ず畜《た》むる所《ところ》有り。故に之に受《う》くるに小畜《しょうちく》を以てす。物畜《た》めて然《しか》して後《のち》に礼《れい》有り。故《ゆえ》に之に受くるに履《り》を以てす。履《ふ》みて泰《やすら》かにして然《しか》して後《のち》に安《やす》し。故に之に受《う》くるに泰《たい》を以てす。泰《たい》は通《とお》るなり。物《もの》以て通《とお》るに終《おわ》るべからず。故に之に受くるに否《ひ》を以てす。物以て否《ふさが》るに終るべからず。故《ゆえ》に之に受《う》くるに同人《どうじん》を以てす。人《ひと》と同《おな》じき者は物《もの》必ず帰《き》す。故《ゆえ》に之に受くるに大有《たいゆう》を以てす。有《たも》つこと大《だい》なる者は以て盈《み》つべからず。故に之に受くるに謙《けん》を以てす。有《たも》つこと大《だい》にして能《よ》く謙《けん》すれば必ず豫《たの》しむ。故に之に受くるに豫《よ》を以てす。豫《たの》しめば必ず随《したが》ふこと有り。故に之に受くるに随《ずい》を以てす。喜びを以て人《ひと》に随《したが》ふ者は必ず事《こと》有り。故《ゆえ》に之に受《う》くるに蠱《こ》を以てす。蠱《こ》は事《こと》なり。事有りて而《しか》して後大《のちだい》なるべし。故《ゆえ》に之に受くるに臨《りん》を以てす。臨《りん》は大《だい》なり。物大《ものだい》にして然《しか》して後観《のちみ》るべし。故《ゆえ》に之に受くるに観《かん》を以てす。観《み》るべくして而《しか》して後《のち》に合《あ》ふ所有り。故に之に受くるに噬嗑《ぜいこう》を以てす。嗑《こう》は合《あ》ふなり。物以《もつ》て苟《いやし》くも合《あわ》せて已《や》むべからず。故に之に受くるに賁《ひ》を以てす。賁《ひ》は飾《かざ》りなり。飾りを致《いた》して然《しか》して後亨《のちとお》れば則《すなわ》ち尽《つ》く。故に之《これ》を受《う》くるに剝《はく》を以てす。剝《はく》は剝《けず》るなり。物以て尽《つき》削るに終《おわ》るべからず。上《うえ》に窮《きわ》まれば下《した》に反《かえ》る。故に之に受くるに復《ふく》を以てす。復《かえ》れば則ち妄《もう》ならず。故に之に受くるに无妄《むぼう》を以てす。无妄《むぼう》有りて然《しか》して後《のち》　畜《たくわ》ふべし。故に之に受《う》くるに大畜《たいちく》を以てす。物畜《たくわ》へて然《しか》して後《のち》に養《やしな》ふべし。故《ゆえ》に之に受《う》くるに頤《い》を以てす。頤《い》は養《やしな》ふなり。養《やしな》はざれば則《すなわ》ち動《うご》くべからず。故に之《これ》に受くるに大過《たいか》を以てす。物《もの》以て過《す》ぐるに終《おわ》るべからず。故に之を受くるに坎《かん》を以てす。坎《かん》は陥《かん》なり。陥《おちい》れば必ず麗《つ》く所有り。故《ゆえ》に之に受くるに離《り》を以てす。離《り》は麗《つ》くなり。

右《みぎ》上篇

天地《てんち》有りて然《しか》して後万物《のちばんぶつ》有り。万物有りて然《しか》して後男女《のちだんじょ》有り。男女有りて然《しか》して後夫婦《のちふうふ》有り。夫婦《ふうふ》有りて然《しか》して後父子《のちふし》有り。父子《ふし》有りて然《しか》して後君臣《のちくんしん》有り。君臣《くんしん》有りて然《しか》して後《のち》上下《じょうげ》有り。上下《じょうげ》有りて然《しか》して後礼儀《のちれいぎ》錯《お》く所有り。夫婦の道《みち》以て久《ひさ》しからずんばあるべからず。故《ゆえ》に之を受くるに恒《こう》を以てす。恒《こう》は久《ひさ》しなり。物《もの》以て久《ひさ》しく其の所《ところ》に居《お》るべからず。故《ゆえ》に之《これ》を受《う》くるに遯《とん》を以てす。遯《とん》は退《しりぞ》くなり。物以て遯《のが》るに終《お》はるべからず。故に之を受くるに大壮《たいそう》を以てす。物以て壮《さか》んなるに終《お》はるべからず。故《ゆえ》に之に受くるに晋《しん》を以てす。晋《しん》は進《すす》むなり。進《すす》めば必ず傷《やぶ》るる所有り。故に之に受くるに明夷《めいい》を以てす。夷《い》は傷《やぶ》るなり。外《そと》に傷《やぶ》るる者は必ず其の家《いえ》に反《かえ》る。故に之に受くるに家人《かじん》を以てす。家道窮《かどうきわ》まれば必ず乖《そむ》く。故に之に受《う》くるに睽《けい》を以てす。睽《けい》は乖《そむ》くなり。乖《そむ》けば必ず難《なや》み有り。故に之に受くるに蹇《けん》を以てす。蹇《けん》は難《なやみ》なり。物以て難《なや》みに終《おわ》るべからず。故《ゆえ》に之《これ》に受《う》くるに解《かい》を以てす。解《かい》は緩《ゆる》しなり。緩《ゆる》ければ必ず失《うしな》ふ所《ところ》有り。故《ゆえ》に之《これ》に受《う》くるに損《そん》を以てす。損《そん》して已《や》まざれば必ず益《えき》す。故に之を受くるに益《えき》を以てす。益《えき》して已《や》まざれば必ず決《きま》る。故に之を受くるに夬《かい》を以てす。夬《かい》は決するなり。決すれば必ず遇《あ》ふ所《ところ》有り。故に之に受くるに姤《こう》を以てす。

姤《こう》は遇《あ》ふなり。物相《あ》ひ遇《あ》ひて後聚《のちあつ》まる。故に之に受くるに萃《すい》を以てす。萃《すい》は聚《あつ》まるなり。聚《あつま》りて上《のぼ》る者は之を升《しょう》と謂《い》ふ。故に之に受くるに升《しょう》を以てす。升《のぼ》りて已《や》まざれば必ず困《くる》しむ。故に之に受くるに困《こん》を以てす。上《うえ》に困《くる》しむ者は必ず下《した》に反《かえ》る。故《ゆえ》に之に受くるに井《せい》を以てす。井道《せいどう》は革《あらた》めずんばあるべからず。故《ゆえ》に之に受《う》くるに革《かく》を以てす。物《もの》を革《あらた》むる者は鼎《かなえ》に若《し》くは莫《な》し。故《ゆえ》に之《これ》に受くるに鼎《てい》を以てす。器《き》を主《つかさ》どる者は長子《ちょうし》に若《し》くは莫《な》し。故に之を受くるに震《しん》を以てす。震《しん》は動くなり。物《もの》以て動くに終《お》はるべからず、之《これ》に止《とど》まる。故に之に受くるに艮《ごん》を以てす。艮《ごん》は止《とど》まるなり。物以て止《とど》まるに終《おわ》るべからず。故に之に受くるに漸《ぜん》を以てす。漸《ぜん》は進《すす》むなり。進《すす》まば必ず帰《き》する所《ところ》有り。故《ゆえ》に之に受くるに帰妹《きまい》を以てす。其の帰《き》する所を得《う》る者は必ず大《だい》なり。故に之に受くるに豊《ほう》を以てす。豊《ほう》は大《だい》なり。大《だい》なることを窮《きわ》むる者は必ず其の居《きょ》を失《うしな》ふ。故《ゆえ》に之に受くるに旅《りょ》を以てす。旅《りょ》にして容《い》るる所无《な》し。故に之に受くるに巽《そん》を以てす。巽《そん》は入《い》るなり。入《い》りて後《のち》之を説《よろこ》ぶ。故に之に受くるに兌《だ》を以てす。兌《だ》は説《よろこ》ぶなり。説《よろこ》びて後《のち》之を散《ち》らす。故に之に受くるに渙《かん》を以てす。渙《かん》は離《はな》るるなり。物以て離《はな》るるに終るべからず。故《ゆえ》に之《これ》に受《う》くるに節《せつ》を以てす。節《せつ》して之を信《まこと》にす。故に之を受くるに中孚《ちゅうふ》を以てす。其の信《まこと》有る者は必ず之を行《おこな》ふ。故に之に受くるに小過《しょうか》を以てす。物に過《す》ぐること有る者は必ず済《すく》ふ。故に之に受くるに既済《きせい》を以てす。物窮《きわ》まるべからず。故に之に受くるに未済《びせい》を以て終《お》へり。

右下篇

序卦伝《じょかでん》　終

雑卦伝《ざつかでん》

乾《けん》は剛《つよ》く坤《こん》は柔《やわら》かに比《ひ》は楽しみ師《し》は憂《うれ》ひ臨観《りんかん》の義《ぎ》或《あるい》は与《あた》へ或は求《もと》む。屯《ちゅん》は見《あらわれ》て其《そ》の居《きょ》を失はず、蒙《もう》は雑《まじ》りて著《いちじ》るし。震《しん》は起《おこ》るなり、艮《ごん》は止《とど》まるなり。損益《そんえき》は盛衰《せいすい》の始《はじ》めなり。大畜《たいちく》は時《とき》なり、无妄《むぼう》は災《わざわい》なり。萃《すい》は聚《あつま》りて、升《しょう》は来《きた》らざるなり。謙《けん》は軽《かる》くして豫《よ》は怠《おこた》るなり。噬嗑《ぜいこう》は食《くら》ふなり。賁《ひ》は色无《いろな》し、兌《だ》は見《あら》はれて巽《そん》は伏《ふ》すなり。随《ずい》は故无《ゆえな》し。蠱《こ》は則ち飭《ととの》ふなり。剝《はく》は爛《やぶ》るなり。復《ふく》は反《かえ》るなり。晋《しん》は昼《ひる》なり。明夷《めいい》は誅《やぶ》るなり。井《せい》は通《とお》りて困《こん》は相《あ》ひ遇《あ》ふなり。咸《かん》は速《すみや》かなり。恒《こう》は久《ひさ》しなり。渙《かん》は離《はな》るなり。節《せつ》は止《とど》むなり。解《かい》は緩《ゆる》しなり。蹇《けん》は難《なや》みなり。睽《けい》は外《そと》なり、家人《かじん》は内《うち》なり。否泰《ひたい》は其の類《るい》に反《はん》す。大壮《たいそう》は則《すなわ》ち止《とど》まり、遯《とん》は則ち退《しりぞ》くなり。大有《たいゆう》は衆《おお》しなり。同人《どうじん》は親《した》しなり。革《かく》は故《ふる》きを去《さ》るなり。鼎《てい》は新《あたらし》きを取《と》るなり。小過《しょうか》は過《す》ぐなり。中孚《ちゅうふ》は信《まこと》なり。豊《ほう》は故多《ゆえおお》し、親《した》しみ寡《すくな》きは旅《りょ》なり。離《り》は上《のぼ》りて坎《かん》は下《くだ》るなり。小畜《しょうちく》は寡《すくな》きなり。履《り》は処《お》らざるなり。需《じゅ》は進《すす》まざるなり。訟《しょう》は親《した》しまざるなり。大過《たいか》は顚《くつがえ》るなり。姤《こう》は遇《あ》ふなり。柔《じゅう》は剛《ごう》に遇《あ》ふなり。漸《ぜん》は女《おんな》帰《かえ》る、男《おとこ》を待《ま》ちて行《ゆ》くなり。頤《い》は養《やしな》ふこと正《ただ》し。既済《きせい》は定《さだ》まるなり。帰妹《きまい》は女《おんな》の終《おわ》りなり。未済《びせい》は男の窮《きわ》まりなり。夬《かい》は決《きま》るなり。剛《ごう》は柔《じゅう》を決《きめ》るなり。君子《くんし》の道《みち》長《ちょう》じ、小人《しょうじん》の道憂《うれ》ふなり。

雑《ざっ》卦《か》伝《でん》　終

第三部　簡単な占い方

正式な占筮《せんぜい》法は筮竹《ぜいちく》を用いて占《うらな》う方法ですが、極めて時間がかかりますし、ふつう筮竹を所有している人は少ないと思われます。

集英社から刊行された全釈漢文大系第九巻の、鈴木由次郎博士の『易経・上』には、筮竹を用いた占い方法が写真入りで詳しく説明されていますので、筮竹を用いた占筮法を知りたい人は、同書を参照して下さい。

易《えき》の各卦《か》は、下《した》の卦の一番下の爻《こう》を初爻《しょこう》とし、順次上《うえ》に積み重ねて上の卦の一番上の爻（第六爻）まで達します。下の三つの爻を下卦《かか》または内卦《ないか》とし、上の三つの爻を上卦《じょうか》または外卦《がいか》と致します。

易の卦は、下の卦（内卦）が基本であり、上の卦（外卦）が応用となります。従って卦象《かしょう》の判断は、下卦から上卦へと観察すべきであって、稀《まれ》に上卦から下卦へと説明している易の関係書が有りますが、その説明は正しくありません。

易の卦は、乾《けん》・兌《だ》・離《り》・震《しん》・巽《そん》・坎《かん》・艮《ごん》・坤《こん》が基本になっていますので、此れ等に数字を配合すると、乾《けん》が１、兌《だ》が２、という様になって、艮《ごん》が７で、坤《こん》が８となります。今、仮りに下卦が震《しん》４で、上卦が巽《そん》５だとすると、附録の表《ひょう》で調べると、下卦の震４と上卦の巽5とが合うところが「42益《えき》」となっていて、風雷益という卦であることが分かります。本書の「全訳易経」の下経の42に益卦の説明が有ります。

そこで、簡単な占い方ですが、すべて1から8までの数字に置き換えます。下卦は基本、上卦は応用という原則を頭に入れ、ふだん使用している文字を調べます。画数《かくすう》は漢和辞典で調べられます。例えば、ふだん澤田を沢田と書いているなら沢の画数に拠《よ》ります。澤は十六画ですが、沢は七画です。

画数を8で割って、8以下はそのままで、一は1、刀は2、久は3、今は4、本は5、光は6、佐は7、典は8、という風になります。8を超えたものは、8で割った余りを、信9は1、倉10は2、堀11は3、善12は4、塩13は5（本字の鹽は24で8）、實14は6（実は8）、幡15は7、橋16は8、優17は（8で割って、余りは）1、禮18は2、という様に、1から8までの数字に置き換えます。片仮名や平仮名は、ふだんの通りに書いて見て画数を定めます。

今、仮りに、吉沢良子という人が自分の運勢を調べたい時、姓は67で十三画、名は73で十画と成り、8で割って、姓は5、名は2と成ります。従って、下卦（姓）の5と上卦（名）の2とを附録の表《ひょう》で調べますと、28番の大過《たいか》であることが分《わか》ります。そこで「全訳易経」の28番の大過の項を見れば占いの結果が分ります。

また、箱田敦子という人の場合では、姓が15 5で二十画、名が12 3で十五画で、8で割ると姓が4、名が7と成ります。そこで附録の表で、下卦（姓）4、上卦（名）7を調べますと、27番の頤《い》であることが分ります。

また、仮りに、吉沢良子さんが、平成二十八年八月二十六日に大事な仕事をすることになっていて、その日の吉凶を占う場合は、下卦が姓名で6773合計二十三画、上卦（年月日）が28826合計二十六画となって、下卦は7、上卦は2と成り、表で調べると31番の咸《かん》であることが分ります。もしも、ふだん西暦を使用しているなら、二〇一六年八月二十六日は201682６で合計二十五画、上卦は1、下卦（吉沢良子）は合計二十三画で7となり、表で33番の遯《とん》であることが分ります。「全訳易経」の下経の遯を見て下さい。

『易経』の言葉は、非常に良い未来を告げていても悪い結果に成ることが有ったり、非常に悪い未来を告げていても良い結果に成ることが有る、とされています。従って良い結果が出ても気を引き緊めて慎重に行動し、悪い結果が出ても落ち込まずに努力して、凶運から脱出することが大切です。凶運を避け、吉運を招くには、やはり日常の努力や修業が大切だということに成るでしょう。

以上

附録　六十四卦一覧表

☷ 坤(地) 8	☶ 艮(山) 7	☵ 坎(水) 6	☴ 巽(風) 5	☳ 震(雷) 4	☲ 離(火) 3	☱ 兌(澤) 2	☰ 乾(天) 1	上卦／下卦
2 坤	23 剝	8 比	20 観	16 豫	35 晋	45 萃	12 否	坤(地) 8 ☷
15 謙	52 艮	39 蹇	53 漸	62 小過	56 旅	31 咸	33 遯	艮(山) 7 ☶
7 師	4 蒙	29 習坎	59 渙	40 解	64 未済	47 困	6 訟	坎(水) 6 ☵
46 升	18 蠱	48 井	57 巽	32 恒	50 鼎	28 大過	44 姤	巽(風) 5 ☴
24 復	27 頤	3 屯	42 益	51 震	21 噬嗑	17 随	25 无妄	震(雷) 4 ☳
36 明夷	22 賁	63 既済	37 家人	55 豊	30 離	49 革	13 同人	離(火) 3 ☲
19 臨	41 損	60 節	61 中孚	54 帰妹	38 睽	58 兌	10 履	兌(澤) 2 ☱
11 泰	26 大畜	5 需	9 小畜	34 大壮	14 大有	43 夬	1 乾	乾(天) 1 ☰

〔訳者略歴〕**田中佩刀**（たなか　はかし）

昭和２年（1927）12月　東京生れ。
昭和25年３月　東京大学文学部国文科卒業。
昭和30年３月　同大学大学院満期修了。
県立静岡女子短期大学助教授、明治大学助教授を経て、
昭和39年４月　明治大学教授
昭和41年４月　和光大学講師・理事を兼任。
平成10年（1998）３月　明治大学・和光大学を共に定年退職。
現在は明治大学名誉教授、斯文会名誉会員

〔主な著書〕『故事ことわざ』（ライオン社）、『佐藤一斎全集、第八～十巻』（明徳出版社）、『荘子のことば』（斯文会）、『言志四録のことば』（斯文会）、『中国古典散策』『全訳　列子』『全訳　老子』『訓読　李白短詩抄』(いずれも明徳出版社)

全訳　易経

平成二十八年十二月二十日　初版発行
令和　四　年　八　月三十日　再版発行

著　者　田　中　佩　刀
発行者　佐久間保行
印刷所　㈱　興　学　社
発行所　㈱　明徳出版社

〒167-0052　東京都杉並区南荻窪一-二五-三
電話　〇三-三三三三-六二四七
振替　〇〇一九〇-七-五八六三四

　ISBN978-4-89619-951-2